FORSCHUNGSBERICHTE DES LANDES NORDRHEIN-WESTFALEN

Nr. 3163 / Fachgruppe Geisteswissenschaften

Herausgegeben vom Minister für Wissenschaft und Forschung

Prof. Dr. jur. Klaus F. Röhl

unter Mitarbeit von
Dr. jur. Rainer Hegenbarth · Dipl.-Soz. Wolfgang Hutmacher ·
Dipl.-Soz. Gudrun Rackoll und Ass. Dipl.-Soz. Rolf Schulz-Rackoll

Abteilung für Rechtswissenschaft
Ruhr-Universität Bochum

Der Vergleich im Zivilprozeß

Untersuchungen an einem großstädtischen Amtsgericht

Westdeutscher Verlag 1983

CIP-Kurztitelaufnahme der Deutschen Bibliothek

Röhl, Klaus F.:
Der Vergleich im Zivilprozess : Unters. an e. grossstädt. Amtsgericht / Klaus F. Röhl. Unter Mitarb. von Rainer Hegenbarth ... - Opladen : Westdeutscher Verlag, 1983.

(Forschungsberichte des Landes Nordrhein-Westfalen ; Nr. 3163 : Fachgruppe Geisteswiss.)

NE: Nordrhein-Westfalen: Forschungsberichte des Landes ...

Herstellung: Westdeutscher Verlag

ISBN 978-3-531-03163-7 ISBN 978-3-322-87553-2 (eBook)
DOI 10.1007/978-3-322-87553-2

I N H A L T

KLAUS F. RÖHL

0. Einleitung: Entstehung und Verlauf des Forschungsprojekts 1

KLAUS F. RÖHL

1. Der gerichtliche Vergleich als Problem rechtssoziologischer Forschung 9

1.1. Eingrenzung des Untersuchungsbereichs 9

1.2. Alternativendiskussion, Zweck des Zivilprozesses und forschungsleitende Interessen 11

1.2.1. Die Alternativendiskussion 11

1.2.2. Zweckbestimmung des Zivilprozesses durch die Rechtsdogmatik 12

1.2.3. Erkenntnisleitende Interessen 14

1.3. Der Stand der Forschung zum Prozeßvergleich 18

1.3.1. Die Praktikerliteratur 18

1.3.2. Nicht-vergleichsspezifische Justizforschung 19

1.3.3. Arbeiten über den Prozeßvergleich mit theoretischem Anspruch 19

1.3.4. Empirische Untersuchungen zum Vergleich 21

1.4. Der theoretische Bezugsrahmen 22

WOLFGANG HUTMACHER

2. Die Auswahl der Untersuchungseinheiten 33

WOLFGANG HUTMACHER

3. Die Analyse von Gerichtsakten - Erhebungsinstrument und Basisdaten 40

3.1. Die Methode der Aktenanalyse 40

3.2. Operationalisierung und Grunddaten der Variablen des Aktenanalysebogens 42

WOLFGANG HUTMACHER

4. Die Beobachtung der mündlichen Verhandlung 80

4.1. Methodische Probleme der Beobachtung von Gerichtsverhandlungen 80

4.2. Verhandlungsbeobachtung: Erhebungsinstrumente und ausgewählte Daten 84

GUDRUN RACKOLL

5. Schriftliche Befragung korporativer Akteure 108
5.1. Zur Durchführung der Befragung 108
5.2. Erhebungsinstrument 110
5.3. Zusammenfassung 119

RAINER HEGENBARTH

6. Die Kommunikation vor Gericht 121
6.1. Erläuterung des Interaktiogramms 122
6.2. Auswertung der Ergebnisse 125
6.2.1. Situation 1: Beide Parteien persönlich anwesend und anwaltlich vertreten 131
6.2.1.1. Termine, in denen Beweis erhoben wurde 131
6.2.1.2. Termine ohne Beweisaufnahme 135
6.2.2. Situation 2: Eine Partei ist nicht anwaltlich vertreten, die andere erscheint zusammen mit ihrem Anwalt 136
6.2.3. Situation 3: Anwalt gegen nicht vertretene Partei 137
6.2.4. Situation 4: Beide Parteien sind anwaltlich vertreten, eine Partei ist erschienen, die andere nicht 140
6.2.4.1. Beweistermine: 140
6.2.4.2. Termine ohne Beweisaufnahme 141
6.2.5. Situation 5: Partei gegen Partei 142
6.2.6. Variationen im Richterverhalten 143
6.3. Normative Prozeßzwecke in empirischer Sicht 144
6.3.1. Kompensatorische Justiz? 144
6.3.2. Bürgerfreundliche Rechtspflege? 155
6.3.3. Konfliktlösung als Prozeßzweck? 161

KLAUS F. RÖHL

7. Der Vergleich 171
7.1. Grunddaten aus der Rechtspflegestatistik 171
7.1.1. Der Vergleich im "gewöhnlichen Zivilprozeß" 171
7.1.2. Besondere Verfahrensarten 178
7.1.2.1. Arbeitsgericht 178
7.1.2.2. Familiengericht 180
7.2. Auswahl und Erhebungsmethoden 182
7.3. Die Art des Rechtsstreits 185

7.4. Parteikonstellation und Anwaltsvertretung 191

7.4.1. Die Art der Parteien 191

7.4.2. Die Parteienbeziehung 193

7.4.3. Der Einfluß der Rechtsanwälte 196

7.5. Der Verlauf des Konflikts 198

7.5.1. Vor- und außergerichtlicher Verlauf 198

7.5.2. Der zeitliche Verlauf der Vergleichsverhandlung 200

7.6. Der Einfluß des Gerichts auf den Abschluß von Vergleichen 204

7.6.1. Die Abhängigkeit des Vergleichs von der Person des Richters 204

7.6.2. Prozeßvorbereitung und Vergleich 208

7.6.3. Beobachtungen im Verhandlungstermin 212

7.7. Gründe und Inhalt des Vergleichs 219

7.7.1. Vergleichsgründe 219

7.7.2. Der Inhalt des Vergleichs 225

7.8. Diskussion der Ergebnisse 228

7.9. Zusammenfassung 234

ROLF SCHULZ-RACKOLL

8. Der Wohnungs-Mietprozeß 239

8.1. Einleitung 239

8.2. Die Besonderheiten des Mietprozesses 241

8.2.1. Grunddaten 242

8.3. Soziale Funktionen der Mietjustiz 251

8.3.1. Inanspruchnahme der Justiz durch die Mietparteien - die Interessenlage der Parteien 251

8.3.2. Empirische Verteilung 254

8.4. Soziale Machtposition und Prozeßerfolg 255

8.4.1. Prozeßerfolg und Art der Erledigung 256

8.4.2. Prozeßerfolg und Parteienstatus 259

8.4.3. Prozeßerfolg und Vertretung des Mieters 259

8.4.4. Prozeßerfolg und Klageziel 261

8.5. Das Mietverhältnis als Sozialbeziehung 262

8.5.1. Parteienstatus und Klageziel 263

8.5.2. Parteienstatus und Art der Erledigung 264

8.5.3. Parteienstatus und Vertretung des Mieters 265

ANHANG: Erhebungsinstrumente 271

Klaus F. Röhl

0. Einleitung:

Entstehung und Verlauf des Forschungsprojekts

Dieser Bericht stellt Ergebnisse einer Untersuchung von Zivilprozessen vor, die im Jahre 1979 beim Amtsgericht Bochum anhängig gemacht worden sind. Die Untersuchung ist seit 1977 vorbereitet und in der ersten Hälfte des Jahres 1982 abgeschlossen worden. Sie hat in dieser langen Zeit einen wechselvollen Verlauf genommen. Noch unter dem unmittelbaren Eindruck eigener richterlicher Praxis hatte ich 1977 damit begonnen, eine Rechtstatsachenforschung über den Vergleich im Zivilprozeß zu planen. Einen ersten Projektentwurf konnte ich zunächst mit dem sachverständigen Publikum der Richterakademie in Trier diskutieren, um ihn dann mit Unterstützung meines Mitarbeiters Rainer Hegenbarth zum Projektantrag auszuarbeiten, der im Juni 1977 dem Minister für Wissenschaft und Forschung des Landes Nordrhein-Westfalen (MWF) eingereicht wurde. Im Dezember 1977 wurde die Konzeption des Projekts auf der Tagung "Alternative Rechtsformen und Alternativen zum Recht" der Sektion Rechtssoziologie der Deutschen Gesellschaft für Soziologie in Berlin der Fachgemeinschaft der Rechtssoziologen vorgestellt[1)].

Zum 1. Juli 1978 stellte der MWF Forschungsmittel zur Bezahlung eines wissenschaftlichen Mitarbeiters, einer wissenschaftlichen Hilfskraft und einer studentischen Hilfskraft zunächst für die Dauer von 18 Monaten bereit. Die Förderung wurde später um ein Jahr bis Ende 1980 verlängert. 1981 standen noch geringe Restmittel für eine Hilfskraft zur Verfügung. Insgesamt ist das Projekt vom Land Nordrhein-Westfalen mit DM 184.400,-- gefördert worden.

Die Konzeption des Projekts war von Anfang an durch die im voraus schwer zu beantwortende Frage belastet, ob die verhältnismäßig weit gespannten Erkenntnisziele mit den verfügbaren Mitteln erreicht werden konnten. Durch die erheblich hinter dem Projektantrag zurückbleibende Bewilligung wurden zusätzliche Überlegungen notwendig, ob und wie das Projekt sinnvoll gestaltet werden konnte. Die an sich notwendige Einschränkung des Untersuchungsbereichs konnte zum Teil dadurch vermieden werden, daß die Universitätsverwaltung dem Lehrstuhl für Rechtssoziologie und Rechtsphilosophie vorübergehend zwei wissenschaftliche Hilfskräfte zuwies und daß es möglich war, 1980 und teilweise noch 1981 Sozialwissenschaftler als Mitarbeiter mit Arbeitsbeschaffungsmitteln der Bundesanstalt für Arbeit zu beschäftigen. Die Vielfalt der jeweils nur kurzfristig verfügbaren Finanzierungsquellen hatte jedoch eine außerordentliche Fluktuation in der Zusammensetzung der Forschungsgruppe zur Folge. Dem aufmerksamen Leser wird nicht entgehen, daß die später hinzugekommenen Mitarbeiter nicht bereit waren, das vorgefundene Konzept ohne weiteres zu übernehmen. Der Gruppe gehörten teils nacheinander, teils nebeneinander an, und zwar überwiegend nur als Teilzeitkräfte:

Rainer Hegenbarth
Wolfgang Hutmacher
Rolf Schulz-Rackoll
Regine Scholz
Gudrun Rackoll
Ulrike Bernhardt
Wolfgang Leipold
Rita Miebach-Bernhard

Als studentische Hilfskräfte haben mitgewirkt:

Hans Georg Linke
Gudrun Menge
Rolf Weissel.

Eine besondere Schwierigkeit ergab sich daraus, daß die Forschungsmittel des MWF zunächst nur für die Zeit bis Ende 1979 bewilligt wurden und die Fortsetzungsbewilligung trotz rechtzeitiger Antragstellung erst dreieinhalb Monate nach Beginn des neuen Haushaltsjahres eintraf. Von Rechts wegen hätte das Projekt unterbrochen und damit abgebrochen werden müssen. Als Folge davon haben nicht nur Mitarbeiter bis zu fünf Monaten auf ihre Bezahlung gewartet. Noch schwerwie der war die Tatsache, daß Rainer Hegenbarth, der das Projekt mit mir zusammen entwickelt und geplant hatte und zunächst auch auf der vom MWF finanzierten Projektstelle entscheidend an der Durchführung beteiligt war, sich veranlaßt sah, auf eine weitere Mitarbeit zu verzichten, als sein Vertrag Ende 1979 auslief. Zwar gelang es, eigentlich wider Erwarten, in Wolfgang Hutmacher schnell einen kompetenten Nachfolger zu finden. Praktisch mußte jedoch die ganze Forschungsgruppe im ersten Halbjahr 1980 neu konstituiert werden. Diese sich aus der Finanzierungssituation ergebenden personellen Probleme wurden noch verschärft durch die eigene Entscheidung, für die Parteieninterviews Studenten der Rechtswissenschaft, der Sozialwissenschaft und der Psychologie heranzuziehen, um ihnen im Sinne der Einheit von Forschung und Lehre ein Betätigungsfeld zu bieten. Trotz erheblicher Anstrengungen zur sachlichen Einführung in die Thematik, zur Interviewerschulung, Betreuung und Supervision der Studenten, die sich von Anfang an nur in unzureichender Zahl gemeldet hatten, entstanden unvertretbar große Ausfälle. Die Ergebnisse sind so unbefriedigend, daß wir hier auf eine Veröffentlichung der Auswertung verzichten. Eine Darstellung der Ergebnisse in einem vervielfältigten Arbeitspapier steht Interessenten auf Anforderung zur Verfügung.

Weitaus schwieriger als erwartet erwies sich auch der Zugang zum Untersuchungsfeld. Es bedurfte langwieriger Verhandlungen mit dem Präsidenten des Landgerichts und mit dem Direktor des Amtsgerichts, um auch nur Einsicht in die Gerichtsakten zu erhalten. Die Erlaubnis, die Parteien zu befragen, wurde schließlich nur unter dem Vorbehalt erteilt, daß zunächst die Zustimmung der Parteien schriftlich einzuholen sei. Als besonders mißlich erwies sich, daß die Gerichtsvorstände eine Art Unbedenklichkeitserklärung des Landesjustizministeriums wünschten, während das Ministerium die Entscheidung den Gerichten zuschob. Dagegen gestaltete sich die praktische Zusammenarbeit während der Feldphase durchaus erfreulich. Insbesondere auch die Richter der beteiligten Zivilprozeßabteilungen des Amtsgerichts sowie die Beamtinnen der Geschäftsstellen zeigten sich verständnisvoll und kooperativ.

Auch in der Sache hat sich das Forschungsprojekt während seiner langen Laufzeit wechselvoll entwickelt. Wenigstens in dreierlei Hinsicht hat sich die Konzeption des Projekts im Laufe der Zeit gewandelt.

Die erste Veränderung, die schon in der Anfangsphase vor sich ging, bestand in einer thematischen Erweiterung. Während ursprünglich eine eher praktisch orientierte Rechtstatsachenforschung über den Vergleich im Zivilprozeß geplant war, zeigte sich bei der Ausarbeitung der Forschungspläne alsbald das "Dilemma der Rechtstatsachenforschung", die Tatsache nämlich, daß sich unter rechtspraktischen Bedürfnissen formulierte Forschungsfragen theoretisch nicht ohne weiteres sinnvoll umsetzen lassen, weil sie einen aus soziologischer Sicht künstlichen Ausschnitt des Objektbereichs betreffen. Für dieses Dilemma erweist sich der gerichtliche Vergleich geradezu als Musterbeispiel, denn im Schnittpunkt verschiedener Konflikttypen und Regelungsformen ist der Vergleich konfliktsoziologisch kein einheitliches Phänomen. Der Prozeßvergleich kann daher empirisch sinnvoll erforscht werden nur im Kontext der übrigen Erledigungsarten unter Berücksichtigung unterschiedlicher Konflikttypen und Parteikonstellationen. Von da her erweiterte sich die Fragestellung zwangsläufig auf die Tätigkeit des Zivilgerichts als Konfliktregelungsinstanz.

Die zweite Änderung betraf den Übergang von der Beobachtung abgeschlossener zur Beobachtung laufender Prozesse. Vergleiche machen nur etwa 10 % der Erledigungen von nach dem Aktenzeichen sogenannten C-Sachen beim Amtsgericht aus. In einer einfachen Zufallsstichprobe wären daher zu wenig Vergleiche enthalten, um über diese Teilkategorie differenzierte und verallgemeinerungsfähige Aussagen zu erlauben. Deshalb sah die ursprüngliche Projektkonzeption vor, aus einer Grundgesamtheit von abgeschlossenen Prozessen eine quotierte Auswahl zu ziehen, die 50 % der Vergleiche, 25 % der Urteile und 17 % der sonstigen Erledigungen enthalten sollte. Dieses Auswahlverfahren hätte jedoch erst nach Beendigung der Prozesse angewandt werden können. Das hätte den Nachteil mit sich gebracht, daß die mündliche Verhandlung in den in der Auswahl enthaltenen Fällen nicht mehr hätte beobachtet werden können. Wir waren allerdings der Auffassung, daß typische Vergleichsstrategien auch aus der Beobachtung anderer als der für eine Aktenuntersuchung ausgewählten Fälle hätten ermittelt werden können. Wir hätten aber darauf verzichten müssen, die Ergebnisse dieser Beobachtungen mit den aus Aktenanalysen und Parteieninterviews gewonnenen Daten zusammenzuführen, ein Vorgehen, das freilich im Ergebnis doch nicht den erhofften Erfolg gebracht hat.

Der Übergang zur Beobachtung laufender Prozesse zog die dritte Änderung des Untersuchungsdesigns nach sich, nämlich die Verlagerung der Untersuchung vom Landgericht zum Amtsgericht. Die dreispurige Untersuchung laufender Prozesse durch Aktenuntersuchung, Verhandlungsbeobachtung und Parteieninterview ließ sich wegen ihres besonderen Zeitbedarfs nur beim Amtsgericht durchführen. Die Prozeßdauer beim Amtsgericht ist erheblich kürzer. Von den Zivilsachen (ohne Familiensachen und freiwillige Gerichtsbarkeit) sind 94 % innerhalb eines Jahres abgeschlossen. Zugleich reduziert sich der Beobachtungsaufwand, da die Zahl der Termine je Prozeß geringer und der Anteil der Erledigungen ohne mündliche Verhandlung höher ist als beim Landgericht. Wir konnten uns daher entschließen, aus der Grundgesamtheit der während des halben Jahres vom 15. Februar bis zum 15. August 1979 beim Amtsgericht Bochum eingegangenen Klagen eine 20 %-ige Zufallsstichprobe (n = 720) zu ziehen, zunächst die Verhandlungstermine zu beobachten und sodann - nach Abschluß der Verfahren - die Akten zu analysieren und die Parteien zu befragen. Erleichtert wurde die Entscheidung zur Verlagerung der Untersuchung an das Amtsgericht durch den Umstand, daß auch die internationale rechtssoziologische Diskussion ihr Augenmerk zunehmend auf die "small claims" richtete[2)] und nach

Möglichkeiten suchte, diese finanziell gesehen unbedeutenden Sachen innerhalb oder außerhalb der Justiz möglichst gütlich zu regeln[3]. Es ist zwar nicht einzusehen, daß alternative Formen der Konfliktregelung gerade vor dem Landgerichtsprozeß halt machen sollten. Die sogenannte Alternativen-Diskussion[4] hat sich jedoch weitgehend auf die kleineren Streitigkeiten konzentriert, so daß es sachgerecht erschien, mit der empirischen Untersuchung beim Amtsgericht anzusetzen, zumal sich hier erhebliche forschungspraktische Erleichterungen anboten. Wir haben jedoch das Verfahren erster Instanz vor dem Landgericht und dort speziell das Vergleichsphänomen nicht aus den Augen verloren. Mit einer Voruntersuchung im Rahmen des ursprünglichen Forschungsplans wurden Daten aus 278 Landgerichtsprozessen gewonnen, in dem unter Verwendung eines Aktenanalysebogens ein Extremgruppen-Vergleich zweier Kammern mit besonders hohen und besonders niedrigen Vergleichsquoten durchgeführt wurde. Diese Auswertung, die ursprünglich nur dazu bestimmt war, einen Aktenanalysebogen zu erproben und die Mitarbeiter zu schulen, gab wertvolle Hinweise über Art und Zahl der in Betracht zu ziehenden Variablen und setzte uns in den Stand, einige informierte Hypothesen zu formulieren. Die wichtigsten Ergebnisse haben wir 1979 in einem Projektbericht mitgeteilt[5].

Die Feldarbeit war im wesentlichen 1980 abgeschlossen. Im April 1981 haben wir noch einmal nach den bis dahin nicht erreichbaren Gerichtsakten geforscht. Die Auswertung zog sich durch das ganze Jahr 1981 und teilweise 1982 hin, da bis auf einen geringfügigen Rest keine Projektmittel mehr zur Verfügung standen, so daß die noch verbliebenen Mitarbeiter diese Arbeit neben ihren sonstigen Verpflichtungen erledigen mußten.

Es fällt schwer, den an dieser Stelle üblichen Dank für die Förderung des Forschungsprojekts abzustatten, da wir neben Forschungsförderung auch Forschungsbehinderung erfahren haben. Dank verdient insbesondere die Verwaltung der

Ruhr-Universität, die immer wieder unbürokratisch und wirkungsvoll bemüht war, Lücken zu stopfen und haushaltstechnische Schwierigkeiten auszuräumen. Wir danken ferner den Richtern des Amtsgerichts, die sich über fast zwei Jahre die Anwesenheit unserer Beobachter in den Verhandlungsterminen gerne gefallen ließen, den Beamtinnen der Geschäftsstellen, die uns bei der oft mühsamen Suche nach den Prozeßakten behilflich waren, sowie denjenigen Parteien, die geduldig den Fragen der Interviewer geantwortet haben. Daß dieser Abschlußbericht nunmehr in einer lesbaren Form vorliegt, ist das Verdienst von Frau Gerda von der Linde, Frau Lieselotte Sieverding, Frau Gaby Sartor und Frau Renate Schmidt.

Anmerkungen

(1) Daraus ist der Beitrag "Der Vergleich im Zivilprozeß - Eine Alternative zum Urteil?" in: Alternative Rechtsformen und Alternativen zum Recht, Jahrbuch für Rechtssoziologie und Rechtstheorie Bd. 6, Opladen 1980, S. 279 - 316, entstanden.

(2) Vgl. dazu Dieter Leipold, Gerichte und Verfahren für geringfügige Streitigkeiten, in: Peter Gilles (Hrsg.) Humane Justiz, Kronberg/Ts. 1977, S. 91 - 112; John C. Ruhnka, Steven Weller, Small Claims Courts, Williamsburg/Va. (National Center for State Courts) 1978; Barbara Yngvesson, Patricia Hennessey, Small Claims, Complex Disputes: A Review of the Small Claims Literature, in: Law and Society Review 9, 1975, S. 219 - 274.

(3) Frank E. A. Sander, Report on the National Conference on Minor Dispute Resolution, American Bar Association 1978.

(4) Earl Johnson, Jr., Valerie Kantor, Elizabeth Schwartz Outside the Courts, Denver/Co. (National Center for State Courts) 1977; Sabine Röhl, Klaus F. Röhl, Alternativen zur Justiz? in: Deutsche Richterzeitung 1979, S. 33 - 38; vgl. ferner Sander a.a.O. (Anm. 3), das in Anm. 1 genannte Jahrbuch sowie die Zusammenstellung der umfangreichen amerikanischen Literatur durch Frank E. A. Sander und Frederick E. Snyder, Alternative Methods of Dispute Settlement - A Selected Bibliography, Washington D.C. (American Bar Association) 1979. Die neuere Literatur wird in Anm. 1 zu Kap. 1 nachgewiesen.

(5) Rainer Hegenbarth, Klaus F. Röhl, Zivilrechtliche Konflikte vor dem Amtsgericht; verv. Ms., Bochum 1979.

Klaus F. Röhl

1. Der gerichtliche Vergleich als Problem rechtssoziologischer Forschung

1.1. Eingrenzung des Untersuchungsbereichs

Die empirische Erforschung des gerichtlichen Vergleichs begegnet erheblichen Schwierigkeiten, weil der Rechtsfigur des Vergleichs i. S. des § 794 Abs. 1 Nr. 1 ZPO eine vielschichtige, kaum abgrenzbare Realität entspricht. Praktisch kann der Vergleich sehr Verschiedenes bedeuten. Das Spektrum reicht von der bloßen Protokollierung einer außergerichtlichen Einigung bis zum "Zwangsvergleich" als Ergebnis massiver Schlichtungsbemühungen des Gerichts. Für das Gelingen oder Scheitern eines Vergleichs sind vermutlich alle augenfälligen Variablen des Prozeßgeschehens relevant, von der Art des Streitgegenstandes und der Höhe des Streitwerts über die Parteikonstellation, die Art der früheren und gegenwärtigen Beziehungen der Parteien zueinander, ihre Vertretung im Prozeß bis hin zur Besetzung des Gerichts und der konkreten Ausgestaltung des Verfahrens. Der Vergleich läßt sich nicht aus dem übrigen Prozeßgeschehen isolieren. Jede Untersuchung des Vergleichs gerät damit zwangsläufig zu einer Untersuchung des Zivilprozesses insgesamt, die allenfalls einen Schwerpunkt setzen kann. Doch damit nicht genug: Der gerichtliche Vergleich läßt sich ohne Einbeziehung des vor- und außergerichtlichen Konfliktgeschehens kaum ausreichend erklären. Da die Justiz bei ihren Bemühungen um eine vergleichsweise Regelung von Streitigkeiten, anders als bei ihrer Entscheidungstätigkeit, mit anderen Einrichtungen konkurriert, kommen auch alternative Verfahren der Streitregelung in den Blick[1)]. Schließlich hat der Gütegedanke im Zivilprozeß nicht nur eine Ideengeschichte, sondern auch eine höchst praktische Vergangenheit, so daß die historische Perspektive - ebenso wie die rechtsvergleichende - nicht vernachlässigt werden darf[2)].

Damit ist ein Forschungsthema von solcher Weite und Komplexität abgesteckt, daß es für eine empirisch angelegte Untersuchung einer gezielten Einschränkung des Objektbereichs bedarf. Dazu ist es erforderlich, sich möglicher forschungsleitender Interessen zu vergewissern, die die Auswahl des Untersuchungsgegenstandes und die Art seiner Behandlung beeinflußt haben. Zuvor ist jedenfalls in aller Kürze darauf hinzuweisen, was alles nicht Gegenstand unserer Untersuchung war, obwohl es zum Vergleichsthema gehört: Das Strafverfahren scheint auf den ersten Blick keinen Raum für vergleichsweise Lösungen zu lassen. Die umfangreiche Literatur über das Phänomen des plea bargaining in den USA[3] und die teilweise Rücknahme des Legalitätsprinzips in den §§ 153 ff. StPO[4] wären allerdings Anlaß genug, auch hier nach mehr oder weniger neuen Formen von Verhandlungslösungen im Strafprozeß Ausschau zu halten. Das Strafverfahren steht jedoch ebenso außerhalb unserer Überlegungen wie die drei der öffentlichen Verwaltung zugeordneten Gerichtsverfahren, nämlich die Verfahren vor den allgemeinen Verwaltungsgerichten, den Finanzgerichten und den Sozialgerichten, obwohl auch in diesen Verfahren Vergleiche geschlossen werden können und Vergleiche vor den Sozialgerichten sogar recht häufig vorzukommen scheinen.

Unsere Untersuchung konzentriert sich auf den Zivilprozeß vor dem Amtsgericht. Die im materiellen Zivilrecht jedenfalls prinzipiell vorhandene Vertragsfreiheit wirkt im Gerichtsverfahren als Dispositionsbefugnis fort und läßt hier in besonderem Maße Raum für Verhandlungslösungen, die durch gerichtliche Protokollierung zum Prozeßvergleich im Rechtssinne werden. Der Amtsgerichtsprozeß bildet jedoch nur einen engen Ausschnitt aus dem weiteren Spektrum der dem Zivilrecht zugeordneten Gerichtsverfahren. Um die durch die Beschränkung unserer Untersuchung auf das Amtsgericht bedingte Restriktion zu verdeutlichen, werden in Kap. 7 jedenfalls einige Grunddaten über den Zivilprozeß im weitesten Sinne mitgeteilt.

Während unsere Untersuchung vom Objektbereich her aus forschungspraktischen Gründen (vgl. dazu Kap. 0) sehr eng angelegt ist, ergibt sich aus der Reichweite der eingesetzten Instrumente zwangsläufig eine Vielzahl von Daten, die auch unabhängig vom Prozeßvergleich für die Erforschung des Zivilprozesses von Interesse sind. In diesem Abschlußbericht nimmt die Darstellung der Daten unter vergleichsunspezifischen Gesichtspunkten sogar den größeren Raum ein. Wir sehen darin jedoch kein Defizit, sondern im Gegenteil die notwendige Grundlage zu einer Gesamtbetrachtung des Amtsgerichts als Konfliktregelungsinstanz.

1.2. Alternativendiskussion, Zweck des Zivilprozesses und forschungsleitendende Interessen

1.2.1. Die Alternativendiskussion

In den letzten fünf Jahren ist auch in der Bundesrepublik eine umfangreiche Diskussion über Möglichkeiten und Grenzen der Regelung von Konflikten ohne Richterspruch entstanden[5]. Aus der Sicht dieser Alternativendiskussion ist die Streitregelung durch richterliches Urteil nur eine unter vielen Möglichkeiten, die zwar in mancher Hinsicht besonders leistungsfähig ist, andererseits aber auch spezifische Nachteile mit sich bringt. Es wird angenommen, daß diese Nachteile sich vor allem durch konsensuale Formen der Streitregelung vermeiden lassen. Große Hoffnungen knüpfen sich insoweit an Verfahren der Vermittlung und Schlichtung als Alternativen zur normgeleiteten Fallentscheidung des Richters.

Bei der Bestimmung von Vor- und Nachteilen der einen oder anderen Art der Konfliktregelung und erst recht bei ihrer Bewertung zeigt sich jedoch alsbald, daß die Alternativendiskussion sich von den unterschiedlichsten normativen Aspekten leiten läßt. Sie reichen von technokratischen Effizienzgesichtspunkten über emanzipatorische Interessen bis hin zu einem mehr oder weniger diffusen Gemeinschaftsgedanken[6]. Aber nicht nur wegen der Uneinheitlichkeit und teilweisen Unbestimmtheit ihrer Motive kann der Alternativendiskussion unmittelbar kein Programm für die Erforschung des Vergleichs entnommen werden. Der Vergleich ist durch das geltende Recht so fest in das gerichtliche Verfahren eingebunden, daß allenfalls von einer Alternative zum Urteil, keinesfalls aber von einer Alternative zur Justiz die Rede sein kann. Deshalb scheint es angemessen, sich der möglichen erkenntnisleitenden Interessen sozusagen rechtsimmanent aus der juristischen und rechtspolitischen Diskusssion zu vergewissern.

1.2.2. Zweckbestimmung des Zivilprozesses durch die Rechtsdogmatik

In zivilrechtlichen Streitigkeiten sind die Gerichte gehalten, vor der Entscheidung den Versuch einer gütlichen Einigung zu unternehmen (§§ 279, 495 ZPO, § 44 Abs.1 WEG, § 54 ArbGG). Mit § 279 Abs.1 scheint die ZPO sogar zum Ausdruck zu bringen, daß eine gütliche Einigung den Vorzug vor dem Urteil des Richters haben sollte[7)]. Es fehlt indessen an näheren Vorschriften über Art und Intensität richterlicher Vergleichsbemühungen.

Ausgangspunkt für die Diskussion dieser Frage sind die sog. Prozeßzwecke. Als solche werden in erster Linie stets der Schutz subjektiver Rechte und die Bewährung des objektiven Rechts genannt[8)]. Es liegt auf der Hand, daß ein Vergleich, der nicht unbedingt der Rechtslage folgen muß, diese Zwecke verfehlen kann. Deshalb wird zur Rechtfertigung des Vergleichs ebenso wie zur Legitimation der Rechtskraft als dritter Prozeßzweck die Schaffung von Rechtsfrieden postuliert[9)]. Der Vergleich wird von dem Rechtsfriedenszweck allerdings nur dann getragen, wenn man unter Rechtsfrieden nicht Rechtssicherheit und Rechtsvergewisserung versteht, sondern die Wiederherstellung der gestörten Ordnung gerade unter den Parteien. Auch wenn man vielfach darauf verzichtet, eine Rangordnung der Prozeßzwecke aufzustellen, so ist doch deutlich, daß die erstgenannten Zwecke, der Schutz subjektiver Rechte und die Bewährung der Rechtsordnung, im Vordergrund stehen[10)]. Diese Zwecke widersprechen sich kaum, sondern können sich im Gegenteil wirkungsvoll ergänzen. Die Befriedung der Parteien kommt dagegen beim Urteil zu kurz.

Beim Vergleich indessen kann die Befriedung der Parteien die anderen Prozeßziele verdrängen, wenn er die Rechtslage verfehlt.

Ausdrücklich haben sich Stürner[11)] und Wolf[12)] darum bemüht, normative Regeln für das "Wann" und "Wie" eines Vergleichs herauszuarbeiten. Stürner stellt darauf ab, daß der Zweck des Zivilprozesses in der Durchsetzung subjektiver Rechte und der Bewährung der Rechtsordnung zu suchen sei; er sieht den Grund für richterliche Vergleichsbemühungen allein in der Selbstbestimmung der Parteien. Er spricht sich deshalb gegen aktive richterliche Streitschlichtung im Sinne eines social engineering aus und fordert die Richter auf, sich auf eine zurückhaltend informative Vergleichshilfe zu beschränken. Allenfalls im Interesse der zukunftsgestaltenden Regelung von Gemeinschaftsverhältnissen hält er intensive richterliche Schlichtungsbemühungen für angezeigt. Wolf dagegen akzeptiert als dritten eigenständigen Prozeßzweck Konfliktregelung im Sinne einer Befriedung und erklärt von daher eine aktiv schlichtende Vergleichstätigkeit für erwünscht. Dennoch setzt er einen verhältnismäßig restriktiven Maßstab, indem er den Richter an das materielle und an das Verfahrensrecht bindet. Der Richter soll sich beim Inhalt seines Vergleichsvorschlags an der Rechtslage orientieren, wie sie sich bei vorläufiger Prüfung als wahrscheinlich darstellt; er soll Beweislastregeln und soziale Schutzgesetze beachten und nach Aufklärung des Sachverhalts grundsätzlich durch Urteil entscheiden.

Allerdings scheint die richterliche Praxis weniger engherzig zu verfahren als die Dogmatik ihr vorschreibt. Gesprächsweise haben uns Richter erklärt, sie achteten nur darauf, daß beim Vergleich nichts Sittenwidriges vereinbart werde. Auch im praxisorientierten Schrifttum ist eine positivere Einschätzung des Vergleichs anzutreffen. Dort ist von der "Friedensaufgabe des Richters" die Rede[13)]. Den Ausführungen von Wolf wird "Mangel an praktischer Erfahrung" entgegengehalten[14)]. Es heißt, jeder Praktiker werde Vergleiche akzeptieren, deren Legitimität nach Ansicht Wolfs zweifelhaft sein soll[15]), und es werden Ratschläge für eine konfliktorientierte Streitregelung gegeben[16]). Der Druck der Akten und die Aussicht auf Entlastung könnten Richter zu besonderen Vergleichsanstrengungen antreiben, obwohl gerade von Richterseite betont wird, daß ein Vergleich oft wirksamer sei als eine streitige Entscheidung. Auch für die Justizverwaltung dürfte das Interesse am gerichtlichen Vergleich jenseits der dogmatisch festgelegten Prozeßzwecke nicht zuletzt unter dem Gesichtspunkt einer möglichen Entlastung der Justiz begründet sein.

1.2.3. Erkenntnisleitende Interessen

Wer im Vergleich vornehmlich ein Mittel zur Entlastung der Justiz sieht, wird die Frage stellen, welche Arten des Rechtsstreits in besonderer Weise einem Vergleich zugänglich sind und welche Verhandlungstechniken der Richter anwenden muß, um die Parteien zur Einigung zu bringen. Wer den Vergleich dagegen wegen seiner Konfliktregelungsfunktion schätzt, wird insbesondere fragen, ob die Befriedungswirkung des Vergleichs höher ist als die des Urteils und ob diese Wirkung von der Art der Vergleichsbemühungen des Richters abhängt. Wer schließlich die Ziele des Gerichtsverfahrens primär in der Durchsetzung subjektiver Rechte durch richterliche Entscheidung realisiert sieht, wird prüfen müssen, ob sich Vergleichslösungen tatsächlich von der Rechtslage entfernen, insbesondere ob sich in ihnen überlegene soziale Macht der verhandlungsstärkeren Partei durchsetzen kann. Die unterschiedlichen Fragen fordern auch verschiedene Forschungsansätze. Über die Befriedungswirkung des Vergleichs kann in erster Linie eine Parteienbefragung Auskunft geben. Die Wirksamkeit unterschiedlicher Vergleichstechniken läßt sich in der mündlichen Verhandlung beobachten. Die rechtliche Einschätzung von Vergleichslösungen macht dagegen die

Auswertung von Gerichtsakten erforderlich. Daraus ergeben sich die drei wichtigsten Forschungsinstrumente für eine empirische Untersuchung: Parteieninterview, Verhandlungsbeobachtung und Aktenanalyse.

Diese drei Themenkreise lassen sich indessen nicht isoliert behandeln; sie bezeichnen nur unterschiedliche Schwerpunkte. Ebensowenig können die drei Instrumente nur einem dieser Themenkreise zugeordnet werden, sondern sie erweisen sich auch für die anderen als hilfreich. Insbesondere die Aktenanalyse ist zur Beschaffung von Ausgangsdaten über Konfliktart und Parteikonstellation für alle drei Themenkreise bedeutsam. Als zusätzliche Instrumente kommen Befragungen von Richtern und Rechtsanwälten als den nächst den Parteien wichtigsten Prozeßbeteiligten in Betracht[17)].

Wir haben uns bei unserer Untersuchung bemüht, uns nicht auf einen bestimmten normativen Aspekt festzulegen, sondern eine Antwort auf die unterschiedlichen Fragen zu versuchen. Unsere Untersuchung ist dem technisch-praktischen Interesse an einer kritischen Beurteilung der Vergleichspraxis verpflichtet, die zugleich die Grundlage für Maßnahmen zu deren Veränderung abgeben könnte. Insbesondere reden wir nicht der kryptonormativen Hypothese von einer Funktionsverschiebung richterlicher Tätigkeit von der Streitentscheidung zur Vergleichstätigkeit[18)] das Wort. Empirisch gibt es für einen solchen Funktionswandel keinen Beleg. Der Anteil der Vergleiche an der Erledigung von Zivilprozessen ist mindestens seit 1970 praktisch konstant, und die Relation von Vergleich und streitigem Urteil hat sich sogar in Richtung auf eine Zunahme der Urteile verschoben. Die Behauptung eines Funktionswandels ist daher Wunschdenken.

Ebensowenig ist der Vergleich ein spezielles Instrument zum Abbau von Erfolgsbarrieren für sozial schwächere Parteien. Steinbach und Kniffka haben ermittelt, daß die Erfolgsquote des Beklagten beim Vergleich nicht höher liegt als beim streitigen Urteil[19]. Sie äußern deshalb den Verdacht, der Vergleich könne zu Lasten des Schwächeren, Ungeschickteren und Kompromißbereiteren gehen, der regelmäßig auf der Passivseite zu suchen sei. Die Autoren stellen deshalb die als Forderung gemeinte Frage, ob der Vergleich als Mittel des sozialen Ausgleichs genutzt werde[20]. Ein kritischer Test, ob Vergleiche in der Rechtspraxis zu Lasten des Schwächeren gehen, ist in der Tat dringlich. Wir haben bei der Verhandlungsbeobachtung, jedenfalls bei Mietsachen, den Eindruck gewonnen, daß hier die beklagten Mieter gelegentlich veranlaßt werden, ohne hinreichenden Grund oder Ausgleich Rechtspositionen aufzugeben (dazu unten Kap. 8). Die Forderung, den Vergleich zum Instrument sozialen Ausgleichs zu machen, halten wir jedoch für höchst gefährlich. Es ist schon umstritten, inwieweit der Zivilprozeß überhaupt eine sozialkompensatorische Funktion haben soll[21]. Selbst wenn man das bejaht, wie auch wir es in Grenzen tun, so darf sich doch insoweit keinesfalls eine bestimmte Erledigungsart vor anderen auszeichnen. Es gibt keinen sichereren Weg, den Vergleich in Verruf zu bringen, als den, ihn als Königsweg kompensatorischer Justiz herauszustellen. Bei einer Diskussion in der Richterakademie Trier wurde es geradezu als "Perversion" bezeichnet, mit Zugangsbarrieren und Defiziten einer Partei gegenüber der anderen für einen Vergleich zu argumentieren. Wenn sich sozialer Ausgleich durch richterliche Aktivität überhaupt rechtfertigen läßt, dann nur im Sinne der Herstellung prozessualer Chancengleichheit durch richterliche Aufklärung und Prozeßleitung, die als Maxime den ganzen Prozeß beherrschen muß, nicht aber auf einzelne Erledigungsformen beschränkt bleiben darf.

Die unterschiedliche Bewertung vergleichsweiser Lösungen ist aber auch im Objektbereich einer Untersuchung über den Vergleich bedeutsam. Vermutlich entsprechen den verschiedenen Ansichten der Prozeßrechtsdogmatik ähnlich differierende Einstellungen der Prozeßbeteiligten, die auf Art, Umfang und Erfolg von Vergleichsverhandlungen von erheblichem Einfluß sein dürften. So liegt es nahe, bei den Richtern mindestens drei typische Attitüden gegenüber dem Vergleich zu unterscheiden:

- den entscheidungsorientierten Richter, der auf direktem Wege zu einer sachlichen Entscheidung zu gelangen versucht,
- den erledigungsorientierten Richter, der auf schnellstem Wege "die Sache vom Tisch bekommen" möchte, und
- den befriedungsorientierten Richter, der, wo immer erreichbar, der gütlichen Einigung den Vorrang gibt.

Die eigene Untersuchung legt den Akzent auf die Bedeutung richterunabhängiger Variablen wie Art des Rechtsstreits und Parteikonstellation für den Prozeßausgang und fragt ferner nach dem Erfolg unterschiedlicher Vergleichsstrategien des Gerichts. Es wird vermutet, daß Art und Umfang der Vergleichsbemühungen des Richters nicht nur für den Vergleichserfolg, sondern - möglicherweise auch gegenläufig - ebenso für die Befriedungswirkung des Vergleichs von Bedeutung sind. Die weitere Frage nach der inhaltlichen Differenz zwischen vergleichsweisen und Urteilslösungen konnte schon aus forschungstechnischen Gründen nicht systematisch bearbeitet werden. Sie hätte eine detaillierte Analyse eines jeden einzelnen Falles aus der Sicht eines Richters erfordert und wäre daher nur mit entsprechend zahlreichem, juristich qualifiziertem Personal durchzuführen gewesen, das nicht zur Verfügung stand. Aber auch über die Befriedungswirkung des Vergleichs können keine Ergebnisse vorgelegt werden, weil das Problem des Zugangs zu den Parteien erst verspätet und dann auch nur unbefriedigend gelöst werden konnte, so daß die Parteieninterviews wegen der hohen Ausfallquote nur sehr beschränkt interpretationsfähig sind. Der folgende Bericht konzentriert sich daher auf die Auswertung einer Analyse von Gerichtsakten und der Beobachtung von Gerichtsterminen.

1.3. Der Stand der Forschung zum Prozeßvergleich

Wenn man einen Überblick über den Stand der Forschung zum Prozeßvergleich gewinnen will, empfiehlt es sich, die vorhandene Literatur in vier Gruppen einzuteilen:

1. Eine erste Gruppe bildet die sogenannte Praktikerliteratur, in der aus der Praxis und für die Praxis über Erfahrungen berichtet wird sowie Meinungen und Ratschläge mitgeteilt werden.
2. Eine ergiebige Informationsquelle bilden empirische Untersuchungen zu anderen Fragestellungen der Justizforschung, denen sich beiläufig Informationen zum Vergleich entnehmen lassen.
3. Eine Reihe von Untersuchungen zum gerichtlichen Vergleich, die ohne vorgängige empirische Erhebungen erarbeitet worden sind, kann man als Untersuchungen mit theoretischem Anspruch zu einer Gruppe zusammenfassen.
4. Schließlich gibt es einige speziell zum Vergleich im Zivilprozeß angestellte empirische Untersuchungen.

1.3.1. Die Praktikerliteratur

Der Tenor der sog. Praktikerliteratur[22)] geht dahin, daß das Zustandekommen von Vergleichen keinen allgemeinen Gesetzmäßigkeiten folge und die Vermittlung von Vergleichen eine Kunst sei, die man nicht erlernen könne. Allenfalls wird die Existenz gewisser Erfahrungsregeln konzediert, die sich jedoch nur begrenzt weitergeben lassen sollen. Eine Ausnahme macht insoweit der Kasseler Richter Theodor Weber, der auf die Unterscheidung von Führungsstilen zurückgreift, wie sie aus Pädagogik und Gruppendynamik geläufig ist, und einen von ihm freiheitlich-demokratisch genannten Verhandlungsstil empfiehlt, um zwischen den Parteien zu vermitteln[23)]. Wir haben diese Praktikerliteratur bereits an anderer Stelle ausgewertet[24)]. Neue Erkenntnismöglichkeiten sehen wir in dieser Quelle kaum mehr. Hinzuweisen ist allenfalls darauf, daß inzwischen auch aus dem Ausland ähnliche Literatur bekanntgeworden ist[25)]. Zu den Bemühungen aus der Praxis gehört auch die regelmäßig in der Richterakademie Trier vom Land Hessen veranstaltete Tagung "Der Vergleich im Zivilprozeß". An einer Publikation über Inhalt und Verlauf der Tagung und über die bisherigen Erfahrungen fehlt es bisher.

1.3.2. Nicht-vergleichsspezifische Justizforschung

Die bislang immer noch ergiebigste Informationsquelle zum gerichtlichen Vergleich ist die zu anderen Problembereichen durchgeführte, also die nicht vergleichsspezifische Justizforschung, der sich neben den auch für die Untersuchung des Vergleichs wissenswerten Strukturen des Zivilprozesses im allgemeinen zahlreiche Informationen zum Vergleich selbst entnehmen lassen. Die empirische Erforschung von Problemen des Zivilprozesses hat zunächst bei den Ursachen für die lange Dauer des Verfahrens und den Bedingungen einer rationellen Gerichtsorganisation begonnen[26)]. Sie hat sich dann der Beschreibung unterschiedlicher Rechtsbedürfnisse und Rechtsschutzinteressen sowie der Zugangs- und Erfolgsbarrieren zugewandt[27)]. Im Laufe der Zeit ist der Forschungsansatz komplexer geworden. Man versucht heute, Konfliktverläufe von ihrem Beginn bis zu einem Abschluß zu erfassen und dabei die verschiedenen nacheinander und nebeneinander in Betracht kommenden Regelungsmöglichkeiten einzubeziehen. Den vorläufigen Endpunkt dieser Entwicklung bildet das Civil Litigation Project in Madison/Wisconsin, USA[28)].

Auch diese Informationsquelle haben wir schon an anderer Stelle zu nutzen versucht. Darauf kann hier verwiesen werden[29)]. Weitere Einzelheiten sind in den nachfolgenden Bericht eingearbeitet, so daß sich eine besondere Darstellung erübrigt.

1.3.3. Arbeiten über den Prozeßvergleich mit theoretischem Anspruch

Den größeren Teil der Literatur, die sich unter rechtstatsächlichen und sozialwissenschaftlichen Gesichtspunkten mit dem Vergleich befaßt, bilden Arbeiten mit theoretischem

Anspruch, die jedoch keine eigenen empirischen Untersuchungen beisteuern. Den Anfang machte eine Studie von Gerhard Struck, die sich um eine Funktionsbeschreibung des Vergleichs bemühte, einen Versuch zur Ermittlung von Strukturmodellen des Vergleichsphänomens machte und auch die Frage nach der Entwicklung von Verhaltensregeln für Richter aufnahm[30]. Ein jüngerer Aufsatz von Freund bemüht sich um die weitgehende Verarbeitung soziologischer Theorieelemente[31]. Er zeigt in mancher Hinsicht Übereinstimmung mit unserem eigenen, nachfolgend unter 1.4. dargestellten theoretischen Ansatz. Allerdings können wir der von Freund vertretenen Hypothese von einem Funktionswandel richterlicher Tätigkeit im Sinne einer Verlagerung vom streitigen Urteil zum Vergleich nicht folgen (vgl. oben 1.2.3.).

Zur Vergleichsliteratur in theoretischer Absicht rechnen wir zwei neue Arbeiten von Galanter[32] und Rogowski[33], die Forschungspläne zum Vergleich ankündigen. Bemerkenswert sind diese Arbeiten als aktueller Beleg für die Relevanz der Problematik, die, wie Galanters paper zeigt, nun auch in den USA zum Thema wird.

Schließlich können wir hier auf unsere eigene Arbeit hinweisen, die als Vorbereitung zur Bochumer Amtsgerichtsuntersuchung entstanden ist[34]. Sie entwirft einen konzeptuellen Bezugsrahmen für eine empirische Erforschung des Vergleichs (vgl. unten 1.4.) und ordnet im übrigen zahlreiche Informationen aus der Praktikerliteratur sowie aus der nicht vergleichsspezifischen Justizforschung in Problemfelder ein. Sozusagen im Mosaikverfahren versucht sie, eine möglichst konkrete und detailreiche Darstellung der Vergleichsproblematik zu geben.

1.3.4. Empirische Untersuchungen zum Vergleich

Bisher sind nur zwei Untersuchungen bekannt geworden, die sich speziell dem Vergleichsthema widmen. Die erste geht zurück auf Erhebungen von Falke und Giese aus dem Jahre 1975. Sie ist anscheinend nicht zu Ende geführt worden. Veröffentlicht hat Giese Ergebnisse einer schriftlichen Befragung von 350 Richtern, von denen 141 geantwortet haben[35]. Die Auswertung besteht in einer Zusammenstellung verschiedener Antworten. Von einigem Interesse sind besonders die Antworten auf folgende Fragen:

1. Unter welchem Gesichtspunkt schätzen Sie Prozeßvergleiche?
2. Bitte geben sie Beispiele richterlicher Prozeßtaktik zur Vergleichserzielung an.

Die Antworten bestätigen im wesentlichen die aus der Praktikerliteratur bekannten Vorstellungen.

Der Vergleich bildete auch einen Schwerpunkt der seit 1979 in Berlin unter Leitung von Rottleuthner durchgeführten Untersuchung über "Probleme der Arbeitsgerichtsbarkeit". Im Rahmen dieser Untersuchung wurden insbesondere auch Daten zur Güteverhandlung erhoben. In dem Bericht über eine Voruntersuchung hat Rottleuthner auf die unterschiedliche Vergleichsquote einzelner Richter hingewiesen und die besonderen Schwierigkeiten der Verhandlungsbeobachtung speziell im Hinblick auf die Vergleichsstrategien der Richter betont[36]. In seinem Beitrag zum sog. Alternativen-Workshop des BMJ hat er inzwischen weiter dargestellt, daß Vergleiche vor dem Arbeitsgericht jedenfalls nicht den in der Alternativendiskussion entwickelten Normativvorstellungen von einer ursächlichen Konfliktregelung entsprechen[37]. Weitere Teilergebnisse hat Schönholz vorgelegt [38]. Danach hat eine schriftliche Befragung der Parteien des Arbeitsgerichtsprozesses bei Beendigung durch Vergleich keine höhere Zufriedenheit ergeben als bei Beendigung durch Urteil. Der Abschlußbericht ist erst während der Reinschrift dieses Berichts eingegangen [39].

1.4. Der theoretische Bezugsrahmen

Ein Problem, auf das im Zusammenhang mit der Erforschung des gerichtlichen Vergleichs u.a. Rottleuthner hingewiesen hat[40], ist das bei empirischen Untersuchungen zum Gerichtsverfahren vielfach anzutreffende Theoriedefizit. Eine Untersuchung über das Gerichtsverfahren und hier speziell über den gerichtlichen Vergleich führt in den Bereich der in den letzten Jahren vielfach verstärkten Bemühungen um die nähere Erforschung von Beschwerdeverhalten und Konfliktregelungsprozeduren. Dieser Forschungsbereich hat inzwischen Formen und Dimensionen angenommen, die nur noch schwer zu überblikken sind[41]. Ein Engpaß besteht nicht nur bei der Beschaffung weiterer empirischer Daten, sondern ebenso bei der theoretischen Konzeptualisierung. Benötigt wird ein Konzept, das die unterschiedlichsten Daten aufnehmen und interpretieren kann und sie dadurch vor der Ablage auf dem Datenfriedhof bewahrt.

Die gesuchte Theorie muß imstande sein, unterschiedliche Erscheinungsformen des Konflikts, diverse Methoden der Konfliktregelung, hier insbesondere Vermittlung und richterliches Urteil, einander zuzuordnen. In der Literatur ist es bislang üblich, von der Struktur der Beziehungen zwischen den streitenden Parteien auszugehen und ihr bestimmte Verfahren zur Behandlung von Konflikten zuzuordnen. Diese Betrachtungsweise geht auf rechtsanthropologische Untersuchungen zurück, die die universale Funktion von Vermittlung (mediation) in der Aufrechterhaltung friedlicher Kooperation sehen[42]. Man nimmt an, daß Vermittlung im Streit von Personen, zwischen denen vielfältige soziale Beziehungen bestehen, wegen des gemeinsamen Interesses der Streitenden und des beide umfassenden Sozialverbandes besonders lohnend und erfolgreich sei. Dementsprechend wird Vermittlung beschrieben als egalitärer Prozeß, der sich auf eine soziale Gemeinschaft gründet, die dort geteilten Normvorstellungen zur Geltung bringt und von einer in der Gruppe besonders angesehenen Person geleitet wird. Vermittlung in diesem Sinne soll den Konflikt ohne Begrenzung auf bestimmte Streitpunkte erfassen und thematisieren, die tieferliegenden Konfliktursachen bearbeiten und zu versöhnlichen Lösungen führen. Der Vorgang ist eher freiwillig und therapeutisch als zwanghaft und sanktionierend und hält Distanz zu einem etwa vorhandenen formellen Rechtssystem.

Obwohl auf Grund theoretischer Überlegungen abzusehen war, daß für Vermittlung, wie sie von den Anthropologen beschrieben wurde, in der modernen arbeitsteiligen Gesellschaft entscheidende Voraussetzungen fehlen[43)], beherrschen solche Vorstellungen bis heute nicht nur die wissenschaftliche Diskussion. Sie haben auch die Planung der als Alternative zur Justiz gedachten Mediation- und Citizen-Dispute-Settlement-Centers in den USA, insbesondere auch der Neighborhood-Justice-Centers, wesentlich beeinflußt. Das kommt nicht allein in den für diese Einrichtungen gewählten Namen zum Ausdruck, sondern vor allem darin, daß sie ihre Fälle in erster Linie danach aussuchen, ob eine signifikante Sozialbeziehung zwischen den Streitenden bestand und möglichst noch fortbesteht, wie das bei Verwandten, Nachbarn, Mietern und Vermietern oder Arbeitgebern und Arbeitnehmern angenommen wird[44)]. Indessen zeigen schon die ersten empirischen Untersuchungen zur Evaluation der Alternativenexperimente, daß Vermittlungsbemühungen bei Parteien, zwischen denen jenseits des konkreten Streits nur flüchtige oder gar keine sozialen Beziehungen bestehen, beispielsweise bei Verbraucherproblemen, durchaus erfolgreich sein können[45)]. Entgegen ihren Ansprüchen erweisen sich die Mediation-Programme jedoch als wenig geeignet, konfliktbehaftete engere Sozialbeziehungen wieder in Ordnung zu bringen. Die Vermittlung führt vielmehr typisch zu einer Liquidation von streitbefangenen sozialen Beziehungen oder, wo diese Lösung ausscheidet, zur Festlegung von Regeln, um die Kontakte zwischen den Streitenden zu verringern und sie an feste Verhaltensregeln zu binden[46)].

Auch deutsche Untersuchungen, die darauf hinweisen, daß gerichtliche Vermittlungsbemühungen speziell in Arbeits- und Mietstreitigkeiten häufig erfolgreich sind, aber regelmäßig nicht die Erhaltung, sondern die Liquidation der sozialen Beziehungen zwischen den Parteien zum Ergebnis haben[47], wollen sich der anthropologisch inspirierten Theorie der Vermittlung nicht fügen. Daraus folgt nicht, daß die Struktur der Parteienbeziehung für Konfliktverlauf und Regelungsmöglichkeiten ohne Bedeutung wäre. Sie hat jedoch unter den Bedingungen der modernen Gesellschaft anscheinend nicht die überragende Stellung, die ihr bisher beigemessen wird. Das ermutigt uns, den eigenen theoretischen Ansatz weiter zu verfolgen, der in Anlehnung an Arbeiten aus der skandinavischen Rechtssoziologie sowie durch Einbeziehung spiel- und verhandlungstheoretischer Modelle die Verbindung zwischen handlungstheoretisch konzipierten Konflikttypen und spezifisch geeigneten Konfliktregelungsmöglichkeiten herstellt. Dieser Ansatz kann der Tatsache Rechnung tragen, daß Vermittlung oft zwanghafte Elemente enthält, daß sie Gleichheit der Parteien nicht voraussetzt und Ungleichheit nicht beseitigt, daß sie nicht unbedingt zu tieferen Konfliktursachen vordringt und vielfache Verbindungen mit dem formellen Rechtssystem eingeht.

Als Ausgangspunkt dient uns die auf Aubert[48] zurückgehende Unterscheidung zwischen Interessenkonflikt und Wertkonflikt. Sie wird ausgebaut durch einen Rückgriff auf die Spiel- und Verhandlungstheorie[49], mit deren Hilfe sich der Interessenkonflikt je nach Sachlage als Nullsummen- oder als Verhandlungsspiel, der Wertkonflikt hingegen stets als Nullsummenspiel interpretieren läßt. Nach dem Vorschlag Eckhoffs[50] wird dem Interessenkonflikt die Vermittlung im Sinne von Verhandlungshilfe und dem Wertkonflikt die Entscheidung durch Urteil als adäquate Form der Drittintervention zugeordnet. Zusätzlich unterscheiden wir zwischen Vermittlung und Schlichtung. Sobald der Dritte sich nicht darauf beschränkt, den Streitenden bei der Kommunikation zu helfen und mit ihnen das Spektrum der Lösungsmöglichkeiten zu erarbeiten, sondern selbst eine bestimmte Lösungsmöglichkeit empfichlt und erst recht, wenn er Druck ausübt, um eine Einigung herbeizuführen, soll es sich um Schlichtung handeln[51]. Schlichtung in diesem Sinne kommt im Interessenkonflikt ebenso in Betracht wie im Wertkonflikt. Die Unterscheidung von Interessenkonflikt und Wertkonflikt konzentriert sich auf die ökonomisch und juristisch faßbaren Streitpunkte. Beides zusammenfassend sprechen wir auch vom Sachkonflikt, oder, im Blick auf die den Konflikt auslösenden Enttäuschungen, von Sachproblemen. Um auch die in vielen Konflikten zu beobachtende, aber rational nicht ohne weiteres nachvollziehbare emotionale Beteiligung zu erfassen, haben wir den Sachproblemen die Beziehungsprobleme gegenübergestellt. Die Wortwahl beruhte ursprünglich darauf, daß eine starke emotionale Beteiligung besonders in Konflikten zwischen solchen Parteien auffiel, zwischen denen signifikante soziale Beziehungen bestanden. Wir haben den Ausdruck beibehalten, obwohl wir nicht übersehen, daß Konflikte auch in anonymen Sozialbeziehungen einen emotionalen Charakter annehmen können. Von Beziehungsproblemen sprechen wir dann, wenn die Selbstdarstellung einer Partei als moralische Persönlichkeit, ihr Selbstwertempfinden in Frage steht, wenn sie sich in ihrem sozialen Geltungsanspruch verletzt fühlt. Bei dieser Festlegung gehen wir von der in der Sozialpsychologie verbreiteten Vorstellung aus, daß das Selbstwertempfinden einen zentralen Bereich der Persönlichkeit darstellt, dessen Bedrohung mit hoher Wahrscheinlichkeit emotionale Reaktionen auslöst[52].

Als spezifische Form der Drittintervention kommt bei tiefergreifenden Beziehungsproblemen professionelle Therapie oder Beratung in Betracht. Dafür ist im Zivilprozeß kein Raum. Doch auch schon "laienhafte" Vermittlung kann einen positiven Einfluß auf Beziehungsprobleme nehmen, wenn sie eine offene Kommunikation stimuliert[53]. Bei Vermittlungsbemühungen, die gezielt auf Beziehungsprobleme gerichtet sind, sprechen wir im Unterschied zur Vermittlung als Verhandlungshilfe von Vermittlung als Versöhnungshilfe.

Um auch die dynamische Seite des Konfliktgeschehens zu erfassen, haben wir schließlich in Anlehnung an Vorbilder aus der Rechtsanthropologie ein Phasenmodell der Konfliktregelung entworfen, für das wir uns hier mit der tabellarischen Übersicht begnügen. Damit ist jedenfalls die Begrifflichkeit, die den theoretischen Rahmen widerspiegelt, kurz umrissen. Für eine ausführlichere Darstellung kann hier auf frühere Arbeiten verwiesen werden[54].

Phasen der gerichtlichen Vergleichsverhandlung

VORPHASE		KOMPETETIVE PHASE	INTEGRATIVE PHASE	DISTRIBUTIVE PHASE	KONSTATIVE PHASE		NACHPHASE
Manifestation des Konflikts Scheitern von Einigungsversuchen Verrechtlichung Überwindung von Zugangsbarrieren	KLAGE	Fixierung der Streitpunkte Artikulierung des Anspruchsniveaus Betonung der Differenzen Aggressivität	Unter Anleitung des Gerichts koordiniertes Vorgehen bei der Sichtung des Streitstoffs kognitive Abklärung von Sach- und Rechtsfragen Entrechtlichung Prozeßökonomische Überlegungen Risikoabschätzung Entwicklung von Lösungsalternativen	Vergleichsvorschlag Änderungswünsche Konzessionen Drohungen Packen und Aufschnüren von Verhandlungspaketen Anpassung des Anspruchsniveaus Vergleichsdruck von der Richterbank	Formulierung der Einigung Protokollierung	VERGLEICH/URTEIL	Erfüllung oder Vollstreckung Fortsetzung sozialer Beziehungen Zufriedenheit Lerneffekte
ZEIT							

Anmerkungen

1) Vgl. dazu Richard L. Abel, The Politics of Informal Justice, 2 Bde., New York 1982; Walther Gottwald, Streitbeilegung ohne Urteil, Tübingen 1981; Wolfgang Preibisch, Außergerichtliche Vorverfahren in Streitigkeiten der Zivilgerichtsbarkeit, Berlin 1982; ferner die Sammelbände "Alternative Rechtsformen und Alternativen zum Recht" = Jahrbuch für Rechtssoziologie und Rechtstheorie Bd. 6, 1980, sowie "Alternativen in der Ziviljustiz", hrsg. von Erhard Blankenburg, Walther Gottwald und Dieter Strempel, Köln 1982. Die ältere Literatur ist in Anm. 1, 3 und 4 zu Kap. 0 nachgewiesen.

2) Dazu näher Paul Schuster, Zivilprozeß und Güteverfahren, in: Alternativen in der Ziviljustiz (wie Anm. 1) S. 189-198; Klaus F. Röhl, Der Schiedsmann als Alternative zur Ziviljustiz?, Schiedsmannszeitung 1981, S. 65-70.

3) Vgl. dazu das Sonderheft "Plea Bargaining" des Law and Society Review 9, 1979; Malcom Feeley, The Process is the Punishment, New York 1979; Karl F. Schumann, Der Handel mit Gerechtigkeit, Frankfurt a. M. 1977.

4) Vgl. dazu Friedrich-Christian Schroeder, Legalitäts- und Opportunititätsprinzip heute, in: Festschrift für Karl Peters zum 70.Geburtstag, Tübingen 1974, S. 411-427; Hans Joachim Hirsch, Zur Behandlung der Bagatellkriminalität in der Bundesrepublik Deutschland - Unter besonderer Berücksichtigung der Stellung der Staatsanwaltschaft, Zeitschrift für die gesamte Strafrechtswissenschaft, 92, 1980, S. 226-254.

5) Nachweise in Anm. 1

6) Klaus F. Röhl, Rechtspolitische und idelogische Hintergründe der Diskussion über Alternativen zur Justiz, in: Alternativen in der Ziviljustiz (wie Anm. 1), S.15-27.

7) So besonders Egon Schneider, Der Prozeßvergleich im neuen Recht, Juristisches Büro 1977, S. 146-150.

8) Dazu repräsentativ Ekkehard Schumann in: Stein-Jonas, Kommentar zur Zivilprozeßordnung, 20. Aufl., Tübingen 1980, Einl. 1 C, Rn. 6 - 10.

9) Stein-Jonas/Schumann, a.a.O. Rn. 16.

10) Ebd. Rn. 16.

11) Rolf Stürner, Grundfragen richterlicher Streitschlichtung, DRiZ 1976, S. 202-205; ders., Die Aufgabe des Richters, Schiedsrichters und Rechtsanwalts bei der gerichtlichen Streiterledigung, Juristische Rundschau 1979, S. 133-138.

12) Manfred Wolf, Normative Aspekte richterlicher Vergleichstätigkeit, Zeitschrift für Zivilprozeßrecht 89, 1976, S. 260-293.

13) Adolf Arndt, Die Friedensaufgabe des Richters, Neue Juristische Wochenschrift 1967, S. 1585-1587.

14) Schneider a.a.O. (Anm. 7) S. 149.

15) Herbert Freund, Der Versuch einer Theorie der Praxis. Funktionswandel richterlicher Tätigkeit: Von der Streitentscheidung zur Konfliktlösung, dargestellt am Beispiel des Familienrichters, Deutsche Richterzeitung 1979, S. 72-78, 73.

16) Theodor Weber, Gütliche Beilegung und Verhandlungsstil im Zivilprozeß, Deutsche Richterzeitung 1978, S. 166-169.

17) Zur Reichweite dieser Instrumente ausführlich Wolfgang Hutmacher in: Röhl/Hutmacher, Der gerichtliche Vergleich in zivilrechtlichen Streitigkeiten. Projektstudie über Möglichkeiten der weiteren empirischen Erforschung, verv. Ms. Bochum 1982, S. 69 ff.

18) Freund a.a.O. (Anm. 15).

19) Elmar Steinbach, Rolf Kniffka, Strukturen des amtsgerichtlichen Zivilprozesses, München 1982, S. 176 f.

20) Ebd. S. 177.

21) Vgl. dazu Rudolf Wassermann, Der soziale Zivilprozeß, Neuwied, Darmstadt 1978; Stein-Jonas/Schumann, Einl. XD, Rn. 520.

22) Egon Schneider, Nochmals: Der Prozeßvergleich, Juristische Schulung 1976, S. 146 f.; Hans Weber, Der Vergleichsrichter, Deutsche Richterzeitung 1957, S. 236 f.; Hans-Joachim Bull, Prozeßhilfen, 3. Aufl., München 1974, S. 114-116; aus der Sicht des Rechtsanwalts Peter Zankl, Chancen und Risiken im Rechtsstreit, Berlin 1972, S. 57-64; Rolf Bender, August Belz, Peter Wax, Das Verfahren nach der Vereinfachungsnovelle und vor dem Familiengericht, München 1977, S. 79 ff.; Herbert Freund, Der gerichtliche Vergleich - Methode der Konfliktlösung oder naive Utopie? Deutsche Richterzeitung 1981, S. 221-224; Günter Giesing, Gerichtliche Vergleiche in Unterhaltssachen, Zeitschrift für das gesamte Familienrecht, 1980, S. 761-763; ders., Vereinbarungen über den nachehelichen Unterhalt in der Praxis, Neue Juristische Wochenschrift 1982, S. 271.

23) A.a.O. (Anm. 16)

24) Klaus F. Röhl, Der Vergleich im Zivilprozeß - Eine Alternative zum Urteil?, Jahrbuch für Rechtssoziologie und Rechtstheorie Bd. 6, 1980, S. 279-316, 282.

25) Hubert L. Will, Robert R. Merhige, jr., The Role of the Judge in the Settlement Process, Washington, D.C. (Federal Judicial Center) 1977.

26) Dazu insbesondere: Gottfried Baumgärtel, Peter Mes, Rechtstatsachen zur Dauer des Zivilprozesses (erste Instanz), Köln, Berlin, Bonn, München 1972; Gottfried Baumgärtel, Gerhard Hohmann, Rechtstatsachen zur Dauer des Zivilprozesses (zweite Instanz), Köln, Berlin, Bonn, München 1972; Tatsachen zur Reform der Zivilgerichtsbarkeit, 2 Bde., Tübingen 1974, hrsg. von der Bundesrechtsanwaltskammer (Bd.I: Erhard Blankenburg, Hellmut Morasch, Heimfried Wolff unter Mitarbeit von Dieter Grimm und Vladimir Suna, Prognos AG, Basel; Bd. II, 1. Teil: dies., Strukturanalyse der Zivilgerichtsbarkeit 2. Teil: Wolfgang Blomeyer, Dieter Leipold, Analyse der Rechtstatsachen und Konsequenzen für die Reform der Zivilgerichtsbarkeit).

27) Vgl. insbesondere Rolf Bender/Rolf Schumacher, Erfolgsbarrieren vor Gericht, Tübingen 1980.

28) Darüber berichtet das Sonderheft 3/4 des Law and Society Review 15/1980/81.

29) A.a.O. (Anm. 24).

30) Gerhard Struck, Der Abschluß des Prozeßvergleichs als Ausbildungsproblem, Juristische Schulung 1975, S. 762 - 768.

31) A.a.O. (Anm. 15).

32) Marc Galanter, Judicial Participation in Judicial Cases, verv. Projektantrag an die National Science Foundation, Madison, Wisc., 1981.

33) Ralf Rogowski, Die aktive Rolle des Richters beim Prozeßvergleich, in: Alternativen in der Ziviljustiz (wie Anm. 1), S. 171 - 187.

34) A.a.O. (Anm. 24).

35) Bernhard Giese, Ansätze zur Tatsachenforschung und Rechtssoziologie des Prozeßvergleichs, in: Günther Bierbrauer u.a., Zugang zum Recht, Bielefeld 1978, S. 117 - 140.

36) Hubert Rottleuthner, Probleme der Beobachtung von Gerichtsverhandlungen, dargestellt am Beispiel richterlicher Vergleichsstrategien und kompensatorischen Verhaltens in Arbeitsgerichtsverfahren, in: Interaktion vor Gericht. Schriften der Vereinigung für Rechtssoziologie, Band 2, Baden-Baden 1978, S. 109 - 132.

37) Hubert Rottleuthner, Alternativen im gerichtlichen Verfahren, in: Alternativen in der Ziviljustiz (wie Anm. 1), S. 145 - 152.

38) Siegfried Schönholz, Prozeßvergleich als Alternative zum Urteil - Reaktionen der Betroffenen, in: Alternativen in der Ziviljustiz (wie Anm. 1) S. 153 - 169.

39) Hubert Rottleuthner, Lutz Brandt, Michael Camin, Rolf Ellermann, Josef Elstermann, Hans Grüner, Wolfgang Roehl, Siegfried Schönholz, Probleme der Arbeitsgerichtsbarkeit, 2 Bde, verv. Ms. Berlin 1982.

40) A.a.O. (Anm. 36), S. 111.

41) Ein Überblick bei Klaus F. Röhl, Der konfliktsoziologische Ansatz in der Rechtssoziologie, Rechtstheorie 8, 1979, S. 93 - 119; eine neuere Zusammenfassung im Blick auf Gerichtsverfahren und Alternativen geben Josef Falke und Volkmar Gessner, Konfliktnähe als Maßstab für gerichtliche und außergerichtliche Streitbehandlung, in: Alternativen in der Ziviljustiz (wie Anm. 1), S. 289 - 315.

42) Volkmar Gessner, Recht und Konflikt, Tübingen 1976, S. 170 ff.;P.H. Gulliver, Negotiation as a Mode of Dispute Settlement; Towards a General Model, Law and Society Review 7, 1973, S. 667 - 691; ders., On Mediators, in: Jan Hamnet (Hrsg.), Social Anthropology and Law, London/New York/San Francisco 1977, S. 15 - 52; Klaus-Friedrich Koch, Konfliktmanagement und Rechtsanthropologie, in: Günter Bierbrauer u.a., Zugang zum Recht, Bielefeld 1978, S. 85 - 119, 93; Cathie J. Witty, Mediation and Society, New York, N.Y., 1980.

43) William L. F. Felstiner, Influences of Social Organization on Dispute Processing, Law and Society Review 9, 1974, S. 63 - 94; Rainer Hegenbarth, Sichtbegrenzungen, Forschungsdefizite und Zielkonflikte in der Diskussion über Alternativen zur Justiz, Jahrbuch für Rechtssoziologie und Rechtstheorie, Bd. 6, 1980, S. 48 - 82.

44) Daniel McGillis, John Mullen, Neighborhood Justice Centers, Washington, D.C., 1977, S. 54 ff.

45) David E. Sheppard, Janice A. Roehl, Roger F. Cook, Neighborhood Justice Centers Field Test, Final Evaluation Report, Washington, D.C., 1980.

46) Thomas Weigend, Assisting the Victim, Freiburg i. Brsg. 1981 (verv. Ms.), S. 48 ff.

47) Zu den Arbeitsgerichtsstreitigkeiten Erhard Blankenburg/ Siegfried Schönholz, Zur Soziologie des Arbeitsgerichtsverfahrens. Neuwied/Darmstadt 1979, S. 102 ff.; Schönholz a.a.O. (Anm. 38); zu Mietstreitigkeiten Hartmut Erich Hilden, Rechtstatsachen im Räumungsrechtsstreit, Frankfurt a.M. 1976, S. 64 ff.; Bericht der Bundesregierung über die Auswirkung des 2. Wohnraumkündigungsschutzgesetzes, Bundestags-Drucksache 8/2610, S. 26.

48) Vilhelm Aubert, Interessenkonflikt und Wertkonflikt: Zwei Typen des Konflikts und der Konfliktlösung, in: Walter L. Bühl (Hrsg.), Konflikt und Konfliktstrategie, München 1973, S. 178 - 205.

49) Dazu neuerdings Dean G. Pruitt, Negotiation Behavior, New York 1981.

50) Torstein Eckhoff, Die Rolle des Vermittelnden, des Richtenden und des Anordnenden bei der Lösung von Konflikten, in: Studien und Materialien zur Rechtssoziologie, hrsg. von Ernst E. Hirsch und Manfred Rehbinder (Sonderheft 11/1967 der Kölner Zeitschrift für Soziologie und Sozialpsychologie), S. 243 - 270, 259.

51) Helmut Crott, Michael Kutschker, Helmut Lamm, Verhandlungen I, Stuttgart 1977, S. 139; Koch, a.a.O. (Anm. 41), S. 93 ff; Röhl, a.a.O. (Anm. 41), S. 113 ff.

52) Regine Scholz, Kommunikative Aspekte der Verrechtlichung interpersonaler Streitigkeiten, in: Der Gebrauch von Recht, Arbeitsmaterialien zum 20. Deutschen Soziologentag vom 15. - 19.9.1980 in Bremen, hrsg. von Rainer Hegenbarth, Wolfgang Kaupen und Udo Reifner, verv. Ms. Bochum 1980, S. 153 - 163; sowie Rainer Hegenbarth, Regine Scholz, Konfliktlösung ohne Kommunikation: Die Organisation der Sprachlosigkeit in Zivilprozessen, in: Informationsbrief für Rechtssoziologie, April 1979, S. 88 - 118.

53) Wolf-Rüdiger Minsel, Art. "Gesprächstherapie" in: Handbuch psychologischer Grundbegriffe, München 1977, S. 180 - 184; Carl Rogers, Counseling and Psychotherapy, Boston 1942; deutsch: Die nicht-direktive Beratung, München 1972; ders., Die Kraft des Guten, München 1978.

54) Vgl. die in Anm. 24, 41 und 53 genannten sowie Klaus F. Röhl, Beraten, Vermitteln, Schlichten und Richten, Schleswig-Holsteinische Anzeigen 1979, S. 134 - 141, 134.

Wolfgang Hutmacher

2. Die Auswahl der Untersuchungseinheiten

Bei einem empirischen Forschungsvorhaben ist der Sozialforscher stets mit dem Problem der geeigneten Auswahlziehung konfrontiert, kaum jedoch in solchem Maße mit dem Problem der vorherigen Spezifizierung des Auswahluniversums. "Zivilprozesse" unterscheiden sich nicht nur nach erstinstanzlichen, zweitinstanzlichen und Revisionsverfahren, weitaus schwerer fällt in die Waagschale, daß die potentiellen Streitgegenstände im Zivilprozeß nahezu alle Lebensbereiche umfassen: Beginnend bei Folgestreitigkeiten eines gescheiterten Verlöbnisses über Räumungsklagen und Verkehrsunfallfolgestreitigkeiten bis hin zu rechtlich und tatsächlich unstreitigen Schuldbeitreibungsfällen, ganz abgesehen von zivilrechtlichen Auseinandersetzungen, für die sich eigenständige Gerichtsbarkeiten oder Verfahrensarten herausdifferenziert haben (Arbeitsrecht, Familienrecht). Wir haben uns konzentriert auf die sogenannten "gewöhnlichen Zivilprozesse", wohl wissend, daß die in der Justizstatistik so bezeichneten Rechtsfälle nicht mehr als eine Restkategorie darstellen, deren tertium comparationis sich darin erschöpft, daß eine gesonderte Gerichtsbarkeit oder zumindest eine spezielle Verfahrensordnung (wie z.B. im Scheck- oder Wechselprozeß) nicht besteht[1)].

Der zweite Schritt zur Eingrenzung des Auswahluniversums bestand in der Entscheidung, als Eingangsgericht das Amtsgericht und nicht das Landgericht zu wählen. Das Universum der vor dem Amtsgericht verhandelten Zivilprozesse weist gegenüber den Verfahren vor dem Landgericht folgende Vorzüge auf:

- Es können auch solche Verfahren in die Auswahl gelangen, in denen der Streitwert 500,-- DM unterschreitet und die aus diesem Grunde nicht berufungsfähig sind. Es läßt sich somit unter Umständen überprüfen, ob die justizförmige Behandlung von Rechtsstreitigkeiten variiert in Abhängigkeit von der Verfügbarkeit eines externen Sanktionspotentials, wie es die Berufungsinstanz darstellt.

- Weiterhin erscheint es von Vorteil, daß, anders als in Zivilverfahren vor dem Landgericht, auch solche Streitigkeiten erfaßt werden können, in denen wechselnde Konstellationen anwaltlicher Parteivertretung festzustellen sind. Dies erlaubt Aussagen über Konsequenzen anwaltlicher Vertretung bezüglich Prozeßerfolg und Verfahrensgestaltung. Die gern gepflegte Vorstellung von der Dominanz der professionellen Verfahrensbeteiligten[2)] kann auf diese Weise nicht nur überprüft werden, es können auch Hinweise gewonnen werden, wie sich denn diese Dominanz im Verfahrensablauf konkret niederschlägt.
- Schließlich konnten wir durch die Konzentration auf die Amtsgerichtsverfahren auch Wohnungsmietstreitigkeiten erfassen, für die §§ 23 Ziff. 2 a GVG, 29 a ZPO die ausschließliche erstinstanzliche Zuständigkeit des Amtsgerichts begründen. Dies ermöglicht unter anderem die Überprüfung der Hypothese, daß in Mietstreitigkeiten der Anteil von komplexen Konflikten, in die die Parteien in hohem Maße persönlich involviert sind, besonders hoch ist. Unsere Daten können diese Hypothese (siehe unten Kapitel 8) belegen.

Demgegenüber hat die Beschränkung auf Amtsgerichtsverfahren den Nachteil, daß angesichts der variierenden Konstellation anwaltlicher Beteiligung die Überprüfung einer Theorie menschlicher Entscheidungshandlungen unter Risiko[3)] nicht möglich ist: Zum einen resultiert aus dem breiten Spektrum unterschiedlicher Verfahrensgegenstände eine nur mehr tentativ erfaßbare Streuung der Valenzen der Akteure, zum anderen resultiert aus dem potentiellen Informationsgefälle zwischen anwaltlich und nicht-anwaltlich vertretener Partei eine Variation der subjektiven Erfolgswahrscheinlichkeiten, ein nicht mehr kompensierbarer Störfaktor in den Antecedensbedingungen der Entscheidungshandlungen von Parteivertretern bzw. Parteien. Eine solche empirische Überprüfung einer Theorie menschlichen Entscheidungshandelns war allerdings auch nicht Aufgabe dieser Untersuchung; sie muß einer soziologischen Untersuchung vorbehalten bleiben, für die bei entsprechendem Forschungsdesign die justizförmige Behandlung von interpersonalen Konflikten lediglich einen Anwendungsfall darstellt.

Die Entscheidung, sowohl Aktenanalyse als auch Verhandlungsbeobachtung durchzuführen, zwang zu einer weiteren Eingrenzung des Auswahluniversums. Einerseits waren wir angesichts eines beschränkten Personal- und Zeitbudgets auf ein möglichst ortsnahes Gericht angewiesen, andererseits mußten wir uns bei der Auswahl auf einen laufenden Geschäftsjahrgang beschränken.

Die Erhebung erfolgte am Amtsgericht Bochum. Die Leitung des Amtsgerichts Bochum gewährte Einsichtnahme in Prozeßregister und Terminkalender, um die Beobacntung von Verhandlungsterminen zu ermöglichen. Akteneinsicht wurde nach Abschluß der Verfahren gewährt.

Die Entscheidung für das Amtsgericht Bochum zwingt zu einem Verzicht auf den Anspruch etwaiger landes- oder gar bundesweiter Repräsentativität. Es muß auch darauf verzichtet werden, aus dem Vergleich evtl. zufällig übereinstimmender Erledigungsquoten oder Verfahrensgegenstände auf Repräsentativität zu schließen[4]. Auch wer die Forderung, die Repräsentativität einer Auswahl müsse sich qua Auswahl und nicht qua Ergebnis dokumentieren lassen, für Ausdruck eines übertriebenen methodischen Rigorismus hält, wird sich dem Einwand nicht verschließen können, Vergleichbarkeit der Ausprägungen <u>einer</u> Variablen (etwa der Erledigungsart) sei ein zu schwacher Indikator für Repräsentativität. Die Grenzen des Amtsgerichtsbezirks Bochum sind identisch mit den Gemeindegrenzen der Stadt Bochum. Bochum ist eine Industrie- und Universitätsstadt im südlichen Ruhrgebiet mit ca. 420.000 Einwohnern. Die Strukturkrise des Ruhrgebiets Mitte der 60er Jahre hat die Stadt Bochum zunächst durch Ansiedlung neuer Industriezweige (Opel-Werk) besser überstanden als die benachbarten Großstädte in der -nördlich gelegenen- Emscherzone des Ruhrgebiets. Bochum, ehemals die Stadt mit dem dichtesten Zechenbesatz Europas, verfügt über keine fördernde Schachtanlage mehr. Industrielle Schwerpunkte sind die Stahlindustrie (Krupp, Stahlwerke Bochum) und die Automobilindustrie (Opel). Seit 1965 ist Bochum Universitätsstadt; an der Ruhr-Universität Bochum studierten im Wintersemester 1981/82 etwas weniger als 27.000 Studenten. Die Arbeitslosenquote in Bochum war lange Zeit im statistischen Jahresdurchschnitt etwas höher als die Arbeitslosenquote im Lande Nordrhein-Westfalen, jedoch wesentlich niedriger als die Arbeitslosenquote anderer Revierstädte. Erst durch die anhaltende wirtschaftliche Baisse in der Stahlindustrie in den letzten beiden Jahren ist die Arbeitslosenquote auf ca. 10 % (Mai 1982) angestiegen. Wie in anderen Städten der Hellweg-Zone des Ruhrgebiets läßt sich auch in Bochum eine räumliche Segregation von Arbeitervierteln im Norden und Osten der Stadt und bürgerlichen Wohnvierteln im Süden feststellen. Da jedoch aus Gerichtsakten in der Regel keine verläßlichen Angaben über den Sozialstatus der Parteien erhoben werden können, haben wir auch auf die nähere Bestimmung des Wohnviertels der Parteien verzichtet, um der Gefahr eines ökologischen Fehlschlusses von vornherein zu begegnen[5)]. Am Amtsgericht Bochum waren zu Beginn des Jahres 1980 38 Richter in Planstellen eingewiesen[6)]. Die Prozeßhäufigkeit betrug im Zeitraum von September 1978 - August 1979 im Amtsgerichtsbezirk Bochum 15,9 je 1000 Einwohner[7)]. Die Prozeßhäufigkeit liegt damit über dem Durchschnitt des Oberlandesgerichtsbezirks Hamm (15,2 erledigte gewöhnliche Zivilprozesse am Amtsgericht je 1000 Einwohner im Jahre 1978) und dem Bundesdurchschnitt (14,3 gewöhnliche Zivilprozesse am Amtsgericht je 1000 Einwohner im Jahre 1978)[8)].

Der Geschäftsverteilungsplan des Amtsgerichts Bochum weist für das Jahr 1979 neun Zivildezernate (Abteilungen) auf. Die Geschäftsverteilung orientiert sich am Anfangsbuchstaben des Beklagten. Während unserer Erhebungen bestanden am Amtsgericht Bochum zunächst neun Zivildezernate, von denen eines während unserer Erhebungen aufgelöst und danach von verschiedenen Richtern betreut wurde.

Es zeigte sich, daß bei der Erfassung dieses Dezernats die Ausfallquote in nicht mehr vertretbarer Weise die der übrigen Dezernate überstieg: Obwohl aus dieser Abteilung nur ca. 6 % des Samples gezogen wurden, erreicht sie einen Anteil an den nichtgeklärten Ausfällen von über 30 %. Um die Verzerrung, die durch diese Abteilung verursacht wurde, auszugleichen, werden im folgenden die wesentlichen Auswertungen von den Daten aus dieser Abteilung bereinigt dargestellt.

Wie oben bereits geschildert, gewährte die Leitung des Amtsgerichts Bochum Akteneinsicht erst nach Abschluß des Verfahrens. Da im Terminkalender und im Prozeßregister sich gegenstand nach den wenig brauchbaren Kategorien "Forderung", "Räumung" oder "Kindschaftssache" aufzuschlüsseln), schied eine qualifizierte Auswahl von vornherein aus. Es wurde daher eine Randomauswahl durchgeführt. Nach dem Schlußauswahlverfahren gelangten 20 % aller Klagen, die am Amtsgericht Bochum im Zeitraum vom 15.2. - 15.8. 1979 eingereicht wurden, in die Auswahl. Es ergaben sich 714 mit vollem Rubrum ins Prozeßregister eingetragene Zivilprozesse. Ausgeschieden wurden alle nicht öffentlich zu verhandelnden Prozesse(Unterhalts- und/oder Kindschaftsprozesse). Ein weiterer Ausfall resultiert aus den Abgaben an andere Gerichte. Wir haben es uns versagt, für eine Abgabe an ein sachlich oder örtlich zuständiges auswärtiges Gericht eine Ersatzziehung vorzunehmen, um die Unabhängigkeit der Ziehung nicht zu gefährden[9]. Insgesamt erreichten wir 567 Aktenanalysen, in 348 Verfahren konnten wir insgesamt 443 mündliche Verhandlungstermine vor dem Amtsgericht beobachten. Bei der anschließenden Parteibefragung konnten 237 mündliche Interviews von privaten Prozeßparteien gewonnen werden, 57 korporative Akteure sandten den sogenannten "Firmenfragebogen" zurück. Zu Umfang und Struktur der Ausfälle sei auf die einleitenden Bemerkungen zu den einzelnen Erhebungsinstrumenten in den folgenden Abschnitten verwiesen.

Zusätzlich führten wir eine Aktenanalyse für die im Untersuchungszeitraum anhängig gewordenen Verfahren durch, die bis April 1980 mit einem Vergleich beendet worden waren. Dabei wurde der gleiche Erhebungsbogen verwendet wie in der Hauptauswahl. 146 zusätzliche Aktenanalysebögen wurden auf diese Weise für die "Sonderauswertung Prozeßvergleich" gewonnen.

Das Schlußziffernauswahlverfahren hat sich für eine Querschnittuntersuchung gut bewährt. Aus der breiten Streuung der Verfahrensgegenstände resultiert freilich die Konsequenz, daß in sich homogene Fallgruppen (etwa Mietprozesse, Konsumentenstreitigkeiten etc.) nur mit relativ geringen Fallzahlen vertreten sind. Stehen spezielle Fragestellungen im Vordergrund, kann eine Kombination von qualifizierter Auswahl und Schlußziffernauswahlverfahren empfohlen werden: nach der Bestimmung des Auswahlumfangs durch Quotierung (etwa 50 % aller Konsumentenprozesse) kann über eine anschließende Randomauswahl sichergestellt werden, daß einerseits eine geringe Besetzung der einzelnen Subgruppen vermieden wird, andererseits die forschungsökonomischen wie auswertungstechnischen Vorzüge der Zufallsauswahl genutzt werden.

Anmerkungen

(1) Zur Klassifikation der Verfahrensarten im Zivilprozeß siehe das Zusatzprogramm 1980, hrsg. vom Statistischen Bundesamt Wiesbaden, S. 4 f. und passim.

(2) Dazu mit weiteren Hinweisen: Klaus F. Röhl, Der Vergleich im Zivilprozeß - Eine Alternative zum Urteil?, in: Alternative Rechtsformen und Alternativen zum Recht. Jahrbuch für Rechtssoziologie und Rechtstheorie, Band VI, Opladen 1980, S. 279 - 316.

(3) Hierzu einführend: Werner Langenheder, Theorie menschlicher Entscheidungshandlungen, Stuttgart 1975.

(4) So verfahren Erhard Blankenburg/Viola Blankenburg/Hellmut Morasch, Der lange Weg in die Berufung, Aktenanalysen und Interviews aus der Sicht der Rechtsuchenden in Zivilprozessen am Amtsgericht, in: Rolf Bender (Hrsg.), Tatsachenforschung in der Justiz, Tübingen 1972, S. 81 - 104.

(5) Für einen in jeder Hinsicht interessanten Versuch, die segregative Siedlungsform in Bochum kriminologisch zu verwerten, siehe: Hans-Dieter Schwind u.a., Empirische Kriminalgeographie (Kriminalitätsatlas Bochum). Forschungsreihe des Bundeskriminalamtes, Wiesbaden 1978.

(6) Deutscher Richterbund (Hrsg.), Handbuch der Justiz 1980. Die Träger und Organe der Rechtsprechenden Gewalt in der Bundesrepublik Deutschland, 15. Jahrgang, Heidelberg/Hamburg 1980, S. 166.

(7) Berechnung auf der Basis der Monatsstatistiken des Amtsgerichts Bochum, die freundlicherweise zur Verfügung gestellt wurden.

(8) Berechnung auf der Basis der Erledigungsstatistiken im Zusatzprogramm 1978, a.a.O. (Anm. 1) und der Angaben zur Einwohnerzahl der Gerichtsbezirke im Handbuch der Justiz 1980, a.a.O. (Anm. 6).

(9) Anders die Vorgehensweise bei: Rolf Kniffka/Elmar Steinbach, Strukturen des amtsgerichtlichen Zivilprozesses, München 1981.

Wolfgang Hutmacher

3. Die Analyse von Gerichtsakten - Erhebungsinstrument und Basisdaten

3.1. Die Methode der Aktenanalyse

Die Analyse von Gerichtsakten ist klassischer Fall einer Analyse prozeß-produzierter Daten [1]. Darunter versteht man Daten, die zu anderen als Forschungszwecken erstellt und ex post für Forschungszwecke aufbereitet und ausgewertet werden. Als Erhebungsverfahren der empirischen Sozialforschung ist die Analyse von Gerichtsakten und -dokumenten ein Spezialfall der Inhaltsanalyse[2]. Die methodologischen Probleme, die mit diesem Erhebungsverfahren verbunden sind[3], stellen sich bei der Analyse von Gerichtsakten in modifizierter Form: Das Material ist bereits nach bestimmten, angebbaren, wenn auch forschungsexternen Kriterien strukturiert. Die Zivilprozeßordnung determiniert weitgehend die Form der in Gerichtsakten vorfindlichen Schriftstücke, seien es Verhandlungsprotokolle, Prozeßformulare (Mahnbescheide, Kostenfestsetzungsbeschlüsse etc.) richterliche Verfügungen oder Schriftsätze der Parteien. Sie markieren Selektionsleistungen, bezogen auf das entscheidungsorientierte Handlungssystem des Gerichtsverfahrens[4]. Dennoch ist man bei der Analyse von Gerichtsakten der Bestimmung von recording units nicht gänzlich enthoben, will man Variablen, die sich der juristischen Konzeptualisierung des Verfahrens nicht fügen, adäquat über Aktenmerkmale erheben. Daneben bereitet schon die korrekte Messung von Variablen, die auch in der Zählkartenstatistik erscheinen, gelegentlich Schwierigkeiten[5].
Zwar ist die Messung zahlreicher Variablen auch ohne sorgfältige Bestimmung der recording units möglich. So ist beispielsweise aus der richterlichen Verfügung, mit der neben der Zustellung von Klageschrift oder (in Zivilprozessen mit voraufgegangenen Mahnverfahren) Klagebegründung die Zustellung eines bestimmten Formblattes verfügt wird, eindeutig zu erkennen, ob der Richter den Prozeß durch ein

schriftliches Vorverfahren nach §§ 272 Abs. 2, 276, 495 ZPO oder durch die Bestimmung eines frühen ersten Termins nach §§ 272 Abs. 2, 275, 495 ZPO vorzubereiten sucht. Auch ist die Anordnung des persönlichen Erscheinens der Parteien nach §§141, 279 Abs. 2 ZPO und die Ladung von Zeugen oder Sachverständigen von eindeutig identifizierbaren richterlichen Verfügungen abhängig[6]. Doch schon die Bestimmung des Parteienstatus ist oftmals nicht eindeutig möglich, selbst wenn man eine einfache Trichotomisierung der Parteien nach Privatpersonen, natürlichen Personen in Geschäftsprozessen und Personen- oder Kapitalgesellschaften vornimmt. Zwar ist ein vollständiges Rubrum, d. h. eine genaue Bezeichnung der Parteien in Klageschrift und/oder Mahnbescheid geboten. Diesem Gebot wird durch die Angabe einer ladungsfähigen Anschrift, bei Personen- und Kapitalgesellschaften durch die Benennung eines Geschäftsführers oder eines persönlich haftenden Gesellschafters genügt. Selbst wenn man davon absieht, daß in einer nicht unerheblichen Anzahl von Fällen eine nachträgliche Ergänzung des Rubrums erfolgt, ist eine eindeutige Bestimmung des Parteienstatus nur selten möglich ("Firma XY GmbH., vertreten durch ...", oder "Frau Hausfrau ... "). Schon bei einem Rubrum des Typs "Herr X" oder "Dachdeckermeister Y" stellen sich Probleme ein: Es ist nicht ersichtlich, ob Herr X den Prozeß als Privatmann führt oder ob es sich um einen Kaufmann handelt, der einen Geschäftsprozeß führt. Ebensowenig ist allein aus dem Rubrum ersichtlich, ob der Dachdeckermeister Y einen Werklohn einklagt (Geschäftsprozeß) oder einen Prozeß als privater Konsument von Waren- oder Dienstleistungen führt. Mutatis mutandis treten derartige Meßprobleme, zum Teil in wesentlich differenzierterer Form, bei anderen Variablen auf. Ob der Dachdeckermeister Y einen Werklohn oder gegenüber einem Reisebüro Schadensersatz für mangelhafte Leistungen einklagt, läßt sich notfalls durch eine nur flüchtige Lektüre der Klageschrift ermitteln. Ob der auswärtige Hausbesitzer Z in einer kleinen Landgemeinde ein beschauliches Pensionärsdasein genießt und sein Einfamilienhaus in der Stadt weitervermietet hat oder ob er als gewerblicher Großvermieter auftritt, wird nur selten eindeutig bestimmbar.

Angesichts dieser Problemlage scheint es unerläßlich, die Variablen des Aktenanalysebogens mit einigen Erläuterungen und Codierungsvorschriften vorzustellen. Generell haben wir versucht, die oben aufgezeigten Probleme dadurch zu entschärfen, daß beim Erhebungsvorgang selbst nur solche Variablen standardisiert werden, von denen sich im Pretest gezeigt hatte, daß ihre zuverlässige Vercodung möglich war. Die übrigen Variablen- die am Gerichtsverfahren orientierte Strukturierung des Aktenmaterials bringt es mit sich, daß zu den Problemfällen gerade diejenigen Variablen zählen, deren Zuordnung zu rechtsdogmatisch wohlbegründeten Kategorien weder möglich noch sinnvoll ist - wurden im Aktenanalysebogen über offene Items erhoben und erst in der Codierungsphase durch den Verfasser standardisiert. Durch dieses Vorgehen wurden die Reliabilitätsprobleme, die -bedingt durch die ausbildungsmäßig heterogene Zusammensetzung der Codierer- nahezu unausweichlich waren, abgemildert.

3.2. Operationalisierung und Grundauszählung der Variablen des Aktenanalysebogens

Die Aktenanalyse wurde mit dem im Anhang abgedruckten Aktenanalysebogen durchgeführt. Zur Entstehung des Aktenanalysebogens ist zu bemerken, daß der Verfasser bei der Erstellung des Aktenanalysebogens ebensowenig beteiligt war wie bei der Einweisung der Codierer. Der Verfasser ist daher gezwungen, im folgenden auch solche Operationalisierungsvorschläge (und in einigen Fällen auch solche Variablen, deren Aufnahme in den Aktenanalysebogen er nicht für sinnvoll und in einigen Fällen nicht für vertretbar erachtet), zwar nicht zu legitimieren, jedoch zu beschreiben.

Von den insgesamt 714 Fällen, die in unser Sample fielen, schieden 74 Fälle aus, weil die Verfahren an ein sachlich oder örtlich zuständiges Gericht abgegeben wurden oder weil das Verfahren nicht-öffentlich war (Kindschaftssachen).

Von den verbleibenden 640 Fällen konnte in 567 Fällen eine Aktenanalyse durchgeführt werden; in weiteren 31 Fällen lagen zwar die Akten beim Abschluß unserer Erhebungen noch nicht vor, es waren jedoch Beobachtungsprotokolle verfügbar. In 14 dieser 31 Fälle, in denen nur Beobachtungsbögen vorlagen, konnten die meisten Variablen der Aktenanalyse (mit Ausnahme der Kostenvariablen) aus den vorliegenden Beobachtungsprotokollen rekonstruiert werden. In 29 Fällen, dies entspricht deutlich weniger als 5 % aller Einheiten, waren weder Akten noch Beobachtungsprotokolle erreichbar. Dieser Ausfall ist darauf zurückzuführen, daß wir beim vorliegenden Untersuchungsdesign zwingend auf den laufenden Geschäftsjahrgang verwiesen wurden; die Ausfallquote erscheint angesichts dieses Umstandes ausgesprochen günstig. Bezüglich der acht über den gesamten Erhebungszeitraum bestehenden Zivildezernate am Amtsgericht Bochum sind keine Verzerrungen hinsichtlich der Ausfälle nachweisbar.

Der Parteienstatus - die Probleme seiner validen Messung wurden oben bereits angesprochen - wurde im Aktenanalysebogen mit folgenden Ausprägungen erhoben:
- männliche Privatperson
- weibliche Privatperson
- mehrere Privatpersonen (Eheleute)
- selbständige Naturalparteien in Geschäftsprozessen (Handwerker, Einzelhandelskaufleute, freiberuflich Tätige)
- Gesellschaft des Privatrechts
- öffentliche Hand
- Idealverein
- Sonstige.

Die Kategorie "öffentliche Hand", "Idealverein" und "Sonstige" waren so gering besetzt, daß sie vernachlässigt werden können. Die erstgenannten drei Ausprägungen wurden zur Ausprägung "Privatperson" zusammengefaßt, um Fehlinterpretationen zu vermeiden[7]. Der höhere Anteil von Personenmehrheiten auf der Beklagtenseite (10% gegenüber 4% auf der Klägerseite) ist im wesentlichen auf den Bereich der Räumungsprozesse zurückzuführen, weitere Interpretationen verbieten sich. Es ergab sich folgendes Bild:

Tabelle 3.1.

Status Beklagter

Status Kläger	Privat	Selbständig	Gesellschaft	Sonstiges	insgesamt
Privat	27 %	6 %	20 %	1 %	54 %
Selbständig	11 %	4 %	1 %	0 %	16 %
Gesellsch.	21 %	4 %	4 %	0 %	29 %
Sonst.	2 %	0 %	0 %	0 %	2 %
insgesamt	61 %	14 %	25 %	1 %	101 %

Der hohe Anteil der Verfahren, in denen Personen- oder Kapitalgesellschaften auf der Beklagtenseite erscheinen, ist produziert durch die Vorentscheidung, bei mehreren Beklagten die "konfliktstärkste" Partei zu codieren. Diese Entscheidung schlägt insbesondere durch auf die zahlreichen Schadensersatzprozesse nach Verkehrsunfällen, bei denen, soweit eine Versicherung beteiligt war, immer die Versicherung als Beklagte erschien, unabhängig vom Status des beklagten Fahrzeughalters. Ein realistischeres Bild über die Verteilung des Parteistatus ergibt sich, wenn man die Verfahren im Zusammenhang mit Verkehrsunfällen eliminiert:

Tabelle 3.2.

Parteienstatus (ohne Verkehrsunfälle) (n = 462)

Status Kläger	Status Beklagter: Privat	Selbständig	Gesellschaft des Privatr.	Sonstiges	insgesamt
Privat	31 %	7 %	4 %	1 %	44 %
Selbständig	13 %	5 %	1 %	0 %	19 %
Gesellsch.	26 %	5 %	4 %	0 %	35 %
Sonstiges	2 %	0 %	0 %	0 %	2 %
insgesamt	72 %	13 %	9 %	1 %	100 %

Die Verteilung des Parteistatus der Prozeßbeteiligten nach Eliminierung der Verkehrsunfallfolgestreitigkeiten, bei denen ganz spezifische Regelmäßigkeiten nachweisbar sind[8)], zeigt deutlich, daß für das Amtsgericht in der Bundesrepublik ähnliches gelten mag, wie es Lawrence Friedman für die amerikanischen Small Claims Courts anschaulich beschrieben hat: Auch das Amtsgericht kann als "the poor man's court" angesehen werden, freilich als ein Gericht, "in which the poor man is inexpensively and routinely sued"[9)]. Privatpersonen stellen 44 % aller Kläger, aber 72 % aller Beklagten, korporative Akteure stellen 35 % aller Kläger, jedoch nur 9 % aller Beklagten. Privatpersonen werden von korporativen Akteuren mehr als 6 mal häufiger verklagt als umgekehrt Privatpersonen gegen korporative Akteure klagen. Es wird bei der Analyse der einzelnen zivilrechtlichen Konflikttypen zu untersuchen sein, inwieweit hier die aus der Literatur bekannten prozessualen Vorteile von Mehrfachprozessierern zum Tragen kommen[10)], oder ob die Verteilung des Prozeßstatus als Kläger oder Beklagter Resultat einer konfliktspezifischen Kontingenz ist, die regelmäßig einer Seite die Klagezumutung aufbürdet[11)].

Die Branche der Parteien wurde codiert, wenn die Partei keine Privatperson war. Daraus ergeben sich Differenzen in der Zahl der gültigen Codierungen bei Klägern und Beklagten. Ein Sonderfall ist die Gruppe der Vermieter: In Mietprozessen wurde sowohl bei gewerblichen als auch bei privaten Vermietern die Kategorie "Vermieter" eingetragen. Nach einer Sonderauswertung[12] trat in 27 % der Mietprozesse unserer Auswahl ein gewerblicher Vermieter auf. In einer wesentlich umfangreicheren Auswahl von Mietprozessen aus dem Jahre 1978 am gleichen Amtsgericht ergibt sich eine ähnliche Verteilung zwischen gewerblichen und privaten Vermietern. Die Branchenzugehörigkeit gewerblicher Prozeßparteien in unserer Auswahl verteilt sich wie folgt:

Tabelle 3.3.

Branche der Parteien

Branche	Kläger (357)	Beklagter (226)
Handel	19 %	23 %
Handwerk	14 %	16 %
Industrie	4 %	0 %
freie Berufe	7 %	5 %
sonst. Dienstleistung	11 %	12 %
Versicherung	8 %	40 %
Vermieter	35 %	2 %
Sonstiges	2 %	0 %

Die Kategorie "Versicherung" auf der Beklagtenseite betrifft ausschließlich Schadensprozesse aus Verkehrsunfällen. Im übrigen dominieren Handel und Handwerk als gewerbliche Beklagte.

Der Wohn- bzw. Geschäftssitz der Parteien ist nur beschränkt rekonstruierbar. Bedingt durch die Entscheidung, in Schadensprozessen nach Verkehrsunfällen generell die beklagte Versicherung zu notieren, erscheinen außergewöhnlich viele

Beklagte, die ihren Wohn- bzw. Geschäftssitz außerhalb des Amtsgerichtsbezirks unterhalten. Dies ist im wesentlichen darauf zurückzuführen, daß fast alle Kfz-Haftpflichtversicherungen ihre zuständige Bezirksdirektion nicht in Bochum, sondern in den benachbarten Großstädten Essen und Dortmund unterhalten. Weiter wird der Anteil der am Ort geführten Prozesse auch dadurch unterschätzt, daß bei regional oder gar bundesweit operierenden Unternehmen im Prozeßrubrum regelmäßig der Geschäftssitz der Hauptverwaltung genannt wird, obwohl in vielen Fällen lokale Bevollmächtigte klage- und vertretungsbefugt sind. Der ermittelte Anteil von 47 % aller Verfahren, bei denen sowohl Kläger als auch Beklagte im Amtsgerichtsbezirk ihren Wohn- / Geschäftssitz unterhalten, läßt daher nicht deutlich werden, daß vor dem Amtsgericht in der Regel ortsnahe Fälle zur Verhandlung kommen.

Die anwaltliche Vertretung (unter Einschluß der Vertretung durch Rechtsbeistände) verteilt sich wie folgt:

Tabelle 3.4.

	Anwaltliche Vertretung Kläger anwaltl.vertr.	nicht anwaltl.vertr.	insges.
Beklagter anwaltlich vertreten	42 %	4 %	46 %
nicht anwaltl. vertreten	44 %	11 %	55 %
insgesamt	86 %	15 %	101 %

Eine Auswertung der im Rahmen des Projekts JUSTIS bei der Gesellschaft für Mathematik und Datenverarbeitung, St. Augustin, aggregierten Daten aller im Jahre 1979 vor dem Amtsgericht Bochum erledigten (nicht wie in unserer Auswahl: anhängigen) Verfahren ergab folgende Verteilung:

Tabelle 3.5.

Anwaltliche Vertretung in allen vor dem Amtsgericht Bochum 1979 erledigten Zivilprozesse[13)]

Beklagter	Kläger anwaltl.vertr.	nicht anwaltl.vertr.	insges.
anwaltlich vertreten	37,1 %	3,8 %	40,9 %
nicht anwaltl. vertreten	44,6 %	14,5 %	59,1 %
insgesamt	81,7 %	18,3 %	100,0 %

Bei einem Vergleich der Tabellen 3.4. und 2.5. fällt auf, daß die Zellen 11 und 22 signifikant abweichen. In unserer Auswahl ist Zelle 11 zu hoch besetzt, Zelle 22 zu niedrig. Es ist uns nicht möglich zu überprüfen, welchen Einfluß die Kindschaftsprozesse, die in der Vollerhebung der GMD, nicht jedoch in unserer Auswahl vertreten.waren, auf die Abweichungen ausüben. Ebenso können wir nicht feststellen, wie hoch der Anteil der "anwaltlich vertretenen" Parteien war, die durch Prozeßbevollmächtigte und Rechtsbeistände vertreten wurden. Auffällig ist jedoch, daß die Abweichung durchaus im Trend der Zeitreihe liegt: In der Vollerhebung der GMD ist in einer Fünfjahreszeitreihe für das Amtsgericht Bochum ein kontinuierlicher Anstieg der Verfahren, in denen beide Parteien anwaltlich vertreten sind, ebenso zu verzeichnen wie ein kontinuierlicher Rückgang der Verfahren ohne Anwaltsbeteiligung. Diese Entwicklung liegt auch durchaus im Trend von Nordrhein-Westfalen, wobei die anwaltliche Vertretung im Landesdurchschnitt geringer ist als in Bochum, was angesichts der hohen Anwaltsdichte in Bochum, die sich wiederum nicht von der anderer Landgerichtssitze unterscheidet, nicht überraschen kann.

In unserer Auswahl waren lediglich zehn Fälle zu verzeichnen, in denen Anträge auf Gewährung von Armenrecht gestellt wurden. Das Armenrecht wurde in fünf Fällen gewährt, in fünf Fällen versagt. Der niedrige Anteil der Verfahren, in denen ein Antrag auf Armenrecht gestellt wurde, ist darauf zurückzuführen, daß wir die Unterhalts- oder Kindschaftsstreitigkeiten, in denen erfahrungsgemäß der Anteil der Parteien, die Armenrecht beantragen, wesentlich höher liegt, nicht berücksichtigt haben. Vor einer Interpretation, die Intensität der Diskussion um die Novellierung der Prozeßkostenhilfe verhalte sich umgekehrt proportional der Bedeutung des Diskussionsgegenstandes, sei jedoch nachdrücklich gewarnt; der geringe Anteil von Armenrechtsverfahren kann mindestens mit dem gleichen Recht als Indikator für die Notwendigkeit einer Reform interpretiert werden.

Bei der Operationalisierung der Variablen "Art des Rechtsstreits" haben wir uns um eine möglichst detaillierte Kategorisierung bemüht. Wir haben uns nicht am Entwurf einer Alternativzählkarte, wie sie Blankenburg u.a. vorgeschlagen haben[14] orientiert, weil wir auch - soweit das in den Grenzen unserer Untersuchung möglich war - überprüfen wollen, ob der dort vorgeschlagene Verzicht auf eine gesonderte Erhebung der streitigen Abzahlungsgeschäfte und der privaten gewerblichen Darlehen in einer niedrigen Frequenz solcher Streitigkeiten seine Entsprechung findet.

Es ergab sich:

Tabelle 3.6.

Art des Rechtsstreits:	(n = 580)
Kauf	21 %
Finanzierter Kauf	1 %
Darlehen	2 %
Dienst- und Werkvertrag	15 %
Bausache	2 %
Unfall	19 %
Deliktische Handlungen	4 %
Mieterhöhung	3 %
Räumung	10 %
Sonstige Wohnungsmietsache	10 %
Versicherungen	5 %
Sonstige Mietsachen	3 %
Sonstiges	5 %

Einige Kategorien (finanzierter Kauf, Grundstückssache), floaten um die Prozentmarke, Darlehen und Bausache überschreiten diese nicht wesentlich. Es bestätigt sich, daß bei der Alternativ-Zählkarte auf die Erhebung solcher Streitgegenstände verzichtet wurde, die von nur geringer praktischer Bedeutung sind.

Die in unserer Auswahl beobachteten Ansprüche betrafen zu 82% reine Geldforderungen, in 14 % der Fälle wurde die Herausgabe von Räumen oder beweglichen Sachen (teilweise in Verbindung mit der Geltendmachung von Zahlungsansprüchen) eingeklagt. Die Variable "Vorleistung der Klägerseite" wurde mit einem stark juristisch verengten Begriff der "Vorleistung" gemessen: weder die Überlassung von Wohn- oder Geschäftsräumen noch Leistungen an Dritte, die Schadenersatzklagen vorausgingen, wurden als "Vorleistung" codiert, so daß eine Interpretation der Variablen nicht sinnvoll ist.

Die Angaben zu den nicht-standardisierten Variablen "Antrag der Klägerseite", "Zusammenfassung der Klagebegründung", "Veränderung des Streitstandes im Prozeß" und "Wesentlicher Inhalt von Urteil oder Vergleich" wurden bei der Bestimmung von Konflikttyp und Prozeßerfolg berücksichtigt. Gefordert war hier eine möglichst ausführliche Darstellung des Sachverhalts wie des Inhalts der gerichtlichen Entscheidung. Ferner ermöglichen diese Angaben die Darstellung prägnanter Einzelfälle. Die ebenfalls zunächst nicht-standardisierte Variable "Einwendungen der Beklagtenseite" wurde nach Abschluß der Erhebungen standardisiert. Es wurde hierbei unterschieden zwischen der juristisch relevanten Verteidigung des Beklagten und der juristisch irrelevanten Verteidigung. Im Zentrum der Überlegungen für die Bildung dieser beiden Variablen standen folgende Gesichtspunkte:

- Die juristisch erhebliche Verteidigung von Beklagten, durch die erst das nach Luhmann für das Gerichtsverfahren charakteristische entscheidungsorientierte Handlungssystem konstituiert wird [15], setzt für die Akteure die Stimuli, die den weiteren Gang des Verfahrens bestimmen. Verteidigt sich der Beklagte nicht oder macht er nur juristisch uner- hebliche Einwände geltend, steht, soweit die Anspruchsgrundlage nach wie vor Bestand hat, einer klagestattgebenden Entscheidung nichts im Wege. Wird der im Klagevortrag behauptete Sachverhalt bestritten, so hat der Kläger Beweis für seinen Vortrag anzutreten. Meldet der Beklagte Gegenansprüche an, so muß der vom Beklagten vorgetragene Sachverhalt beweisfähig sein.

- Etwaige juristisch unerhebliche Einwände sind zwar für

die Rekonstruktion des juristischen Verfahrensablaufs entbehrlich, in solchen - quantitativ unerheblichen - Einwänden sind jedoch in der Regel Informationen zur Ätiologie des Rechtsstreits enthalten, auf die nicht verzichtet werden sollte [16].

Wird im Beklagtenvortrag ein rechtlich erheblicher Einwand (etwa das Bestreiten des Sachverhalts) mit einem juristisch unerheblichen Argument (etwa dem Hinweis auf die Amoralität der Klägerpersönlichkeit) kombiniert, so wurde in beiden Variablen eine Eintragung vorgenommen.

Die gewählten Kategorien scheinen gegenüber den anderen Variablen stärker begründungs- und erläuterungsbedürftig, um für Dritte nachvollziehbar zu sein. Zuverlässigkeitsprobleme treten hier nicht auf, da die Vercodung dieser beiden Variablen auf der Grundlage der nicht-standardisierten Aufzeichnungen im Aktenanalysebogen nach Abschluß der Erhebungen vom Verfasser allein durchgeführt wurde. Eine Vercodung dieser Variablen war nicht möglich, wenn die Variablen der Aktenanalyse allein aus den Beobachtungsprotokollen rekonstruiert werden mußten.

Die Variable "juristische Verteidigung des Beklagten" wurde in folgende Kategorien standardisiert:
- keine Verteidigung/pauschales Bestreiten
- Befriedigung des Anspruchs
- Bestreiten des Sachverhalts
- rechtliche Einwände
- Bestreiten des Sachverhalts und rechtliche Einwände gleichzeitig
- Teilbestreiten des Sachverhalts
- Gegenansprüche
- Sonstiges

Die Kategorie "keine Verteidigung/pauschales Bestreiten" wurde vercodet, wenn eine Klageerwiderung unterblieb oder ein nicht substantierter Vortrag geleistet wurde ("Dem Kläger steht der Anspruch nicht zu" ohne weitere Begründung). Die Kategorie wurde ebenfalls gewählt, wenn außer dem

Widerspruch gegen einen Mahnbescheid oder dem Einspruch gegen einen Vollstreckungsbescheid keine weitere Verteidigung erfolgte.

Die Kategorie "Befriedigung des Anspruchs" wurde codiert, wenn der Beklagte geltend machte, er habe der Klageanforderung bereits genügt:

> Ein Einzelhändler wird von einem Großhändler auf die Zahlung der Kaufpreise aus einem Warenkauf verklagt. Der Beklagte sei mehrmals erfolglos gemahnt worden. Der Beklagte macht geltend, der Betrag sei bereits überwiesen worden.

Als "Bestreiten des Sachverhalts" wurden Klageerwiderungen codiert, in denen der Beklagte eine gegenüber dem Klagevortrag kontroverse Sachdarstellung gab. Dazu zählen etwa folgende Beklagteneinwände:

> Ein privater Endverbraucher verklagt einen Teppichgroßhändler auf Schadensersatz, da der gelieferte Teppich bei normaler Benutzung schon nach wenigen Wochen irreparabel verunstaltet gewesen sei. Der Beklagte wendet ein, der Teppich sei nicht mangelhaft; die unstreitigen Schäden seien vielmehr durch unsachgemäße Pflege entstanden.
>
> Eine Versicherung klagt eine Prämienforderung aus einem Versicherungsvertrag ein. Der Beklagte erwidert, es habe zu keiner Zeit ein Versicherungsvertrag mit der Klägerin bestanden.
>
> Ein Wohnungsnachbar wird verklagt, Schadensersatz wegen Unkosten aus ärztlicher Behandlung zu leisten sowie ein Schmerzensgeld zu zahlen für eine bei einer tätlichen Auseinandersetzung mit dem Beklagten erlittenen leichten Verletzung; vorausgegangen war lt. Klagevortrag ein Stromausfall im Wohnhaus. Der Beklagte erwidert, er sei vom Kläger angegriffen und zuvor bedroht worden. Der Kläger habe die Sicherung des Beklagten aus dem gemeinsamen Sicherungskasten im Hausflur entfernt und die Herausgabe der Sicherung verweigert.
>
> Fahrer, Halter und Haftpflichtversicherung eines Kraftfahrzeugs werden als Gesamtschuldner auf die Leistung von Schadensersatz nach einem Verkehrsunfall verklagt. Die Beklagten machen geltend, der Unfall sei ausschließlich auf das Fehlverhalten des Klägers zurückzuführen.

Als "rechtliche Einwände" wurde der Vortrag abweichender Rechtsansichten in der Klageerwiderung codiert. Es ist hier anzunehmen, daß zu einem nicht unerheblichen, ex post jedoch nicht mehr quantifizierbaren Anteil hier auch solche abweichenden Rechtsansichten codiert sind, in denen der Anwalt des Beklagten in Kenntnis der Aussichtslosigkeit einer Verteidigung sich gegenüber seinem Mandanten zu legitimieren sucht. In dieser Kategorie sind jedoch am häufigsten Fälle vertreten, in denen die Auslegung einzelner Vertragsbestimmungen in Frage steht oder in denen die Passivlegitimation bestritten wird.

> Ein Inkassobüro verklagt einen Studenten auf die Zahlung des Herstellungspreises von Kontaktlinsen. Der Beklagte erwidert, die Kontaktlinsen seien durch die Krankenkasse zu bezahlen.
>
> Ein privater Hausbesitzer verklagt seinen im gleichen Haus wohnenden Mieter auf die Zahlung einer Umlage in Höhe von DM 20,-- monatlich für die Beschäftigung einer Putzfrau zur Hausflurreinigung. Der Beklagte erwidert, gemäß der gültigen Hausordnung obliege die Reinigung des Treppenhauses den Mietparteien selbst, für die Einstellung einer Putzfrau durch den Kläger und die Umlage der Kosten auf die Mietparteien sei daher kein Raum.
>
> Eine private Vermieterin, die in einem Vorprozeß ein Räumungsverfahren in der 2. Instanz gewonnen hatte, macht nach dem Auszug des Mieters ein Mieterhöhungverlangen geltend. Die Beklagten erwidern, in dem Mieterhöhungsschreiben sei keinerlei Bezugnahme auf Vergleichswohnungen oder den Mietspiegel erfolgt. Der Mietspiegel habe ohne jeden weiteren Kommentar beigelegen, somit sei das Erhöhungsverlangen unwirksam.

Die Kategorie "Bestreiten des Sachverhalts und rechtliche Einwände gleichzeitig" wurde codiert, wenn im Rahmen der Verteidigung des Beklagten sowohl Merkmale der Kategorie "Bestreiten des Sachverhalts" als auch Merkmale der Kategorie "Rechtliche Einwände" auftraten. Die oben referierten, allein der Legitimation gegenüber dem Mandanten dienenden, wenig erfolgversprechenden Rechtsausführungen von Anwälten traten in dieser Kategorie häufiger auf. Oft war hier trotz zunächst vorgetragener abweichender Rechtsansichten im weiteren Verlauf des Prozesse allein der Sachverhalt streitig.

Unter "Teilbestreiten des Sachverhalts" wurden insbesondere diejenigen Fälle codiert, in denen die Höhe des geltend

gemachten Anspruchs bezweifelt wurde. Dies ist insbesondere einschlägig bei Verkehrsunfällen, bei denen die Höhe des entstandenen Schadens in Zweifel gezogen wird und/oder die Parteien über das Ausmaß der wechselseitigen Teilschuld streiten. Hier wurden ebenfalls die Fälle codiert, in denen der Beklagte eine teilweise Befriedigung des Anspruchs geltend machte, so daß der Anspruch zumindest der Höhe nach zu Fall gebracht war.
Als "Gegenansprüche des Beklagten" wurden jene Klageerwiderungen codiert, in denen der Beklagte eigene Ansprüche Ansprüchen des Klägers entgegenstellt. Hier sind insbesondere Mängelrügen von Verbrauchern gegenüber Händlern und Handwerkern einschlägig.

Die univariate Verteilung der Variablen "juristische Verteidigung" bietet folgendes Bild:

Tabelle 3.7.
Juristische Verteidigung des Beklagten (561)

keine Verteidigung/pauschales Bestreiten	40 %
Befriedigung des Anspruchs	7 %
Bestreiten des Sachverhalts	21 %
Rechtliche Einwände	10 %
Bestreiten des Sachverhalts und rechtliche Einwände	17 %
Teilbestreiten des Sachverhalts	5 %
Gegenansprüche	8 %
Sonstiges	2 %
Summe	100 %

Die Tabelle zeigt, daß nur in etwas mehr als der Hälfte der Fälle (53 %) die Voraussetzungen für eine streitige Verhandlung gegeben sind. Hierbei stehen wiederum mit nahezu 80 % solche Einwendungen im Vordergrund, die eine Aufklärung des Sachverhalts nahelegen. Die rechtlichen Einwände treten dahinter deutlich zurück, obwohl hier Verzerrungen auf Grund der oben geschilderten nicht mehr quantifizierbaren Praxis von Rechtsanwälten nicht berücksichtigt sind: die Zahl der rechtlich nicht eindeutigen "Rechts"streitigkeiten liegt vermutlich noch deutlich unter dem hier festgestellten Prozentsatz. Theoretisch gut begründbare Regelmäßigkeiten im Inhalt der Klageerwiderung und damit im Verfahrensablauf zeigen sich bei der Sonderauswertung einzelner Fallgruppen[17)].

Die Variable "juristisch irrelevante Verteidigung" war erwartungsgemäß nur gering besetzt. Lediglich in 58 von 580 Fällen wurde hier eine Eintragung vorgenommen. Dies ist insofern nicht verwunderlich, als solche Verteidigungsinhalte für das juristische Verfahren dysfunktional sind. Schon die Mediatisierung des Parteivortrages durch anwaltliche Vertretung bewirkt in der Regel, daß emotionales Engagement der Beteiligten im Verfahren nicht sichtbar wird. So sind "sachfremde" Einwände regelmäßig nur bei nicht-anwaltlich vertretenen Parteien zu erwarten. Hinzu kommt, daß in allen Verfahren, in denen sich die Beklagtenseite nicht verteidigte, dies war bei 312 nicht-anwaltlich vertretenen Beklagten immerhin 217mal der Fall, eine Messung dieser Variablen nicht möglich war. Von den verbleibenden 95 Fällen nicht-anwaltlich vertretener Beklagter, die sich gegen die Klage verteidigten, trugen immerhin gut 60 %, zum Teil neben juristisch erheblichen Einwänden, solche dysfunktionalen Argumente vor. Obwohl quantitativ kaum interpretierbar, sei die univariate Verteilung der Merkmalsausprägungen in absoluten Zahlen hier dargestellt:

Tabelle 3.8.

Juristisch irrelevante Verteidigung

pauschales Bestreiten des Anspruchs	6
Hinweis auf Zahlungsunfähigkeit ohne Erläuterung	6
Hinweis auf existenzielle Notlage (Arbeitslosigkeit, Scheidung)	3
Argumente gegen die moralische Integrität des Klägers	14
Hinweis auf fehlendes "Verschulden" bei unzutreffenden Annahmen über den zivilrechtlichen Schuldbegriff	11
Hinweis auf die moralische Integrität der eigenen Persönlichkeit	7
Argumente gegen die moralische Integrität des Klägers in Verbindung mit anderen juristisch unerheblichen Einwänden	3
Sonstige juristisch irrelevante Argumente	8
insgesamt	58

Eine nähere Interpretation kann nur eine qualitative Auswertung dieser Argumente leisten.

Mit der Variablen "Prozeßeingang" wurde der Anteil der Verfahren erhoben, der über das Mahnverfahren initiiert wurde. Derartige Prozesse gelangen erst dann ins Erkenntnisverfahren, wenn der Beklagte gegen den Mahnbescheid Widerspruch bzw. gegen den Vollstreckungsbescheid Einspruch erhebt.

Tabelle 3.9.

Prozeßeingang (573)

Widerspruch gegen den Mahnbescheid	33 %
Einspruch gegen den Vollstreckungsbescheid	15 %
Klage	52 %
Einstweilige Verfügung	0 %

Der Anteil der Zivilprozesse, der über ein Mahnverfahren initiiert wird, beläuft sich auf 48 %. Da der Mahnbescheid bzw. die Klageschrift stets das erste Blatt einer Akte ausmacht, läßt sich begründet vermuten, daß hier keine Codierfehler auftreten. Es lohnt sich hier wiederum ein Vergleich mit den Daten der 1979 am Amtsgericht Bochum erledigten Fälle.

Tabelle 3.10.
Mahnverfahren am Amtsgericht Bochum 1979

Quelle: Bericht JUSTIS, St. Augustin

Widerspruch gegen den Mahnbescheid	44,5 %
Einspruch gegen Vollstreckungsbescheid	4,1 %
Klage	55,5 %

Beim Vergleich zeigt sich ein, allerdings nicht dramatischer, Zuwachs an Prozessen, denen ein Mahnverfahren vorausgeht. Der dramatische Zuwachs an Prozessen, in denen ein Vollstreckungsbescheid ergangen war, läßt Zweifel an der Gültigkeit der Codierung angebracht erscheinen. Es scheint, daß von den Codierern oft beantragte, aber nicht erlassene Vollstreckungsbescheide, die in die Akte eingeheftet worden sind, als "Vollstreckungsbescheid" qualifiziert wurden. Immerhin: bezüglich der Feststellung, ob ein Mahnverfahren vorausgegangen ist, scheint die Codierung unproblematisch und durchaus zuverlässig zu sein.

Die Daten der Variablen "Prozeßvorbereitung" sind infolge offenkundiger Codierfehler nicht mehr interpretierbar. Obwohl der Richter unmittelbar nach Eingang der Klageschrift oder des Widerspruchs gegen den Mahnbescheid eine Maßnahme zur Prozeßvorbereitung verfügen muß - er kann einen frühen ersten Termin ansetzen oder ein schriftliches Vorverfahren einleiten -, liegen in nahezu 20 % der Fälle keine Eintragungen vor. Dies ist auf einen Fehler bei der Konstruktion des Aktenanalysebogens zurückzuführen: Obwohl in jedem Fall eine Verfügung erlassen werden muß, wurde eine zusätzliche Kategorie "entfällt" in den Aktenanalysebogen aufgenommen. In der Mehrzahl der Fälle, in denen das Verfahren noch vor dem Austausch weiterer Schriftsätze mit einer Klagerücknahme beendet wurde, wurde diese Kategorie gewählt, obwohl eine richterliche Verfügung vorgelegen haben dürfte. Eine Interpretation der Daten ist daher nicht möglich.

Bezugsgröße für die Bestimmung des Anteils der Anordnung persönlichen Erscheinens gem. §§ 141, 279 Abs.2 ZPO kann nur die Gesamtzahl der Verfahren mit privaten Prozeßbeteiligten sein. In unserem Sample ergab sich folgende Verteilung:

Tabelle 3.11

Anordnung persönlichen Erscheinens (n = 527)

Nein	78 %
Kläger	1 %
Beklagter	10 %
beide Parteien	11 %

Der relativ hohe Anteil der Verfahren, in denen von der Möglichkeit der Anordnung des persönlichen Erscheinens der Parteien nach § 141 ZPO Gebrauch gemacht wurde, ist im wesentlichen auf die Praxis eines einzelnen Dezernenten zurückzuführen, der in jedem Fall privater Prozeßbeteiligung so verfuhr. Wie in Kap. 6 noch darzustellen ist, führt diese Praxis gelegentlich zu paradoxen Effekten.

Bei der im folgenden dargestellten Verteilung der Erledigungsarten ist zu berücksichtigen, daß in unserer Auswahl diejenigen Fälle, die durch Abgabe an ein örtlich und/oder sachlich zuständiges anderes Gericht erledigt wurden, nicht berücksichtigt sind. Es ergibt sich folgende Verteilung.

Tabelle 3.12

Erledigung

Streitiges Urteil	32 %
Versäumnisurteil gegen Beklagten	20 %
Ruhen des Verfahrens	7 %
Anerkenntnisurteil	4 %
Erledigungserklärung	3 %
Klagerücknahme	20 %
Vergleich	10 %
Sonstiges	3 %

Die Daten sind gut vergleichbar mit der GMD-Vollerhebung für das Amtsgericht Bochum 1979, laut der von allen 1979 am Amtsgericht Bochum erledigten Verfahren 32,2 % mit einem streitigen Urteil, 22,4 % mit einem Versäumnisurteil, einem Anerkenntnisurteil oder einem Verzichtsurteil, 8,4 % durch Vergleich, 17,7 % durch Klagerücknahme und 19,3 % durch sonstige Erledigung abgeschlossen wurden[18]. Die Daten belegen die auch auf höherer Aggregatebene erkennbare Tendenz[19] zu kontinuierlichem Anstieg der streitigen Urteile einerseits wie der Klagerücknahmen andererseits. Dieser Anstieg geht zulasten der Vergleichsquote und des Anteils sonstiger Erledigungsarten.

Der Prozeßerfolg einer Partei läßt sich freilich nicht eindeutig aus der Art der abschließenden Erledigung entnehmen. Bei streitigen Urteilen und Prozeßvergleichen ist die Kostenlast der Klägerseite ein vertretbarer Indikator für den Erfolg der Klage. Auch bei Versäumnisurteilen, Erledigungserklärungen und Anerkenntnisurteilen kann unbedenklich davon ausgegangen werden, daß die Kostenverteilung dem Prozeßerfolg entspricht. Desgleichen kann in den Fällen, in denen der Kläger das Ruhen des Verfahrens beantragt und das Verfahren nach Ablauf der Frist nicht wiederauflebt, von einer Befriedigung des Anspruchs oder einer außergerichtlichen Einigung der Parteien ausgegangen werden. Einzig bei der Klagerücknahme sind zusätzliche Informationen erforderlich, um den Klageerfolg beurteilen zu können. Es wurde daher bei allen Verfahren, in denen die Klage zurückgenommen wurde, überprüft, ob der Klagerücknahme erkennbar eine Befriedigung des Anspruchs oder eine außergerichtliche Einigung der Parteien vorausgegangen war oder nicht. Dabei war davon auszugehen, daß bei Klagerücknahmen noch vor Eintritt in eine streitige Verhandlung eine Befriedigung des Anspruchs erfolgte.

Ist der Kläger eine Handelsfirma, der Beklagte ein privater Endverbraucher, treten die Parteien in eine streitige Verhandlung gar nicht erst ein oder unterbleibt gar eine Verteidigung des Beklagten und erfolgt dennoch eine Klagerücknahme, so darf unbedenklich von einer Befriedigung des Anspruchs ausgegangen werden. Gleiches gilt, mutatis mutandis, für Schadensersatzprozesse nach Verkehrsunfällen, in denen häufig die Klagerücknahme damit begründet wird, daß der gegnerische Haftpflichtversicherer gezahlt habe. In anderen Fällen war deutlich erkennbar, daß die Klagerücknahme erfolgte, weil der Kläger erkannte, daß ein negatives Endurteil absehbar war:

> Eine Versicherung führt einen Prämienprozeß gegen einen Privatmann. Der Beklagte macht geltend, er habe keinen Versicherungsvertrag geschlossen, es könne sich nur um ein anderes Familienmitglied mit identischem Vornamensinitial handeln. Tatsächlich kann der Kläger nicht den Beweis erbringen, daß der Beklagte den Vertrag abgeschlossen hat. Bevor es zu einem Urteil kommt, nimmt die Versicherung die Klage zurück.
>
> Ein Rechtsanwalt verklagt in eigener Sache einen früheren Mandanten, für den der Kläger nach einem erstinstanzlichen Strafurteil Berufung eingelegt hatte. Der Beklagte bekundet in der Parteivernehmung, er habe den Kläger zu keiner Zeit beauftragt, Berufung einzulegen. Er sei jederzeit bereit, dies zu beeiden. Daraufhin nimmt der Kläger die Klage zurück.

War nicht erkennbar, ob eine Befriedigung des Anspruchs oder eine außergerichtliche Einigung der Klagerücknahme vorausgegangen war, so wurde ein Prozeßverlust des Klägers vermutet. Dies war jedoch nur in deutlich weniger als 10 % aller Klagerücknahmen nicht entscheidbar. Insgesamt war in 83 % aller Klagerücknahmen eine Befriedigung des Anspruchs oder eine außergerichtliche Einigung erkennbar.

Dieses Ergebnis hat Konsequenzen für die Beurteilung des Prozeßerfolgs anhand der Verteilung der Kostenlast, die dem Kläger auferlegt wurde:

Tabelle 3.13

Kostenlast der Klägerseite
(gültige Codierung in 551 Fällen)

0	46 %
bis 25 %	3 %
bis 33 %	2 %
bis 60 %	2 %
bis 67 %	1 %
bis 90 %	1 %
100 %	36 %

Um dieses Ergebnis als Indikator für den Prozeßerfolg des Klägers interpretieren zu können, sind die Daten zu bereinigen von denjenigen Verfahren, in denen der Kläger zwar formal die Kostenlast zu übernehmen hat, tatsächlich jedoch eine Befriedigung des Anspruchs erreichen konnte. So sind die 7 % aller Verfahren, in denen das Ruhen des Verfahrens angeordnet wurde, zunächst ebenso mit einer 100%igen Kostenlast der Klägerseite codiert wie die 16 % aller Verfahren, in denen eine Klagerücknahme erfolgte, obwohl der Anspruch befriedigt worden war oder eine Einigung erkennbar war. Nach dieser Bereinigung ergibt sich:

voller Erfolg der Klägerseite	69 %
voller Erfolg der Beklagtenseite	13 %

Bei Prozeßausgängen, in denen die Gerichtskosten geteilt und die außergerichtlichen Kosten gegeneinander aufgehoben werden, ist zunächst zu beachten, daß die den Parteien real entstehenden Kosten nach Maßgabe ihrer anwaltlichen Vertretung variieren können. Da jedoch der Anteil der Verfahren, die mit einem Vergleich endeten und in denen beide Parteien anwaltlich vertreten waren, bei annähernd 80 % lag, die Quote disparitärer Belastung der Parteien bei Aufhebung der außergerichtlichen Kosten mithin, bezogen auf den Umfang der

Gesamtauswahl, bei etwa 1 % liegt, können die Verfahren, in denen die Kosten gegeneinander aufgehoben wurden, bedenkenlos unter "Kostenhalbierung" codiert werden. Auffallend ist der hohe Anteil von 82 % binärer Entscheidungen, bei denen einer Seite die gesamte Kostenlast aufgebürdet wird. Dieses Ergebnis wird allein dadurch gemildert, daß ein richterlicher Einfluß auf die Kostenverteilung nur bei den Erledigungsarten "Streitiges Urteil", "Vergleich" und "Erledigung mit Kostenstreit", die 45 % der Fälle unserer Auswahl ausmachten, möglich ist. Allerdings überwiegen auch dann, wenn man die Möglichkeit richterlicher Einflußnahme konstant hält, die polaren Kostenentscheidungen im Verhältnis 2/3 zu 1/3.

Die Beurteilung von Sachverhalt und Rechtslage eignet sich als Kontrollvariable für die Codierer. Zu erwarten waren Ergebnisse, die der Verteilung der Ausprägungen der Variablen "juristische Verteidigung der Beklagtenseite" annähernd entsprechen. Dies ist in der Tat der Fall:

Tabelle 3.14

Sachverhalt	
streitig	51 %
unstreitig	49 %
Rechtslage	
eindeutig	78 %
nicht eindeutig	22 %

Eine Berufung auf Allgemeine Geschäftsbedingungen erfolgte nur in 75 Fällen unserer Auswahl. Eine Interpretation scheint allein im Zusammenhang mit Verbraucherstreitigkeiten sinnvoll.

Die Prozeßdauer wurde von uns erhoben über die Zeitspanne vom Eingang der Klageschrift bzw. vom Eingang des Mahngesuchs bis zum Datum der endgültigen Erledigung. Jeder begonnene Monat wurde als voller Monat gewertet. Es ergab sich folgende Verteilung:

Tabelle 3.15

Prozeßdauer	
bis zu 3 Monaten	32 %
3 bis 6 Monate	35 %
6 bis 9 Monate	20 %
9 bis 12 Monate	8 %
über 12 Monate	5 %

Diese - für die Justiz ohnehin erfreulichen - Ergebnisse werden noch verzerrt dadurch, daß zum einen, soweit das Ruhen des Verfahrens angeordnet war, das Datum der endgültigen Ablage und nicht das Datum des Gerichtsbeschlusses als Ende des Verfahrens codiert wurde. Hinzu kommt, daß Fälle denkbar sind, in denen nach einem Widerspruch gegen einen Mahnbescheid das Verfahren monate- oder auch gelegentlich jahrelang ruht; würde man den Beginn des Verfahrens nicht mit dem Tag des Mahnbescheids, sondern mit dem Tag des Eingangs der zweiten Prozeßkostenvorschußhälfte ansetzen (und hierin von der offiziellen Justizstatistik abweichen, die das Datum des Widerspruchs gegen den Mahnbescheid bzw. des Einspruchs gegen den Vollstreckungsbescheid als Datum des Prozeßeingangs ausweist), würden sich noch wesentlich günstigere Ergebnisse bezüglich der Prozeßdauer ergeben.

Bezüglich der Anzahl der erforderlichen Termine zur mündlichen Verhandlung läßt sich feststellen, daß, vergleicht man unsere Ergebnisse mit den älteren Daten der Untersuchungen von Bender/Schumacher und Baumgärtel/Mes[20], eine Rationalisierung der Prozeßabwicklung erfolgreich war. Es ergab sich:

Tabelle 3.16

Anzahl der Termine	
kein Termin	36 %
ein Termin	45 %
zwei Termine	13 %
drei Termine	5 %
mehr als drei Termine	1 %

99 % aller Verfahren sind nach höchstens drei Terminen erledigt. In mehr als 80 % der Fälle ist maximal ein Termin zur Erledigung des Verfahrens erforderlich.
Ein Zeugenbeweis wurde nur in ca 1/6 aller Fälle veranlaßt. Dies entspricht etwa 1/3 aller tatsächlichen streitigen Fälle. Im einzelnen ergibt sich:

Tabelle 3.17

Anzahl der geladenen Zeugen

keine geladenen Zeugen	512
1 geladener Zeuge	30
2 geladene Zeugen	22
3 geladene Zeugen	27
4 geladene Zeugen	13
5 geladene Zeugen	3
6 geladene Zeugen	2
7 geladene Zeugen	2

Verfahren, in denen die Parteien mit ganzen Bataillonen von Zeugen aufwarten, scheinen jedenfalls in Zivilprozessen vor dem Amtsgericht ein marginales Phänomen zu sein.

Die Aufnahme der beiden Variablen "Blattzahl der Akte" und "Anzahl der Gutachten" in den Aktenanalysebogen hat sich nicht bewährt. Die Variable "Blattzahl Akte", gedacht als Indikator für die Routinisierung der Fallbehandlung, variiert - kaum verwunderlich - mit der Erledigungsart (die Blattzahl ist bei Klagerücknahme, Anordnung des Ruhens des Verfahrens und bei Versäumnisurteilen deutlich geringer als bei qualifizierten Entscheidungen), jedoch nicht in Abhängigkeit von der Parteienkonstellation oder dem Streitgegenstand. In 10 % aller Verfahren treten Sachverständige auf. Mit einer einzigen Ausnahme erscheinen sie jedoch ausschließlich als Schadensgutachter nach Verkehrsunfällen sowie - nur in 1 % aller Fälle - als Gutachter bei Mieterhöhungsbegehren. Weitergehende Informationen zur Bedeutung von Gutachtern in Zivilprozessen am Amtsgericht lassen sich aus unseren Daten nicht gewinnen; dies hätte ein anderes Untersuchungsdesign erfordert[21)].

Eine Darstellung der univariaten Verteilung der Kostenvariablen scheint an dieser Stelle entbehrlich. Die Variablen wurden in dieser Ausführlichkeit erhoben, um die Hypothese zu prüfen, der Zusammenhang zwischen Streitwert und gerichtlichen und außergerichtlichen Verfahrenskosten, der durch das Modell von Gerichtskostengesetz und Bundesrechtsanwaltsgebührenordnung als linearer Zusammenhang konzipiert ist, verlaufe de facto kurvilinear. Es wurde vermutet, in Abweichung von diesem Modell sei die Steigung der Kurve im Bereich niedriger Streitwerte insofern geringer, als insbesondere die Anwälte bei diesen bezüglich des zu erwartenden Honorars wenig attraktiven Fällen eher bereit sind, auf die Durchführung zeitaufwendiger Beweisaufnahmen zu verzichten, eine Entscheidung im schriftlichen Verfahren anzustreben usw. Bei mittleren Streitwerten wurde angenommen, daß der Zusammenhang annähernd dem Linearitätsmodell entspricht; für die höheren Streitwerte wurde angenommen, daß die Höhe der Kosten nunmehr geringer ansteigt als die Höhe des Streitwertes, insoweit bei sehr hohen Streitwerten auch das Aufkommen einer einzigen zusätzlichen Gebühr bereits eine erhebliche Kostenschwelle für die Parteien darstellt. Insofern wurde angenommen, daß im Bereich hoher Streitwerte auch die Parteien bestrebt sind, die außergerichtlichen Kosten gering zu halten.

Die Streitwerthöhe, die - die Richtigkeit des Modells unterstellt - als Schwellenwert den zweiten Wendepunkt der Kurve markiert, muß jenseits der Streitwertgrenze des Amtsgerichts liegen. Die Hypothese war insofern nicht zu bestätigen.

<u>Tabelle 3.18</u>

Die Kosten-/Streitwert-Relation verteilt sich wie folgt:

Kosten bis 25 %	48 %
Kosten von 25 - 50 %	26 %
Kosten von 50 - 75 %	13 %
Kosten von 75 - 100 %	6 %
Kosten über 100 %	8 %

Aus diesen Daten läßt sich jedoch nicht unmittelbar entnehmen, ob die Kostenbarriere eine nennenswerte Schranke für den Zugang zur Justiz darstellt. Die Daten sind zunächst noch zu bereinigen von denjenigen unstreitigen Verfahren (Klagerücknahme, Ruhen des Verfahrens), bei denen außer Zustellgebühren keine Kosten anfallen. Berücksichtigt man nur die Kosten, die bei einem qualifizierten Verfahrensabschluß (d.h. Urteil oder Vergleich) entstanden, so ergibt sich folgende Verteilung:

Tabelle 3.19

Kosten-/Streitwert-Relation und qualifizierte Abschlüsse; (n=226)

Kosten bis 25 % des Streitwerts	16 %
Kosten von 25 - 50 %	32 %
Kosten von 50 - 75 %	24 %
Kosten von 75 - 100 %	12 %
Kosten über 100 %	16 %

Es zeigt sich also, daß in gut der Hälfte aller Verfahren, die bis zu einem Vergleich oder streitigen Urteil gelangt sind, die Gesamtkosten 50 % des Streitwertes übersteigen. Die Interpretation, die Kostenbelastung sei kaum eine wirksame Zugangsbarriere, muß insofern doch stark eingeschränkt werden[22].

Im letzten Teil des Aktenanalysebogens wurde versucht, abweichend von herkömmlichen Kriterien der Justizstatistik, Informationen über die Parteienbeziehung, über den vor- und außergerichtlichen Konfliktverlauf und über den Lebensbereich von Privatpersonen zu gewinnen, der durch den Rechtsstreit tangiert wurde. Der im Prozeß tangierte Lebensbereich bei Privatpersonen konnte in 76 % aller Fälle bestimmt werden. 16 % der Fälle betrafen reine Geschäftsprozesse, in weiteren 7 % der Fälle war eine eindeutige Zuordnung nicht möglich. Für die 469 Verfahren (76% aller Fälle), in denen eine Zuordnung möglich war, ergab sich folgende Verteilung:

Tabelle 3.20

Lebensbereich bei Privatpersonen	(n=469)
Versicherung	5 %
Wohnung	36 %
Auto	36 %
Warenkonsum	12 %
Dienstleistungskonsum	11 %

Sind Privatpersonen an einem Zivilprozeß vor dem Amtsgericht beteiligt, so sind in mehr als 2/3 aller Fälle die Lebensbereiche "Wohnung" und "Auto" Auslöser für den Rechtsstreit. Dabei dominieren im Bereich der Konsumentenstreitigkeiten (denen auch die Prozesse aus dem Lebensbereich "Auto", soweit es sich nicht um Verkehrsunfallfolgeprozesse handelt, zugehören), Streitigkeiten im Zusammenhang mit Konsumgütern des gehobenen Bedarfs. Die im Aktenanalysebogen erhobenen Variablen "Parteienbeziehung" und "manifeste Konfliktursache" weisen in ihrer ursprünglichen Konzeption Probleme auf, die die Interpretationsfähigkeit der Daten deutlich einschränken. Bei der Variablen "Parteienbeziehung" wurde angestrebt, unabhängig vom Status der Parteien (Privatperson, natürliche Person, Personen- oder Kapitalgesellschaft) die Intensität der Parteienbeziehung zu ermitteln. Dabei wurden Kategorien verwendet, die teils unmittelbar juristisch wohlbegründeten Differenzierungen entsprechen, teils eine nur diffuse, nicht explizierte Gradualisierung dauerhafter sozialer Interaktionsbeziehungen mit einbringen sollen. Damit ist sowohl das Postulat der Eindimensionalität verletzt als auch eine eindeutige Diskriminierung zwischen den Kategorien der Variablen nicht mehr sichergestellt. Validere, zumindest jedoch zuverlässigere Daten ergeben sich aus der Verteilung der Variablen "soziale Distanz", die nur bei Prozessen, an denen Privatpersonen beteiligt waren, erhoben wurde und die, unter Berücksichtigung der Sachverhaltsdarstellung und der "Hinweise auf Beziehungsprobleme", die zuvor nicht näher strukturiert worden waren, vercodet wurde. Bei der Variablen "manifeste Konfliktursache" zeigt sich, daß die Wahl der Merkmalsausprägungen insofern nicht glücklich war, als die Kategorie "Sonstiges" nahezu die Modalkategorie der Verteilung darstellt. Allein im Bereich der Konsumentenstreitigkeiten scheint die Auswertung dieser Variablen noch sinnvoll zu sein. Die univariaten Verteilungen dieser Variablen seien der Vollständigkeit halber im folgenden dokumentiert:

Tabelle 3.21

Parteienbeziehung (542)	
Zufall	23 %
einmalig	26 %
einmalig mit längerer Abwicklungsdauer	10 %
jur. Dauerschuldverhältnis	23 %
wiederholte Geschäftsbeziehungen	7 %
Grundstücksnachbarschaft	2 %
Wohnungsnachbarschaft	7 %
Familie	3 %

Tabelle 3.22

Manifeste Konfliktursache (n = 611)	
Zahlungsunfähigkeit	15 %
Sach-/Leistungsmangel	9 %
Vertragsprobleme	21 %
Abrechnungsstreit	9 %
Unfall	18 %
Vorsätzliche Bereicherung	0 %
Delikt gegen die Person	2 %
sonstiges Delikt	1 %
Sonstiges	20 %
nicht feststellbar	5 %

Die Variablen "Emotionalität", "Objektive Bedeutung des Prozeßgegenstandes" und "Soziale Distanz" wurden rekonstruiert über die offenen Items im Aktenanalysebogen. Bezüglich der Emotionalität der Beteiligten ist einschränkend darauf hinzuweisen, daß die Wahrnehmung hoher emotionaler Beteiligung der Parteien im Gerichtsverfahren nur beschränkt möglich ist: Das formalisierte Verfahrensprogramm ist gerade darauf angelegt, emotionales Engagement zu absorbieren. Ist es dennoch erkennbar, so markiert dies diejenigen Fälle, in denen die Absorptionsleistung des formalisierten Gerichtsverfahrens mindestens einer Seite mißlungen ist. Hinweise auf die moralische Minderwertigkeit des Klägers oder die Integrität der eigenen Person wurden ebenso als Hinweise auf Emotionalität interpretiert wie dysfunktionale Äußerungen in anwaltlichen Schriftsätzen, bei deren Lektüre der Verdacht unabweisbar ist, der Klient habe dem Anwalt bezüglich der Diktion des Schriftsatzes die Feder geführt, oder Äußerungen in der mündlichen Verhandlung, die in keinem Protokoll erscheinen, jedoch bei der Verhandlungsbeobachtung by chance erhoben werden können:

> Verhandelt wird über einen Verkehrsunfall, bei dem nur ein geringer Blechschaden auf beiden Seiten zu beklagen war. Die Halter beider Fahrzeuge sind gemeinsam mit ihren Ehefrauen erschienen.Der Kläger ruft des öfteren aus: "Mein schönes Auto!" Nach einiger Zeit fragt der Beklagte: "Habe ich nicht etwa auch ein schönes Auto?". Daraufhin fährt die Ehefrau des Klägers den Beklagten an: "Ihr Auto ist ein Scheißauto!"
>
> In einem Räumungsstreit stellt der Anwalt des Klägers schriftsätzlich einen sehr umfangreichen und auch umfangreich begründeten Antrag. Am Ende des Schriftsatzes erscheinen ganz unvermittelt die Sätze: "Es reicht. Es mag entschieden werden!".
>
> Verhandelt wird ein Rechtsstreit zwischen einem Gartenbauunternehmer und einem Gastwirt. Der Gartenbauunternehmer will den Garten des Gastwirtes bearbeitet haben, der beklagte Gastwirt bestreitet dies. Der Gartenbauunternehmer war eigenem Bekunden nach zuvor Stammgast in der Gaststätte des Wirts. In der Verhandlung ist der Sitzungssaal überfüllt mit Beobachtern, die offenbar beide Parteien sehr gut kennen. Bei Äußerungen der Parteien kommt es regelmäßig unter den Zuhörern zu Unruhe und Gelächter, ohne daß die Loyalitäten der Zuschauer erkennbar werden.
>
> Zwei kleinere Geschäftsleute streiten um die ordnungsgemäße Ausführung eines Auftrages. Einem den Parteien bekannten Zeugen gelingt es, zu vermitteln und einen Vergleich, über den der Richter sichtlich erleichtert ist, herbeizuführen. Nach Ende der Verhandlung verabschiedet sich der Zeuge von beiden Parteien mit Handschlag, als sich alle Beteiligten bereits zum Verlassen des Saales wenden. Nachdem sich der Zeuge vom Kläger verabschiedet hat, treffen Kläger und Beklagter in der Mitte des Saales zusammen. Die Hand des Klägers ist nach dem Händedruck mit dem Zeugen noch ausgestreckt,

> der Beklagte interpretiert dies als Angebot zu einem Händedruck. Zögernd erhebt der Beklagte ebenfalls seine Hand, der Kläger hat in der Zwischenzeit die Hand schon fast zurückgezogen. Als der Kläger nunmehr die ausgestreckte Hand des Beklagten wahrnimmt, kommt der Händedruck denn doch noch zustande. Es gelingt den Parteien sogar, für Sekundenbruchteile ein arg verzerrtes Lächeln zu zeigen. Danach verlassen sie den Verhandlungssaal und trennen sich grußlos auf dem Gerichtsflur.

Hinweise auf emotionales Engagement der Parteien verteilen sich wie folgt; die unterschiedlichen absoluten Zahlen sind auf die Unterschiede im relativen Anteil privater Parteien auf der Kläger und Beklagtenseite zurückzuführen:

Tabelle 3.23

Erkennbare Emotionalität der Parteien

	Kläger (408)	Beklagter (527)
erkennbar	21 %	20 %
nicht erkennbar	79 %	80 %

Die objektive Bedeutung des Prozeßgegenstandes für die Parteien ist aus Verhandlungsbeobachtungen und Aktenanalysebogen nur schwer zu rekonstruieren. Wir haben uns darauf beschränkt, bei privaten Verfahrensbeteiligten die objektive Bedeutung dann festzuhalten, wenn sie ökonomisch und/oder existenziell von langfristiger Bedeutung war, wenn der Streitgegenstand sozial auffällig war oder eine Grundsatzentscheidung herbeigeführt werden sollte. Es ergab sich folgende Verteilung:

Tabelle 3.24

Objektive Bedeutung des Streitgegenstandes

	Kläger (408)	Beklagte (527)
ökonomisch-existenziell	0 %	14 %
existenziell, nicht ökonomisch	2 %	1 %
sozial auffällig	2 %	2 %
grundsätzlich	2 %	2 %

Der hohe Anteil der ökonomisch-existenziellen Belastung der Beklagten resultiert aus unserer Entscheidung, Räumungsklagen generell für den Beklagten als ökonomisch und existenziell bedeutsam darzustellen. Mit der Qualifizierung von Prozessen als ökonomisch oder existenziell bedeutsam ist man indes nicht verschwenderisch verfahren: Es darf daher angenommen werden, daß, ähnlich wie bei der Erkennbarkeit emotionalen Engagements, hier nur eine selektive Vercodung vorgenommen werden konnte.

Für alle Verfahren, in denen mindestens ein Beteiligter eine Privatperson war, wurde die soziale Distanz der Privatperson zum Prozeßgegner bestimmt. Sind beide Beteiligten Privatpersonen, so bereitet die Messung auch keine Schwierigkeiten, da "soziale Distanz" stets eine zweistellige Relation meint, hier jedoch die Asymmetrie, die Beziehungen zwischen Privatpersonen und gewerblichen Organisationen eigentümlich ist, nicht auftritt. Es ergab sich folgende Verteilung:

Tabelle 3.25

	Soziale Distanz
Familie	4 %
Freundschaft	1 %
Nachbarschaft	10 %
Vereinsmitgliedschaft	1 %
gelegentlicher persönlicher Kontakt	2 %
wiederholte Geschäftsbeziehungen	18 %
einmaliger Kontakt	38 %
Zufallskontakt	23 %
nicht feststellbar	3 %

In 18 % der Fälle war mithin ein sozialer Dauerkontakt nachweisbar. Eine Dauerbeziehung wurde nur dann codiert, wenn eindeutige Hinweise aus Beobachtungsbögen und Aktenanalysen vorlagen. Unter "wiederholte Geschäftsbeziehungen" figurieren auch die Verfahren, in denen ein privater Wohnungsmieter einem Vermieter gegenübersteht, der nicht im gleichen Haus wohnt.

Es lohnt sich, zumindest einen zweiten Blick zu werfen auf die knapp 20 % der Rechtsstreitigkeiten, in denen ein sozialer Dauerkontakt zwischen den Parteien nachweisbar war. Unsere Erhebungen zeigen recht deutlich, daß der eigentümlich verzerrte Blickwinkel, unter dem bei der Diskussion um Möglichkeiten zur Entlastung der Justiz Streitigkeiten zwischen Privatpersonen sich bevorzugter Beachtung erfreuen, einen sehr realen Hintergrund hat: gelangt eine zerstrittene Dauerbeziehung erst einmal vor Gericht, und dies ist, nach allem was wir aus der Soziologie wissen, wohl selten der Fall, so wird gleichwohl umso hartnäckiger gestritten. Dieses sei durch einige Zahlen belegt: Während die anwaltliche Vertretung auf der Klägerseite kaum variiert, sind die Beklagten in Prozessen, in denen eine soziale Dauerbeziehung besteht oder bestand, zu 60 % (übrige Prozesse: 42 %) anwaltlich vertreten. Ist in den übrigen Prozessen in 51 % der Fälle Anlaß zu einer streitigen Verhandlung gegeben, so erreicht diese Quote bei den Verfahren, in denen die Parteien eine geringe soziale Distanz aufweisen, 76 %. Daraus resultieren gravierende Unterschiede in der Struktur der Erledigungen: Ergehen in den übrigen Verfahren zu 32 % Urteile und wird in weiteren 8 % der Prozesse ein Vergleich geschlossen, erreicht mithin der Anteil qualifizierter Erledigungen, die für die Justiz stets mit einem höheren Aufwand verbunden sind als die unqualifizierten Erledigungsarten wie Versäumnisurteil, Anerkenntnisurteil oder Klagerücknahme nur 40 %, so erreicht die Quote qualifizierter Verfahrensabschlüsse bei personenbezogenen Konflikten 63 %; in 40 % dieser Verfahren ergeht ein streitiges Urteil, ein Vergleich wird in 23 % dieser Prozesse geschlossen. Man geht nicht fehl zu konstatieren, daß die kapazitäre Belastung des Justizpersonals bei Verfahren zwischen Personen, die eine geringe soziale Distanz aufweisen, erheblich höher liegt als der quantitative Anteil dieser Verfahren am Geschäftsanfall der Ziviljustiz ausweist. Doch nicht nur unter dem technokratischen Aspekt der Entlastung der Justiz erscheint eine verstärkte Nutzung extra- und präforensischer Konfliktregelungsinstitutionen erwägenswert: Bei der gerichtlichen Regelung dieser Konflikte liegt die Relation zwischen Streitwert und Verfahrenskosten erheblich ungünstiger als bei allen anderen Verfahren. Nur in 64 % (übrige Prozesse 75 %) dieser Verfahren machen die Kosten weniger als 50 % des Streitwerts aus, in immerhin 22 % der Fälle (übrige Prozesse 14 %) übersteigen die Verfahrenskosten 75 % des Streitwertes. Dies ist keineswegs allein auf die unterschiedliche Erledigungsstruktur zurückzuführen, die durchschnittlich niedrigere Streitwerthöhe (der Median der Streitwertverteilung liegt bei diesen Prozessen unter DM 750,--) trägt ein übriges zur ungünstigen Verteilung der Kosten-/Streitwert-Relation bei. Die Verlagerung von Konflikten zwischen Privatpersonen, die eine geringe soziale Distanz aufweisen, in den extra-forensischen Bereich kann somit sowohl den Interessen der Justiz als auch den Interessen ihrer Klientel entgegenkommen: für die Justiz würde ein Entlastungseffekt spürbar, der den bloßen Anteil solcher Verfahren am Geschäftsanfall erheblich überstiege, für die Justizklientel könnte eine spürbare Kostenentlastung wirksam werden.

Für die Beurteilung der Komplexität des Rechtsstreits ist noch interessant, daß in 39 von 611 Verfahren (= 6,4 %) weitere Prozesse zwischen den Parteien stattgefunden haben; dies Ergebnis ist zum Teil jedoch dadurch produziert, daß wir einige Prozesse identischen oder umgekehrten Rubrums in der Auswahl haben; die Anhängigkeit weiterer Prozesse zwischen den Beteiligten wird in diesen Fällen demnach doppelt codiert.

Ausgehend von der Annahme, daß ein Konflikt, wenn er vor Gericht kommt, bereits eine Geschichte aufweist, wurde versucht, den Zeitraum zu bestimmen, der zwischen dem Eintritt des konfliktauslösenden Ereignisses und dem Anhängigwerden der Klage bzw. des Mahngesuchs verstrichen war. Es ergab sich folgende Verteilung:

Tabelle 3.26

Dauer des Konflikts bis zur Klageerhebung

bis zu 2 Monate	17 %
2 - 4 Monate	23 %
4 - 6 Monate	16 %
6 - 12 Monate	16 %
über 12 Monate	9 %
extrem kurz	3 %
extrem lang	4 %
nicht feststellbar	13 %

Als "extrem kurz" und "extrem lang" wurde die Dauer codiert, wenn die Frist nach Lage des Sachverhalts auffällig war:

> Zweieinhalb Jahr nach dem Kauf einer Pelzjacke macht die Käuferin geltend, der Pelz sei von Anfang an beschädigt gewesen. Aus den Einlassungen der Parteien geht eindeutig hervor, daß zwischen Klägerin und Beklagter vor dem Rechtsstreit intensiver persönlicher Kontakt gepflegt wurde. Die beklagte Pelzhändlerin bestreitet die Schäden nicht, führt diese jedoch auf die unsachgemäße Behandlung durch die ihr ja seit Jahren bekannte Klägerin zurück.

> In einem Rechtsstreit zwischen einem Handwerker und einem privaten Verbraucher zahlt der Handwerker erst vier Jahre, nachdem der Beklagte Widerspruch gegen den Mahnbescheid eingelegt hat, die zweite Prozeßkostenvorschußhälfte ein.

> Ein nicht-anwaltlich vertretener privater Vermieter reicht am 4. Werktag eines Monats ein Mahngesuch ein, das sich auf eine Mietzinsforderung richtet, mit der der Mieter um einen Tag in Verzug ist. Aus den aufgeklebten Gebührenmarken geht hervor, daß der Vermieter schon am Vortag, dem Fälligkeitsdatum des Mietzinses, die Gerichtskosten-Gebührenmarken erworben hat.

Dem Aktenanalysebogen waren zwei Bögen angehängt, die eine Sonderauswertung der Verfahren mit nicht-anwaltlich vertretenen Beklagten und eine Sonderauswertung aller Verfahren, die mit einem Vergleich endeten, zum Inhalt hatten. Über die Sonderauswertung der mit einem Vergleich endenden Verfahren wird an anderer Stelle ausführlich berichtet. Die Sonderauswertung der Verteidigung nicht-anwaltlich vertretener Beklagter ergab keine nennenswerten Besonderheiten. Die Hypothese, die Art der Zustellung der Klageschrift an nicht-anwaltlich vertretene Parteien haben einen Einfluß auf deren Prozeßförderung, konnte ebensowenig belegt werden (gegen Beklagte, denen die gegnerischen Schriftsätze nicht übergeben, sondern beim nächstgelegenen Zustellungspostamt hinterlegt wurden, erging nicht häufiger Versäumnisurteil als gegen solche Beklagte, denen die Schriftsätze persönlich durch den Postboten übergeben worden waren) wie die Annahme, die Form der Schriftsätze (handschriftlich vs. maschinenschriftlich) sei ein Indikator für die Kompetenz der Partei, sich zu verteidigen. Die letzgenannte Variable diskriminierte überhaupt nicht: Neben gut substantiierten handschriftlichen Schriftsätzen fanden sich maschinenschriftliche Eingaben, in denen in zum Teil agrammatischem Stil nicht-substantiierte Einwendungen vorgetragen wurden. Festzuhalten bleibt, daß ca. 60 % der nicht-anwaltlich vertretenen Beklagten auf eine Verteidigung verzichteten. Von den 40 % nicht-anwaltlich vertretener Beklagter, die sich zu einer Verteidigung entschlossen, trugen 2/3 substantiierte Einwände zum Sachvortrag des Klägers oder zur Rechtslage vor. Gleiches gilt für die Prozeßförderung der Beklagten: Haben sie sich erst einmal zur Verteidigung entschlossen, so sind sie auch in der Lage, die gesetzten Fristen einzuhalten. Was immer eine Erfolgsbarriere für nicht-anwaltich vertretene Beklagte sein mag, die Fristensetzungen des Gerichts sind es jedenfalls nicht. Insgesamt hat sich die Sonderauswertung für nicht-anwaltlich vertretene Beklagte nicht bewährt.

Trotz mancher Probleme hat sich die Aktenanalyse, im ganzen gesehen, als für unsere Fragestellungen validestes Erhebungsinstrument erwiesen. Die Ausführungen zu den spezielleren Fragen der Untersuchung basieren denn auch weitgehend auf Ergebnissen aus der Aktenanalyse, über die in diesem Kapitel nur ein grober und skizzenhafter Überblick gegeben werden sollte. Es verdient besonders hervorgehoben zu werden, daß auch der Versuch, über Aktenmerkmale eine Klassifizierung juristischer Handlungsstrategien (vgl. die Variable "Verteidigung der Beklagtenseite")vorzunehmen und die Verteilung der Ausprägungen dieser Variablen "quantitativ" auszuwählen, keine unüberwindlichen Probleme aufwarf. Für den, der mit Leistungsfähigkeit und Grenzen der Methoden empirischer Sozialforschung vertraut ist, ist dies zwar kein sonderlich überraschender Befund und erst recht (spätestens seit Robert F.Bales' Interaktionsanalyse-Schema) keine Vorgehensweise, die Originalität für sich beanspruchen darf. Im Bereich der Justizforschung haben wir damit jedoch - zumindest in der Bundesrepublik - Neuland betreten und wir glauben, daß unsere Ergebnisse ermutigen sollten, verständliche Skrupel gegenüber einer klassifikatorischen Nivellierung rechtsdogmatisch wohlbegründeter Differenzierungen nicht länger zum Anlaß zu nehmen, bei Akten- und Dokumentenanalysen auf die Erhebung materiell-rechtlich und/oder prozeßrechtlich relevanter Variablen mit der Begründung zu verzichten, der idiographische Charakter des Prozeßgeschehens lasse dies nicht zu.

Anmerkungen

(1) Siehe hierzu: Volkmar Gessner/Barbara Rhode/Gerhard Strate/Klaus A. Ziegert, Prozeßproduzierte Daten in der Rechtssoziologie, in: Paul J. Müller (Hrsg.), Die Analyse prozeßproduzierter Daten, Stuttgart 1977, S. 179 - 197.

(2) Zur Methode der Inhaltsanalyse siehe für ein frühes Dokument: Bernard R. Berelson, Content Analysis in Communication Research, Glencoe, III., 1952; umfassend informiert Ole R. Holsti, Content Analysis for the Social Sciences and Humanities, Reading, Mass., 1969; einen Überblick vermittelt Alphons Silbermann, Systematische Inhaltsanalyse, in: René König (Hrsg.), Handbuch der empirischen Sozialforschung, Band 4: Komplexe Forschungsansätze, Stuttgart 1974, S. 253 - 339.

(3) Dazu knapp, aber instruktiv: Jürgen Ritsert, Inhaltsanalyse und Ideologiekritik. Ein Versuch über kritische Sozialforschung, Frankfurt a.M. 1972.

(4) Dies gilt uneingeschränkt für anwaltliche Schriftsätze. Da in Zivilverfahren am Amtsgericht jedoch kein Anwaltszwang besteht, können durch systemfremde, etwa emotional generalisierende Vorträge der nicht-professionellen Verfahrensbeteiligten erhebliche Interferenzen ins System Eingang finden. Siehe dazu Niklas Luhmann, Legitimation durch Verfahren, Darmstadt/Neuwied, 1975, S. 103 und passim.

(5) Siehe dazu auch: Jan Schulz, Justizgeschäftsstatistiken auf Zählkartenbasis. Fundus der Rechtstatsachenforschung oder Quelle der Fehlinformation ?, in: Deutsche Richterzeitung, 58, 1980, S.107 - 177.

(6) Dabei fiel auf, daß das persönliche Erscheinen der Parteien stets nach § 141 ZPO (= zur Aufklärung des Sachverhalts) und in keinem beobachteten Fall nach § 279 Abs. 2 ZPO (= zur Herbeiführung einer gütlichen Einigung) angeordnet wurde. Erschien eine Partei trotz Anordnung nicht zum Termin, wurde jedoch in keinem Fall ein Ordnungsgeld gegen sie verhängt, wie es nach § 141 ZPO möglich wäre; regelmäßig hat die Partei "allein" die Säumnisfolgen zu tragen, was freilich zumeist bedeutet, daß sie den Prozeß verliert.

(7) Die Intention der ursprünglichen Kategorisierung ist verbunden mit der Vorstellung geschlechtsspezifisch differentieller Zugangs- und Erfolgsbarrieren im Zivilprozeß. Vgl. dazu Rüdiger Lautmann, Negatives Rechtsbewußtsein. Über Geschlechtsdifferenzierung in der juristischen Handlungsfähigkeit, in: Zeitschrift für Rechtssoziologie 1, 1980, S. 165 - 208. Die Annahme, geschlechtsspezifische Defizite würden sich bruchlos auf eine nicht-differenzierte Erfolgsstatistik abbilden lassen, ist theoretisch so unhaltbar, daß man auf ihre Überprüfung getrost verzichten kann. Lautmanns Intentionen würde man mit einer solch platten Operationalisierung gewiß nicht gerecht.

(8) Vgl. dazu Wolfgang Hutmacher, The Shelter of the Law: Das Amtsgericht als Katalysator außergerichtlicher Verhandlungen, in: Zeitschrift für Rechtssoziologie 1983 (im Erscheinen).

(9) Lawrence S. Friedman, Trial Courts and their Work in the Modern World, in: Zur Soziologie des Gerichtsverfahrens. Jahrbuch für Rechtssoziologie und Rechtstheorie, Band IV, Opladen 1976, S. 25-38 (hier: S. 36).

(10) Vgl. hierzu u.a. Craig R. Wanner, The Public Ordering of Private Relations, Part Two: Winning Civil Cases, in: Law and Society Review, 9, 1975, S. 293 - 306; Marc Galanter, Why the "Haves" Come out Ahead: Speculations on the Limits of Social Change, in: Law and Society Review, 9, 1974, S. 95 - 160; Rolf Bender/Rolf Schumacher, Erfolgsbarrieren vor Gericht. Eine empirische Untersuchung zur Chancengleichheit im Zivilprozeß. Tübingen 1980; Erhard Blankenburg/Viola Blankenburg/Hellmut Morasch, Der lange Weg in die Berufung. Aktenanalysen und Interviews aus der Sicht der Rechtsuchenden in Zivilprozessen am Amtsgericht, in: Rolf Bender (Hrsg.), Tatsachenforschung in der Justiz, Tübingen 1972, S. 81 - 104.

(11) Siehe dazu: Erhard Blankenburg/Siegfried Schönholz, Soziologie des Arbeitsgerichtsverfahrens. Die Verrechtlichung von Arbeitskonflikten, Neuwied/Darmstadt 1979. S. 78 - 83; vgl. auch Klaus F. Röhl, Der Gebrauch von Recht zur Änderung des status quo, in: Zeitschrift für Rechtssoziologie, 2, 1981, S. 7 - 17.

(12) Siehe Kap. 8.

(13) Die Daten wurden vom Verfasser aus dem Dokumentationssystem Justis, GMD, St. Augustin, gewonnen. An dieser Stelle ergibt sich die Gelegenheit, den Herren Jörg Dotterweich, Rolf Kniffka und Hellmut Morasch für ihre verständnisvolle Unterstützung zu danken.

(14) Erhard Blankenburg/Harald von Kempski/Bernard Lebrun/Hellmut Morasch/Heinrich Schumacher, Die Rechtspflegestatisken. Analyse der Benutzerinteressen und Vorschläge für eine neue Konzeption, Berlin 1977, S. 35 f.

(15) Vgl. dazu Luhmann, a.a.O. (Anm. 4).

(16) Grob gesprochen sind solche sachfremden Einwände regelmäßig dann zu erwarten, wenn den Parteien die Übernahme der Prozeßrollen mißlingt. Es ist gut begründbar, wenn dies bei Konflikten in Sozialbeziehungen, in denen die Rollenhaftigkeit des Interaktionsverhaltens den Beteiligten bewußt ist, seltener auftritt als bei Störungen in Interaktionsbeziehungen, in denen die Parteien reziprok komplexe Verhaltenserwartungen stellen. Vgl. dazu Volkmar Gessner, Recht und Konflikt. Eine soziologische Untersuchung privatrechtlicher Konflikte in Mexiko. Tübingen 1976.

(17) Siehe dazu Kap. 8.

(18) Siehe oben Anm. 13

(19) Vgl. die Angaben im Zusatzprogramm Zivilsachen, hrsg. vom Statistischen Bundesamt.

(20) Bender/Schumacher, a.a.O. (Anm. 10) Gottfried Baumgärtel/Peter Mes (Hrsg.) Rechtstatsachen zur Dauer des Zivilprozesses (1. Instanz). Modell einer Gesetzesvorbereitung mittels elektronischer Datenverarbeitungsanlagen, Köln/Berlin/Bonn/München 1972.

(21) Zur Tätigkeit von Gutachtern im Prozeß, allerdings abgestellt vorzugsweise auf medizinische Gutachten in Strafverfahren und - in Zivilprozessen - in Kunstfehlerprozessen, siehe: Peter Arens, Gutachter im Prozeß, in: Manfred Rehbinder (Hrsg.), Recht im sozialen Rechtsstaat, Opladen 1973, S. 261 - 283; Helmut Pieper, Sachverständigengutachten und Urteilsfindung im Zivilprozeß, in: Zur Soziologie des Gerichtsverfahrens. Jahrbuch für Rechtssoziologie und Rechtstheorie, Band IV, Opladen 1976, S. 321 - 342.Jüngstens: Helmut Pieper/Leonie Brennung/Günther Stahlmann, Sachverständige im Zivilprozeß, München 1982.

(22) Diese Behauptung verfechten mit Nachdruck: Rolf Kniffka/Elmar Steinbach, Strukturen des amtsgerichtlichen Zivilprozesses. München 1981, S. 108.

Wolfgang Hutmacher

4. Die Beobachtung der mündlichen Verhandlung

4.1. Methodische Probleme der Beobachtung von Gerichtsverhandlungen

Systematische Feldbeobachtung ist noch stets mit dem Problem adäquaten Sinnverstehens konfrontiert. Obwohl prima facie befremdlich, lassen sich durchaus Parallelen zwischen ethnologischer Feldbeobachtung und der Beobachtung mündlicher Gerichtsverhandlungen aufweisen. Dies muß für den Bereich der Zivilverfahren noch deutlicher akzentuiert werden als für den Bereich der Hauptverhandlungen in Strafsachen, bislang bevorzugtes (um nicht zu sagen: einziges) Objekt forensischer Feldbeobachtung[1)].

Es sind im wesentlichen drei Momente, die die Beobachtung von mündlichen Verhandlungen in Zivilverfahren von der Beobachtung von Strafverfahren unterscheiden und die spezifische methodische Probleme generieren, die den Problemen ethnologischer Feldbeobachtung nicht unähnlich sind:

Das für beide Verfahrenstypen gleichermaßen geltende Mündlichkeitsprinzip wird in unterschiedlicher Weise gehandhabt. Zwar gilt für Strafverfahren wie für Zivilverfahren gleichermaßen das Prinzip der Mündlichkeit des entscheidungserheblichen Vortrags. Damit ist allerdings schon eine Gemeinsamkeit prätendiert, die fundamentale Unterschiede nivelliert. Während in Strafverfahren in der Regel nur eine Hauptverhandlung (auch wenn diese sich manchmal über mehrere Sitzungstage erstreckt) stattfindet, die mit der Verlesung der Anklageschrift beginnt und umfassende Aufklärung über Sachverhalt und Täterpersönlichkeit leisten soll, ist die mündliche Verhandlung in Zivilverfahren voraussetzungsvoller. Rechtspositionen und Sachverhaltsdarstellungen sind den Beteiligten zum Zeitpunkt der mündlichen Verhandlung bereits vertraut. Oft werden mehrere mündliche Verhandlungen zum gleichen Termin anberaumt; eine derartige "Verhandlung" dauert mitunter weniger als 5 Minuten. Das Mündlichkeitsprinzip wird dabei nur insoweit "gewahrt", als die Parteien bzw. deren Anwälte ihre Anträge unter Bezugnahme auf Aktenschriftsätze stellen. Auch dem geschulten Beobachter ist häufig nicht erkennbar, worüber die Parteien streiten. Er ist dann auf selten unzweideutige Hinweise der Prozeßbeteiligten angewiesen. Im Vergleich zu Verhandlungen in Strafsachen wird bei mündlichen Verhandlungen in Zivilprozessen nur ein ungleich schmaleres Segment des Prozeßverlaufs erfaßt.

Strafverfahren und Zivilverfahren unterscheiden sich bezüglich des in der Verhandlung ermittelten Sachverhalts. Während im Strafverfahren das Gericht selbständig, "von Amts wegen", sich um eine objektive Rekonstruktion des Sachverhalts zu bemühen hat, zentrale Impulse für den Verfahrensablauf mithin vom Gericht ausgehen, herrscht in Zivilprozessen grundsätzlich das Prinzip der Parteiautonomie: nur das Vorbringen der Beteiligten darf das Gericht als entscheidungserheblich verwerten, eine objektive Sachverhaltsermittlung "von Amts wegen" erfolgt nicht. Die Zivilprozeßordnung überläßt die Initiativlast den Prozeßparteien und bestimmt ansonsten allein die Modalitäten einer Würdigung von Parteivorbringen und Anträgen; verglichen mit dem Aufklärungsgebot im Strafprozeß ist die Prozeßwahrheit in Zivilverfahren nur konventional. Dies hat Konsequenzen für den Inhalt forensischer Kommunikations- und Interaktionsstrategien der Verfahrensbeteiligten: das Insistieren auf einem emphatischen Wahrheitsbegriff ist im Zivilverfahren inopportun, allein entscheidungsrelevanter segmenteller Sachvortrag ist für das Verfahren förderlich. Nicht immer wird dies so deutlich wie in folgendem Fall:

> In der Verhandlung präsentiert der Kläger dem Richter zahlreiche Schriftstücke, die seinen Sachvortrag belegen sollen. Der nicht-anwaltlich vertretene Kläger argumentiert sehr emotional, pendelt ständig zwischen seinem Platz und dem Richtertisch hin und her, um immer neue Urkunden vorzulegen. Der Richter steht dem Vorbringen des Klägers spürbar reserviert gegenüber. Schließlich sagt der Kläger: "Was ich Ihnen hier sage, ist die reine Wahrheit!" Der Richter erwidert: "Die Wahrheit interessiert mich nicht; mich interessiert nur, wie ich den Prozeß gerecht zu Ende bringe".

Anders als im Strafverfahren bleibt im formellen Programm des Zivilprozesses für die gerichtliche Würdigung personaler Eigenschaften der Beteiligten kein Raum. Während bei mündlichen Verhandlungen in Strafsachen das Gericht aufgefordert ist, sich ein möglichst umfassendes Gesamtbild der Beschuldigten und ggf. des Geschädigten zu verschaffen, sind persönliche Eigenschaften der Prozeßparteien im Zivilprozeß für die Entscheidung in der Regel unerheblich. Entsprechend sind die Interaktionsstrategien, mit denen die Beteiligten, analog dem social desirability bias beim Interview versuchen, sich als moralisch integre Persönlichkeiten zu präsentieren, für das Verfahren dysfunktional und werden von den professionellen Verfahrensbeteiligten als wenig sachdienlich abgeblockt; der Stellenwert personaler Eigenschaften bei der Entscheidungsfindung ist de lege gering. Es ist für die Ermittlung und Beurteilung der Anspruchsgrundlagen einer Partei unerheblich, ob es sich bei der Partei um einen Heiligen oder um Jack the Ripper handelt. Das schließt freilich nicht aus, daß richterliche Entscheidungsfindung sich gelegentlich darauf kapriziert, für eine informell als "richtig" erkannte Entscheidung eine Begründung zu finden, die dem formellen Verfahrensprogramm entspricht oder zumindest nicht erkennbar mit ihm kollidiert [2]. Wenn der Richter jedoch in der mündlichen Verhandlung auf die Präsentationsstrategie der Parteien eingeht, so geschieht dies zumeist, um bei problematischer Rechts- und Beweislage einer nur bedingt berufungsfesten Entscheidung auszuweichen:

> Eine private Vermieterin klagt gegen ihren Cousin auf Räumung der Wohnung. In der Kündigung war ein Eigenbedarf der Vermieterin geltend gemacht worden. Die Anspruchsgrundlage erscheint dürftig, weil seit dem Zeitpunkt der Kündigung eine vergleichbare Wohnung durch den Tod eines anderen Mieters frei geworden war. Die Vermieterin gibt an, sie benötige die Wohnung für ihren Sohn, einem Patenkind des Beklagten. Trotz der Zurückhaltung der Parteien ist erkennbar, daß sie heillos miteinander zerstritten sind. In der Verhandlung werfen sie sich wechselseitig vor, einander "vor Gericht gezerrt zu haben". Alle Parteien betonen ihre prinzipielle Kompromißbereitschaft und dokumentieren im Termin nichts weiter als das Gegenteil. Der Richter läßt die Parteien einige Minuten lang gewähren, um dann zu protokollieren: "Die Parteien stimmen darin überein, daß der Rechtsstreit nicht erforderlich gewesen wäre". Schließlich gelangt der Richter zu einem Vergleich, der ihn von der in diesem Fall problematischen streitigen Entscheidung entbindet.

Methodologisch stellen sich damit für die Beobachtung von Zivilverfahren in dreifacher Weise andere Probleme als bei der Beobachtung von Strafverfahren [3].

- Der Beobachter muß aus oft nur vagen - bisweilen gänzlich fehlenden - Hinweisen den in Rede stehenden Sachverhalt erschließen; im Strafverfahren wird mit der Verlesung der Anklageschrift immerhin eindeutig erkennbar, ob etwa ein Ladendiebstahl oder ein Verkehrsdelikt verhandelt wird. In der mündlichen Verhandlung in Zivilsachen werden, abweichend von der Vorschrift des § 278 Abs. 1 Satz 1 ZPO, in der Regel die kontroversen Sachvorträge oder Rechtsansichten als den Beteiligten bekannt vorausgesetzt. Der Beobachter sieht sich damit vor dem Problem der kognitiven <u>Rekonstruktion des Sachverhalts</u>.

- Die Selektivität entscheidungserheblichen Parteivortrags zwingt den Beobachter, die forensische Interaktion im Hinblick auf die juristische Relevanz der von den Beteiligten gesetzten Stimuli zu analysieren. Er muß, ähnlich einer ethnologischen Feldbeobachtung, ein gegenüber seinem lebensweltlichen Orientierungssystem abweichendes integriertes Handlungssystem hermeneutisch erschließen, um im juristischen Handlungssystem relevante Momente adäquat erfassen zu können; zumindest elementare Kenntnisse des juristischen Verfahrensprogramms sind somit unabdingbar. Dem Beobachter stellt sich das Problem der <u>hermeneutischen Rekonstruktion der juristischen Handlungsrelevanz</u> forensischer Kommunikation.

- Bei Anwesenheit von Parteien und Zeugen, generell von nicht-professionellen Verfahrensbeteiligten, ist zusätzlich eine Inhomogenität in der Perzeption entscheidungsrelevanter Stimuli gegeben. Über die Rekonstruktion des juristischen Handlungssystems hinaus muß der Beobachter versuchen, den Hiatus zwischen der juristischen Handlungsorientierung der professionellen und der alltagsweltlichen Handlungsorientierung der nicht-professionellen Verfahrensbeteiligten auf seine Konsequenzen für die Kommunikation in der Verhandlung zu überprüfen. Für das juristische Handlungssystem irrelevante Präsentationsstrategien, das Informationsgefälle zwischen Richtern und Anwälten einerseits, Parteien und Zeugen andererseits können eine Kommunikation verhindern[4]. Für den Beobachter bedeutet dies, daß er eine Rekonstruktion heterogener Sinninterpretationen der Kommunikationspartner leisten muß.

4.2. Verhandlungsbeobachtung: Erhebungsinstrumente und ausgewählte Daten

Die nach umfangreichen Pretests erstellten Instrumente markieren angesichts der oben aufgezeigten Probleme eine Kompromißlösung[5]: neben einem nicht-standardisierten Beobachtungsbogen, in dem die Beobachter in unstrukturierter Form Sachverhalte und etwaige Besonderheiten des Verhandlungsablaufs festhalten sollten, wurden bei Anwesenheit nicht-professioneller Parteien oder Zeugen in einem Interaktiogramm die Interaktionsfrequenzen der Beteiligten registriert. Der nicht-standardisierte Erhebungsbogen wurde eingesetzt für die Information der Beobachter bei etwaigen weiteren Terminen in gleicher Sache. Diese sollten davon entlastet werden, bei jedem zusätzlichen Termin den Sachverhalt neu rekonstruieren zu müssen. Daneben wurden markante Besonderheiten für qualitative Falldarstellungen genutzt. Kernstück der Verhandlungsbeobachtung war ein standardisierter Beobachtungsbogen, der im wesentlichen auf die Quantifizierung overten Verhaltens der Prozeßbeteiligten abstellte. Abweichend von diesem Grundsatz wurden bei Vergleichsverhandlungen die Kommunikationsinhalte erhoben, Argumente für und gegen einen Vergleichsschluß wurden protokolliert. Dies erschien bei Vergleichsverhandlungen eher möglich als bei streitigen Verhandlungen. Auch wenn Vergleichsverhandlungen prinzipiell transitorisch sind, oft übergangslos aus der streitigen Verhandlung erwachsen und im Falle des Scheiterns ebenso nahtlos in die Fortsetzung einer streitigen Verhandlung übergeführt werden können, stellen sich die methodischen Probleme bei Vergleichsverhandlungen nicht in so scharfer Form. Der Sachverhalt liegt entweder, etwa bei Räumungsvergleichen, offen zutage oder er wird, wenn der Richter den Tenor einer zu erwartenden Entscheidung durchblicken läßt, ausführlich erörtert, oder er ist, wenn der Vergleich eine Beweisaufnahme ersparen soll, für die Kommunikation irrelevant. Die heterogene Perzeption von Kommunikationsinhalten muß zumindest insofern kompensiert werden, als die Zustimmung aller Beteiligten für das Zustandekommen eines Prozeßvergleichs erforderlich ist. Dies schließt freilich nicht aus, daß eine nicht-professionelle Partei, vor allem in der Frage der Kostenlast, durch für Laien unverständliche Formulierungen ("Die Verteilung der Kosten erfolgt gemäß den Bestimmungen der ZPO") über die Folgen seiner Zustimmung im ungewissen bleibt. Eine ausführliche Auswertung der Vergleichsverhandlungen wird im Kapitel 7 geleistet.

Im folgenden sollen nun die Variablen im Vordergrund stehen, die auf das overte Verhalten der Prozeßbeteiligten abstellen.

In den durch die Aktenanalyse erreichbaren Prozessen unserer Auswahl fanden in insgesamt 389 Prozessen 589 mündliche Verhandlungen statt. Im Rahmen der mündlichen Beobachtung erreichten wir jedoch nur 443 Beobachtungen in insgesamt 348 Prozessen. Die Ausfallquote erreicht, nicht unbedingt bei der Zahl der erreichten mündlichen Verhandlungstermine, Dimensionen, die eine ausführliche Ausfallbeschreibung unverzichtbar machen. Der Verfasser ist dabei auf Hinweise angewiesen, die von anderen Mitarbeitern des Projekts stammen, da er erst nach Abschluß der überwiegenden Mehrzahl der Verhandlungsbeobachtungen in die Projektgruppe eintrat. Im einzelnen sind vier in ihrer quantitativen Bedeutung variierende Faktoren identifizierbar:

- Sogenannte "Ortstermine", die außerhalb des Gerichts durchgeführt wurden, konnten nicht beobachtet werden. Ortstermine finden statt besonders in Mieterhöhungsverfahren, in denen sich der Richter an Ort und Stelle vom Wohnwert der in Frage stehenden Wohnung einen Eindruck zu verschaffen sucht, darüber hinaus in Mietprozessen, bei denen der Mieter eine Minderung des Wohnwerts geltend macht (und daraus einen Anspruch auf Mietzinsminderung abzuleiten sucht) sowie, dies jedoch nur gelegentlich, in Nachbarschaftsstreitigkeiten, in denen es etwa um Grenzprobleme geht. Ein gewichtiger Anteil von Prozessen, in denen der Konflikt zwischen den Parteien komplex und kaum mehr juridifizierbar ist, ist der Beobachtung somit aus Gründen der Organisation des Gerichtsverfahrens nicht zugänglich.

Ein Ehepaar verklagt die Grundstücksnachbarn auf Beseitigung von fünf Bäumen, die auf dem Grundstück der Beklagten stehen. Die Parteien sind Nachbarn einer Eigenheim-Neubausiedlung, zwischen ihnen ist es bereits zu mehreren Prozessen gekommen. Die Kläger machen geltend, die Bäume auf dem Grundstück der Beklagten verstießen gegen den § 41 Nachbarrechtsgesetz NW. Der Richter leitet ein schriftliches Vorverfahren ein, in dessen Verlauf die Beklagtenseite den Klageanspruch anerkennt, gleichzeitig jedoch Widerklage erhebt auf Entfernung einer Baustahlmatte auf dem Grundstück der Kläger. Ferner sollen die Kläger zwei Schlinggewächse entfernen, die den Grenzabstand von 50 cm unterschreiten. Im übrigen hätten die Beklagten die Vermutung, mit der von den Klägern angestrebten Beseitigung der Bäume solle nur, so die Beklagten in einem Brief an den Kläger-Vertreter, "die Neugier Ihrer Mandantschaft" befriedigt werden. Ferner machen die Beklagten geltend, daß das Garagendach der Kläger über die Grundstücksgrenze hinausrage. Abhilfe sei geboten. Die Kläger teilen daraufhin in einem Brief "durch persönliche Abgabe" den Beklagten mit, daß sie von dem Beklagten keine Post mehr entgegenzunehmen bereit seien, Korrespondenz nunmehr nur noch anwaltlich geführt werden solle. Für jede Inanspruchnahme durch die Beklagten wollen die Kläger in Zukunft DM 500,-- in Rechnung stellen. Ferner sei der Balkon der Beklagten an der Hauswand der Kläger befestigt, auch hier sei Abhilfe zu schaffen.

Währen des schriftlichen Vorverfahrens werden auf den Grundstücken umfangreiche Veränderungen vorgenommen: Die Beklagten fällen die fünf Gartenbäume, die zum Ausgangspunkt des Prozesses wurden und nehmen eine umfangreiche Rodung ihres Gartens vor, die Kläger lassen unter nicht unerheblichen Kosten das montierte Garagendach so abstemmen, daß es nicht mehr in das Grundstück der Beklagten hineinreicht. Zu diesem Zeitpunkt führt der Richter einen Ortstermin durch und gelangt zu folgendem Vergleich:
1. Die Beklagten verpflichten sich, das Balkongeländer von der Hauswand der Kläger zu lösen.
2. Die Baustahlmatte auf dem Grundstück der Kläger wird von den Beklagten geduldet.
3. Die Kläger dulden, daß die Beklagten ihrerseits auf ihrem Grundstück eine Baustahlmatte des gleichen Typs (die von den Beklagten als "abstoßend häßlich" bislang so heftig bekämpft worden war) errichten.

- Ebenfalls systematisch nicht erreichbar waren Termine, in denen Beweisaufnahmen nicht durch das Prozeßgericht, sondern durch einen beauftragten oder ersuchten Richter am Wohnort des Zeugen vorgenommen wurden. Diese Termine fallen jedoch quantitativ nicht ins Gewicht.
- Die regelmäßige Einsichtnahme in den Terminkalender, der auf den Geschäftsstellen des Amtsgerichts von den Projektmitarbeitern eingesehen werden konnte, konnte nicht verhindern, daß den Beobachtern Termine, die kurzfristig anberaumt wurden, entgingen. Kurzfristige Neuterminierungen traten bei allen Dezernaten auf, insoweit ist hier eine systematische Verzerrung nicht feststellbar. Dieser Ausfalleffekt konnte geringfügig dadurch kompensiert werden, daß in der Hauptphase der Feldbeobachtung nahezu täglich Projektmitarbeiter im Gericht waren und sich anhand der vor den Sitzungssälen aushängenden Terminsblätter vergewissern konnten, ob alle zur Auswahl gehörigen Termine dieses Sitzungstages von den Beobachtern vermerkt waren.
- Weitere Ausfälle ergaben sich dadurch, daß an bestimmten Sitzungstagen gleich drei bis vier Dezernate Sitzungen abhielten. Im Extremfall wären daher acht Beobachter zur Wahrnehmung gleichzeitig stattfindender Termine in allen Dezernaten erforderlich gewesen. Dies überschritt eindeutig die personellen Kapazitäten der Projektgruppe. Ausfälle waren daher nicht zu vermeiden. Bedauerlicherweise wurde jedoch über derart bedingte Ausfälle nicht Buch geführt, obwohl dies möglich gewesen wäre. Aussagen über die Zufälligkeit dieser Ausfälle lassen sich daher nicht treffen.

Zahlreiche Variablen des Beobachtungsbogens, auf deren ausführliche Wiedergabe im folgenden verzichtet wird, wurden erhoben, weil zum Zeitpunkt der Feldbeobachtung noch nicht sichergestellt war, daß eine Aktenanalyse durchgeführt werden konnte. Die Zustimmung der Leitung des Amtsgerichts zur Einsichtnahme in die Prozeßakten erfolgte erst während der Feldbeobachtung. Man war daher gezwungen, auch solche Variablen (Art des Termins als Indikator für die richterliche Prozeßvorbereitung, Parteienstatus, anwaltliche Vertretung usw.) in den Beobachtungsbogen mit aufzunehmen, die über die Aktenanalyse wesentlich zuverlässiger und vor allem gültiger erhoben werden konnten. Daher wurden einige Variablen, nachdem uns eine Aktenanalyse doch noch möglich war, doppelt erhoben. Diese Mehrarbeit hat sich indes gelohnt: Der Anteil der Verhandlungen, in denen Prozeßmerkmale nicht erhoben werden konnten, darf als Indikator für die Denaturierung des Mündlichkeitsprinzips in Zivilprozessen (nicht nur) vor dem Amtsgericht gewertet werden[6]. Öffentlichkeit als Prinzip der mündlichen Verhandlung stellt historisch nicht auf Erreichung einer repräsentativen Öffentlichkeit im Habermas'schen Sinne ab; Öffentlichkeit der Verhandlung intendiert historisch Kontrolle - noch das Adjektiv "forensisch" verweist etymologisch auf diese Funktion[7]. So fällt auf, daß

- in 20 % der Verhandlungen der juristische Konflikttyp nicht erkennbar war,
- in 36 % der Fälle nicht feststellbar war, ob der Rechtsstreit für eine der Parteien oder für beide beruflich bedingt war,
- in 30 % der Fälle der Status des Klägers nicht bestimmbar war,
- in ebenfalls 30 % der Fälle der Status des Beklagten nicht bestimmbar war,
- in 37 % der Fälle nicht feststellbar war, in welcher Beziehung die Parteien zueinander standen.

Die Validität der gültigen Codierungen konnte, etwa bei der Variablen "juristischer Konflikttyp", über die Kombination der bei der Beobachtung vorgenommenen Codierungen mit den Codierungen der Aktenanalyse überprüft werden; es traten hierbei nur geringfügige Abweichungen auf. Der hohe Anteil von Terminen, in denen die Ausprägung dieser Variablen nicht bestimmbar war, läßt den Schluß zu, daß das Mündlichkeitsprinzip mindestens bezüglich der Wahrung der Öffentlichkeit des Verfahrens in Zivilprozessen nur beschränkt zum Tragen kommt.

Es macht wenig Sinn, eine univariate Verteilung der Terminsdauer interpretieren zu wollen. Sinnvoller erscheint es, die angesetzte Terminsdauer mit der tatsächlichen Dauer der Termine zu konfrontieren. Das geschieht in der folgenden Tabelle:

Tabelle 4.1

Angesetzte Dauer/tatsächliche Dauer der Termine

Angesetzte Dauer	Tatsächliche Dauer					
	(197)	(123)	(45)	(19)	(15)	(9)
	- 5'	- 15'	- 30'	- 45'	- 1h	über 1h
(172) bis 5'	72	24	3	1	0	0
	63	34	11	5	0	0
(149) bis15'	46	44	8	1	1	1
	34	53	27	10	7	10
(45) bis30'	9	16	53	18	4	0
	2	6	53	42	13	0
(21) bis45'	5	33	14	19	19	10
	1	6	7	21	27	22
(13) bis 1h	0	7	7	20	40	27
	0	1	2	16	40	42
(6) über1h	0	17	0	17	33	33
	0	1	0	5	13	25

In den Klammern über bzw. neben den Kategorien sind die Randverteilungen beschrieben. In der ersten Halbzeile einer jeden Zeile sind die Zeilenprozente angegeben, in der zweiten Halbzeile einer jeden Zeile die Spaltenprozente. So bedeutet in Feld 11 die "72": 72 % von 172 Terminen, für die maximal 5 Min. angesetzt waren, haben tatsächlich bis zu 5 Min. gedauert, und die "63" bedeutet: 63 % von 197 Terminen, die tatsächlich bis zu 5 Min. gedauert haben, waren auch bis zu 5 Min. angesetzt. Zieht man durch diese Tabelle eine Diagonale, so repräsentieren alle Zeilenprozente rechts oberhalb der Diagonalen zu knapp angesetzte Termine, alle Zeilenprozente links unterhalb der Diagonalen bezeichnen Termine, die weniger als die angesetzte Dauer beansprucht haben. Bei den Spaltenprozentuierungen verhält es sich genau umgekehrt. Mithin waren in 55 % der Fälle die Terminierungen korrekt, in 21 % der Fälle war die angesetzte Terminsdauer zu knapp bemessen, in 24 % der Fälle hätte eine knappere Terminsansetzung ausgereicht. Unsere Minutengrenze ist jedoch recht willkürlich. Nimmt man nur die Fälle, in denen die tatsächliche Dauer um mehr als eine Kategorie die angesetzte Dauer überstieg, so erhalten wir lediglich einen Anteil von 4 %, in denen die angesetzte Dauer deutlich zu knapp war, in ebenfalls 4 % der Termine wurde die Termindauer deutlich überschätzt. Hinzu kommt, daß unsere Berechnung der "angesetzten Dauer des Termins" dann zweifelhaft ist, wenn der Richter für einen bestimmten Zeitraum mehrere Verhandlungen terminiert. So ist es üblich, in der ersten Stunde eines Sitzungstages zehn oder mehr Verhandlungen anzuberaumen, so daß sich ein arithmetisches Mittel von weniger als fünf Minuten je Verhandlung ergibt. Diese Terminierungen erfolgen in der Regel jedoch so, daß der Richter einen Anteil von "Verhandlungen" einkalkuliert, der durch Versäumnisurteil oder Anerkenntnisurteil endet, in denen eine streitige Verhandlung mithin nicht erforderlich ist. Den tatsächlich streitigen Verhandlungen stellt der Richter somit mehr Raum bereit, als es das arithmetische Mittel der angesetzten Terminsdauer nahelegen mag.

Unsere Ergebnisse belegen überzeugend, daß die Prozeßökonomie der Richter im Hinblick auf die festzusetzende Dauer der mündlichen Verhandlungen, bei aller je individuellen Variation der Terminsbestimmung, auf die noch zurückzukommen sein wird, adäquat ist.

Die Anwesenheit von Parteien und Anwälten ist, insbesondere bei den privaten Beklagten, im Rahmen dieser Darstellung nur beschränkt interpretierbar: Bei Unfallprozessen wurden in der Aktenanalyse auch bei privaten Fahrern und Haltern stets die gewerblichen Haftpflichtversicherer als Beklagte ausgewiesen, in der Terminsbeobachtung firmieren anwesende Unfallgegner selbstverständlich als persönlich erschienene Beklagte. Es läßt sich daher nicht bestimmen, wie hoch der Anteil privater Prozeßbeteiligter ist, die persönlich Verhandlungstermine wahrnahmen. Hinzu kommt, daß im Beobachtungsbogen allein "persönliches Erscheinen" notiert wurde, ohne daß immer erkennbar wird, ob es sich bei der persönlich erschienenen Partei um eine Privatperson handelt oder um eine natürliche Person, die einen Geschäftsprozeß führt. Zwar liegt die Zahl der persönlich erschienenen Beklagten um 50 % über der Zahl der persönlich erschienenen Kläger, doch verbietet sich eine Interpretation hier insofern, als der relative Anteil der erschienenen Parteien auf Grund der aufgezeigten Inkonsistenzen nicht bestimmbar ist. Um jedweder Zahlenmagie vorzubeugen, wird auf die Darstellung verzichtet. In 56 von 205 Fällen, in denen nicht professionelle Verfahrensbeteiligte auftraten, waren am Konfliktgeschehen beteiligte Zuschauer im Sitzungssaal anwesend. In 35 dieser 56 Fälle war nur ein Zuschauer, in weiteren 10 Fällen waren lediglich zwei beteiligte Zuschauer anwesend. Hieraus können jedoch keine Schlüsse gezogen werden auf das Engagement der Parteien oder die Diffusion des Rechtsstreits in ihr soziales Umfeld: auch wenn eine Partei während des Konfliktes intensive und multiple Koalitionen gesucht hat, schlägt sich dies nicht unbedingt in der Zahl der im Termin erscheinenden Zuschauer nieder. Die Wahrnehmung von Gerichtsterminen ist in der Regel nur nicht-berufstätigen Personen ohne zusätzliche Kosten möglich.

Deutlichere Aussagen lassen sich über die im Termin erschienenen Zeugen treffen. In 90 Terminen (20 % aller beobachteten Termine) traten Zeugen auf. Dabei war es, wie auch schon das Ergebnis der Aktenanalyse nahelegte, der Regelfall, daß nur ein bis drei Zeugen aufgeboten wurden (in 76 von 90 Fällen). Wesentlich interessanter ist jedoch, daß von den insgesamt 211 Zeugen, die in den 90 Terminen mit Zeugen aufgeboten worden waren, 169 (= 80 %) unmittelbar oder mittelbar am Konflikt beteiligt waren, das heißt in einer Dauerbeziehung zu mindestens einer Partei standen, sei es als Familienmitglied, Nachbar, Unfallbeteiligter oder Betriebsangehöriger. Der unbeteiligte und neutrale Zuschauer, der Zeuge eines Verkehrsunfalles wird, der Polizeibeamte, der den Unfall aufnimmt, der unbeteiligte Vormieter, der sich zum äußeren Zustand der Wohnung äußern soll, sie alle sind Ausnahme. Persönliche Beteiligung von Zeugen hat jedoch Einfluß auf die richterliche Perzeption der Glaubwürdigkeit ihrer Aussagen[8)]. Der Grundsatz der freien Beweiswürdigung schließt eine dogmatische Erörterung der damit verbundenen Probleme - abgesehen vom Zeugnisverweigerungsrecht, das in § 383 ZPO geregelt ist - weitgehend aus. Die Bedeutung des Zeugenbeweises im Zivilprozeß ist bislang noch kaum untersucht worden. Über erste und vielversprechende Versuche einer allgemeinen Beweislehre gelangt die Literatur nicht hinaus[9)]. Wer Gelegenheit hatte, einige Dutzend Urteile, die überwiegend nach kontroversen Zeugenaussagen zustandekamen, zu lesen, dem drängt sich der Eindruck auf, daß hier ein nicht nur rechtsdogmatisch interessantes Feld der Bestellung harrt: die binäre Konstruktion des Urteils macht es erforderlich, daß das Gericht bei kontroversen Zeugenaussagen sich genötigt sieht, die Glaubwürdigkeit der Zeugen in unangemessener Kontrastierung zu dramatisieren[10)]. Regelhaftigkeiten sind dabei durchaus erkennbar und theoretisch plausibel, aus dem uns zur Zeit vorliegenden Material jedoch nicht quantifizierbar[11)]. Gesicherte Aussagen zu diesem Problemfeld können (noch) nicht getroffen werden.

Ein zentraler Bestandteil des standardisierten Beobachtungsbogens ist gerichtet auf die Messung des richterlichen Verhaltens gegenüber nicht-professionellen Parteien. Ausgangspunkt der Variablenbildung war die Intention, die forensische Kommunikation mit Kriterien der Alltagskommunikation zu vergleichen. Je weiter sich die forensische Kommunikation von der alltäglichen Sprechsituation entfernt, so die Überlegung, um so eher könne von einer Denaturierung der mündlichen Verhandlung dahingehend die Rede sein, daß nicht nur das Postulat der Öffentlichkeit der mündlichen Verhandlung verletzt wird, sondern auch, und dem kommt angesichts einer

Verfahrensordnung, die das Prinzip der Parteiherrschaft in den Vordergrund stellt, besondere Bedeutung zu, die Transparenz des Verfahrens für die Parteien. Idealiter, so die Vorstellung bei der Erstellung des Beobachtungsbogens, sei der Verhandlungsbeginn - etwa durch Aufruf der Sache - deutlich erkennbar, es folge die Begrüßung der Parteien und die Platzzuweisung. Danach solle der Richter den Parteien das Verfahren erläutern und eine Einführung in den Streitstand geben. Im Rahmen der Erörterung der Sach- und Rechtslage habe der Richter die Parteien um eine Darstellung zu bitten. Während der Parteidarstellung sei darauf zu achten, den Parteivortrag möglichst nicht zu unterbrechen, da die Unterbrechung der Rede in der Alltagskommunikation in der Regel eine universell geteilte Verhaltensnorm verletzt. Die Parteidarstellung sei zu protokollieren, der Richter habe vor dem Ende des Termins die Parteien auf etwaige Aktivitätsrechte hinzuweisen, schließlich seien die Anträge nicht unter Bezugnahme auf Aktenschriftsätze, sondern mündlich zu stellen.

Die oben beschriebenen richterlichen Aktivitäten wurden im Beobachtungsbogen noch einmal mit Hilfe der Kontrollvariablen "kompensatorisches Verhalten des Richters" und "Verhaltenssicherung durch den Richter" erhoben. Diesen beiden Variablen ermangelt es jedoch, im Gegensatz zu den zuvor angeführten Kriterien der Alltagskommunikation, der für eine gesicherte Ausrufung erforderlichen Konkretion.

Das normative Konzept einer Annäherung forensischer Kommunikation an die Alltagskommunikation erweist sich freilich als wenig tragfähig. Selbstverständlich fehlt in der forensischen Kommunikationssituation das konstituierende Moment der Alltagskommunikation: Gerichtsverhandlungen sind nicht sozial folgenlos. Das Bemühen der Verfahrensbeteiligten, die Kommunikation so weit als möglich der Alltagssituation anzunähern, kann nur als <u>ein</u> Mittel angesehen werden, "die Härten des Prozeßbetriebs zu mildern"[12].

Dem juristischen Leser fällt auf, daß die Variablen, die das richterliche Verhalten in der mündlichen Verhandlung betreffen, sich nicht den Geboten des formellen Verfahrensprogramms der ZPO fügen. So sind die Variablen "Begrüßung der Parteien", "Erläuterung des Verfahrens", "Nichtunterbrechung des Parteivortrags", im formellen Verfahrensprogramm nicht vorgesehen und somit für den Richter fakultativ. Demgegenüber sind die Ausprägungen der Variablen "Erkennbarkeit des Verhandlungsbeginns", "Platzzuweisung durch den Richter", "Einführung in den Streitstand", "Erbitten einer Parteidarstellung", "Erläuterung von Aktivitätsrechten" und "Form der Anträge" Referenten von Normen des formellen Verfahrensprogramms der ZPO, mit denen durchaus "Rechtstatsachen" dokumentiert werden können: Die ZPO schreibt bestimmte Verhaltensweisen zwingend vor. Wie zu erwarten, treten die nur fakultativen richterlichen Verhaltensweisen in der Regel seltener auf als die im Verfahrensprogramm der ZPO vorgesehenen Verhaltensweisen. Überraschend hingegen ist, daß auch die gesetzlich vorgeschriebenen Verhaltensweisen bisweilen nur niedrige Prozentmarken erreichen. Im folgenden werden die Ergebnisse der standardisierten Beobachtung richterlicher Verhaltensweisen dokumentiert. Prozentuierungsbasis ist dabei die Anzahl aller Verhandlungen, in denen nicht-professionelle Parteien erschienen waren (n = 205).

<u>Tabelle 4.2</u>
Optimales Verhalten des Richters gegenüber nicht-professionellen Parteien (n = 205)

Begrüßung der Parteien	15 %	
Erläuterung des Verfahrens	7 %	
Keine Unterbrechung des Parteivortrags	50 %	(13)
Unwesentliche Unterbrechung des Parteivortrags	38 %	(13)
Häufige Unterbrechung des Parteivortrags	12 %	(13)

Deutlicher als an diesen informellen Verhaltensnormen ist die Denaturierung der mündlichen Verhandlung erkennbar an dem Anteil der Verhandlungen mit nicht-professionellen Verhaltensbeteiligten, in denen Gebote der ZPO nur unzureichend beachtet werden.

Die mündliche Verhandlung soll mit dem Aufruf der Sache und der Festlegung der Sitzordnung beginnen[14]. Bei Anwesenheit nicht-professioneller Parteien war die Erkennbarkeit des Verhandlungsbeginns stets gegeben, die Fälle, in denen der Verhandlungsbeginn nicht eindeutig erkennbar war, betrafen "Verhandlungen", in denen von einem Anwalt ein Versäumnisurteil erwirkt wurde. Die Festlegung der Sitzordnung erfolgte immerhin noch in 26 % aller Verhandlungen, in denen Parteien erschienen waren. Es ist jedoch nicht möglich, diese Zahl dahingehend zu interpretieren, daß in fast 3/4 der Fälle gegen das Postulat, die Sitzordnung festzulegen, verstoßen wurde. Parteien, die, ohne daß es einer richterlichen Platzzuweisung bedarf, neben ihren mit den Gepflogenheiten der Sitzverteilung vertrauten Anwälten Platz nehmen, bedürfen einer Platzzuweisung sowenig wie Parteien, die ohne Aufforderung ihren Platz einnehmen. Daß der Richter, auch aus prozeßökonomischen Gründen, bisweilen gut daran tut, eine Platzzuweisung vorzunehmen, belegt folgender Fall (der Fall ist nicht Bestandteil unserer Auswahl; er sei wegen der guten Transparenz der Problemstellung dennoch dokumentiert):

> In einer mündlichen Verhandlung nimmt auf der Klägerseite ein Anwalt, auf der Beklagtenseite eine Privatperson Platz. Der Richter protokolliert: "Es erscheinen für den Kläger Rechtsanwalt X und der Beklagte". Es beginnt eine streitige Verhandlung, in deren Verlauf der Anwalt der auf der Beklagtenseite sitzenden Privatperson allerlei Vorhaltungen macht, die diese mit wachsender Empörung bestreitet. Der Tonfall des Anwalts ist barsch, die Diktion für Laien kaum verständlich. Nach beinahe 10 Minuten seufzt die Privatperson und ruft aus: "Ich komme doch zu meinem Geld!" Der Anwalt stutzt und fragt sie: "Sie wollen Geld? Wer sind Sie denn?"
> Es stellt sich heraus, daß es sich bei der Privatperson um einen Bruder des Klägers handelt, den dieser um die Teilnahme an der Verhandlung gebeten hatte (anscheinend, weil der Kläger seinem Anwalt nicht voll vertraute). Unter schallendem Gelächter aller Anwesenden erwirkt der Anwalt nunmehr ein Versäumnisurteil gegen den nicht erschienenen Beklagten.

§ 278 Abs. 1 ZPO schreibt zwingend vor, daß das Gericht in den Sach- und Streitstand einführt und die erschienenen Parteien persönlich gehört werden sollen. Die Diktion des ersten Satzes der Norm läßt an Deutlichkeit keine Wünsche offen. Dennoch ist die Verteilung der gesetzlich vorgeschriebenen Verhaltensweisen in den von uns beobachteten mündlichen Verhandlungen, in denen nicht-professionelle Parteien teilnahmen, überraschend: Nur in 28 (= 14 % aller Verhandlungen) wurde eine nach §§ 278 Abs. 1 S. 1, 495 ZPO vorgeschriebene Einführung in den Streitstand geleistet; eine Parteidarstellung wurde nur in 41 (= 20 %) aller Verhandlungen erbeten. Daraus unmittelbar zu schließen, allein das fehlende Sanktionspotential veranlasse den Richter, die Vorschriften des § 278 Abs. 1 ZPO nicht zu beachten, ist durch unsere Daten nicht gerechtfertigt. Eine Gegenevidenz ist jedoch nicht erkennbar, sieht man davon ab, daß ein maßgeblicher ZPO-Kommentar in dankenswerter Offenheit dem Praktiker schlicht die Nichtbeachtung der Vorschrift des § 278 Abs. 1 Satz 2 ZPO empfiehlt: "Oft ist es freilich ratsam, die Anhörung noch nicht in diesem Stadium (nach der Einführung in den Streitstand; W.H.) durchzuführen, weil die vermutlichen Ausführungen der Parteien den weiteren Gang erschweren könnten. Deshalb (sic!) handelt es sich nur um eine Soll-Vorschrift. Ein Verstoß ist prozessual belanglos... "[15].
In der dogmatischen Diskussion weniger eindeutig ist die Frage, ob aus § 278 Abs. 3 ZPO eine richterliche Hinweispflicht abgeleitet werden kann, die die richterliche Aufklärungspflicht des § 139 ZPO insoweit überschreitet, als § 139 ZPO allein eine Aufklärung in tatsächlicher Hinsicht erfordert. Streitig ist insbesondere die Hierarchie von Hinweispflicht und entscheidungserheblicher Rechtsnorm. Während Hartmann eine Hinweispflicht nur begründet sieht, wenn alle vier Erfordernisse (rechtlicher, nicht tatsächlicher Gesichtspunkt; erkennbares Übersehen durch die Partei; Absicht des Richters, die nächste Entscheidung auf den in Frage stehenden rechtlichen Gesichtspunkt zu stützen; Entscheidungserheblichkeit bezüglich der Hauptforderung, keiner Nebenforderung) erfüllt sind, mithin eine richterliche Hinweispflicht

ggf. erst für die mündliche Verhandlung bejaht wird[16]), gelangen Thomas-Putzo, ausgehend von der gesetzgeberischen Intention "neben dem Grundsatz der Konzentration und Beschleunigung (solle die Vorschrift insbesondere gewährleisten; W.H.), daß die mündliche Verhandlung (...) die umfassende Grundlage für eine richtige und gerechte Entscheidung erbringt", zu der Ansicht, das Gericht sei gezwungen, sich bereits vor dem Termin über die entscheidungserheblichen, rechtlichen Gesichtspunkte klar zu werden[17]). Wassermann sieht in der Vorschrift des § 278 Abs. 3 ZPO den gesetzlichen Auftrag zur richterlichen Kompensation von rechtlichen Informationsdefiziten der Parteien[18]). Wir haben unter dem vielleicht irreführenden Etikett "Erläuterung von Aktivitätsrechten" solche richterlichen Hinweise encodiert, mit dem Ergebnis, daß in weniger als 5 % aller Verhandlungen, in denen nicht-professionelle Verfahrensbeteiligte anwesend waren, ein solcher Hinweis erfolgte. Diesen wenigen Hinweisen stand eine ebenso große Zahl von Verhandlungen gegenüber, in denen ein Hinweis, obwohl er den Beobachtern auch in Unkenntnis der Aktenlage zwingend geboten erschien (was sich bei der Aktenanalyse hernach auch bestätigte), unterblieb.

Zusammenfassend läßt sich feststellen, daß die forensische Kommunikationssituation für nicht-professionelle Verfahrensbeteiligte weit entfernt ist von der alltäglichen Kommunikationssituation. Unsere Daten zeigen, daß nicht nur fakultative Verhaltensanforderungen an den Richter, die in der alltäglichen Kommunikation zu beachten sind (etwa Höflichkeitsregeln), weitgehend unbeachtet bleiben, sondern auch gesetzlichen Vorschriften, die der Erhöhung der Transparenz des Verfahrens dienen, deren Nichtbeachtung jedoch "prozessual belanglos" ist, weitgehend nicht genügt wird. Unsere Daten stimmen skeptisch bezüglich der erfolgreichen Implementation des novellierten § 278 ZPO.

Das Verhalten der persönlich erschienenen Partei wurde auf den beiden Dimensionen "Verhaltenssicherheit" und "Emotionalität" gemessen. Die Ergebnisse zeigen, daß die persönlich erschienenen Privatpersonen, die während der Verhandlung ein hohes Maß an Irritation zeigen, nur eine qualifizierte Minderheit ausmachen. 11 % der erschienenen Kläger und 20 % der erschienenen Beklagten zeigen sich während der Verhandlung deutlich irritiert. Jeweils 2/3 der Kläger als auch der Beklagten verhalten sich gewandt oder zeigen zumindest im Verlauf der Verhandlung keine erkennbare Irritation. Das Postulat, die mündliche Verhandlung habe bei allen notwendigen Restriktionen sich der Alltagskommunikation soweit als möglich anzunähern, bedarf insoweit der Relativierung, als der überwiegenden Mehrheit auch der nicht-professionellen Parteien die Antizipation der formalisierten forensischen Kommunikation zumindest nicht erkennbar mißlingt. Einer erfolgreichen Antizipation der forensischen Sprechsituation korrespondiert freilich nicht in gleichem Ausmaß die Fähigkeit, persönliche Betroffenheit und emotionales Engagement zu verbergen. 24 % der Kläger und 28 % der Beklagten lassen im Termin Betroffenheit und Emotionalität erkennen. Es scheint, als gelinge die Definition der sozialen Situation "Gerichtsverhandlung" den nicht-professionellen Verfahrensbeteiligten besser als die Definition entscheidungserheblicher Argumente. Die Definition der sozialen Situation "Gerichtsverhandlung" erscheint somit als notwendige, jedoch nicht hinreichende Bedingung für die erfolgreiche Definition entscheidungserheblicher Argumente, also adäquater Kommunikationsinhalte. Die richterliche Entscheidungsfindung weist in der Perzeption der Parteien deutlich stärker die Grundzüge einer undefinierten sozialen Situation[19] auf als die Situation "Teilnahme an einer Gerichtsverhandlung".

Die Vorbereitung der professionellen Verfahrensbeteiligten wurde, soweit beobachtbar, in die Kategorien "sehr gut", "informiert" und "wenig" trichotomisiert. Der Einsatz der Beobachter variierte unabhängig von den Sitzungstagen der einzelnen Dezernenten, so daß Verzerrungen auf Grund subjektiver Präferenzen ausgeschaltet werden können. Es ist nun ein Gemeinplatz in der Rechtssoziologie, daß die richterliche Vorbereitung nicht eindimensional gemessen werden kann:

Gilt Prozeßrationalisierung als zuvörderst anzustrebendes Ziel, so kommt einer soliden entscheidungsorientierten Vorbereitung sicherlich höheres Gewicht zu als der u.U. zeitaufwendigeren Vorbereitung eines Vergleichsgesprächs. Steht Konfliktlösung im Vordergrund, so kann eine entscheidungsorientierte Prozeßvorbereitung, vielleicht noch kombiniert mit einem schneidigen Auftreten des Richters, einer umfassenden Konfliktlösung ggf. hinderlich sein. Diesem Dilemma versuchten wir zu entgehen, indem wir die juristische Vorbereitung des Richters in den Vordergrund stellten, wobei wir uns von der Überlegung leiten ließen, daß ein erfolgversprechendes Vergleichsgespräch nicht zuletzt von der Kenntnis der Sach- und Rechtslage abhängig ist. Ein richterlicher Vergleichsvorschlag, der der objektiven Sach- und Rechtslage und der Perzeption der Parteien allzu augenfällig nicht entspricht, provoziert Ablehnung und Verhärtung der Fronten. Die univariate Verteilung der Ausprägungen der Variablen "richterliche Prozeßvorbereitung" indiziert zunächst nur, daß die Beobachter über den Verdacht, eine "Diffamierungssoziologie"[20] zu betreiben, erhaben sind:

Tabelle 4.3

Richterliche Prozeßvorbereitung (in %; n = 443)

Sehr gut vorbereitet	27 %
informiert	55 %
wenig vorbereitet	2 %
nicht beobachtbar	16 %

Obwohl es nicht Aufgabe der Untersuchung war, eine Bewertung der richterlichen Prozeßführung vorzunehmen, eine en detail Bewertung der einzelnen Dezernenten auf Grund der niedrigen Fallzahl ohnehin nicht möglich ist, lassen sich doch einige Aussagen treffen, die die Bedeutung der Richtervarianz erahnen lassen. Die Quote der sehr guten richterlichen Prozeßvorbereitung variierte zwischen 12 % und 59 % bei allen beobachteten Verfahren, zwischen 17 % und 62 % bei allen Verfahren, bei denen die Vorbereitung substantiell codiert worden war. Auf die vier Dezernenten, die die höchste Quote sehr guter Vorbereitung erzielen, entfallen 51 % aller beobachteten Verfahren, jedoch 69 % aller sehr gut vorbereiteten Termine. Auf die drei Dezernten mit der niedrigsten Quote "sehr gut vorbereiteter" Termine entfallen immerhin 38 % aller beobachteten Termine, jedoch nur 19 % aller sehr gut vorbereiteten Termine. Auf denjenigen Dezernenten, der die höchste Quote "sehr gut vorbereiteter" Termine aufweist, entfallen nur 14 % aller beobachteten Termine, jedoch 28 % aller Termine, bei denen die Beobachter den Eindruck sehr guter Vorbereitung gewonnen hatten. Auf einen Richter, auf den nur 12 % aller beobachteter Termine entfallen, entfallen immerhin 32 % aller Termine, in denen die richterliche Vorbereitung nicht festgestellt werden konnte. Um es noch einmal zu wiederholen, diese Angaben sollen lediglich die Variation in der richterlichen Prozeßökonomie verdeutlichen und die Bedeutung der Richtervarianz unterstreichen, Schlüsse wie "Richter X ist regelmäßig hektisch" oder "Richter Y ist am besten vorbereitet" sind nicht nur auf der Basis der geringen Fallzahlen je Dezernat nicht zulässig, wenn auch die oben referierten Ergebnisse von der Verteilung individueller Präferenzen der Beobachter unabhängig sind. Es hieße auch die Bedeutung der mündlichen Verhandlung in Zivilsachen zu überschätzen, schlösse man aus der Terminsvorbereitung auf die Qualität richterlicher Tätigkeit: Wie schon ausgeführt, garantiert eine sorgfältige Vorbereitung der mündlichen Verhandlung nicht eine optimale Entscheidung und vice versa.

Ein ähnlich eindrucksvolles Bild von der breiten Streuung richterlicher Prozeßökonomie vermittelt die Verteilung der tatsächlichen Dauer der mündlichen Verhandlungen über die acht Dezernate:

Tabelle 4.4

Dezernat	Tatsächliche Dauer des Termins (n = 403)*						
	unter 5'	6-15'	16-30'	31-45'	45-60'	60'	%
Richter A	53	21	10	7	9	0	100
Richter B	27	43	14	4	9	2	99
Richter C	72	15	10	3	0	0	100
Richter D	33	33	11	8	6	10	101
Richter E	37	37	20	4	0	2	100
Richter F	55	26	11	4	4	0	100
Richter G	39	41	6	9	4	2	101
Richter H	54	19	15	4	0	8	100
%	46	30	12	5	4	3	100

Diese Tabelle sagt nicht viel über die individuellen Variationen in der Prozeßökonomie aus, wohl jedoch über die Relevanz von Variationen. Der Anteil aller Termine, die weniger als 5 Minuten beanspruchen, variiert zwischen 27 % und 72 %, gemessen an der Zahl aller je Dezernent beobachteten Termine. Der Anteil aller Verfahren, die bis zu 15 Minuten beanspruchen, variiert zwischen 66 % und 87 %. Der Verteilung dieser Tabelle entspricht weitgehend die subjektive Einschätzung der individuellen Prozeßökonomie des Richters durch die Beobachter: Einem Beobachter, der die gesamte Feldphase hindurch Termine aller Dezernenten beobachtete, gelang es immerhin, auf Grund der derart verschlüsselten Tabelle sechs der acht Dezernenten eindeutig zu identifizieren. Zusammenfassend läßt sich feststellen, daß die Persönlichkeit des Richters auch auf eine periphere Variable, wie es die Terminsgestaltung bezüglich der Verhandlungsdauer ist, einen signifikanten Einfluß ausübt.

*Die Differenz zur Gesamtzahl von 443 beobachteten mündlichen Terminen ergibt sich zum einen aus der Nichtberücksichtigung der Termine, die in der während des Erhebungszeitraums aufgelösten Abteilung von wechselnden Dezernenten betreut wurden, zum anderen aus der Nichtberücksichtigung der Termine, in denen irrtümlich die tatsächliche Dauer des Termins nicht codiert wurde.

Neben den Richtern zählen die Anwälte zu den professionellen Verfahrensbeteiligten. Wie bei den Richtern, so wurde auch bei den Anwälten die Qualität der Terminsvorbereitung mit der gleichen Skala codiert. Die univariate Verteilung zeigt eine breitere Streuung der Qualität der Terminsvorbereitung, als bei den Richtern konstatierbar ist.

Tabelle 4.5

Anwaltliche Terminsvorbereitung (n = 663)

Sehr gut vorbereitet	11 %
informiert	63 %
wenig vorbereitet	8 %
Vorbereitung nicht beobachtbar	18 %

Die Basis von 663 Fällen resultiert aus der variierenden Konstellation anwaltlicher Präsenz im Termin. Bezüglich der Verteilung auf Kläger- oder Beklagtenanwalt ergibt sich eine Differenz nur insofern, als die Vorbereitung des Klägeranwalts signifikant häufiger nicht beobachtbar ist. Dies ist jedoch leicht erklärlich dadurch, daß bei Versäumnisurteilen, die ein anwaltlich vertretener Kläger gegen einen nicht erschienenen Beklagten erwirkt, die anwaltliche Vorbereitung regelmäßig nicht bestimmbar ist. Bereinigt man die Verteilung von diesem Einfluß, so sind keine überzufälligen Variationen feststellbar.

Die plausible Hypothese, die Qualität anwaltlicher Terminsvorbereitung, und damit auch: anwaltlicher Prozeßvertretung, variiere in Abhängigkeit von der Höhe der zu erwartenden Gebühren, wurde von uns überprüft, indem wir den in der Aktenanalyse ermittelten Streitwert, nach dem sich die Höhe der anwaltlichen Gebühren bemißt, mit der Variable "anwaltliche Terminsvorbereitung" kreuzten. Die Ergebnisse konnten unsere Hypothese nicht bestätigen: Es ergab sich kein signifikanter Zusammenhang zwischen der Qualität anwaltlicher Vorbereitung und der Höhe des Streitwerts und damit der zu erwartenden Gebühren. Sowohl die Verteilung der sehr gut vorbereiteten Termine als auch die Verteilung der wenig vorbereiteten Termine näherte sich, bezogen auf die Verteilung der Streitwerte, einer Gleichverteilung. Die Qualität der anwaltlichen Terminsvorbereitung ist demnach zwar nicht so homogen wie die Qualität richterlicher Terminsvorbereitung, sie variiert jedoch nicht in Abhängigkeit vom Streitwert. Zwei Interpretationen sind jedoch nicht ausgeschlossen: wir können nicht überprüfen, ob die Streitwertgrenze am Amtsgericht zu niedrig liegt, um eine signifikante Variation in der Terminsvorbereitung in Abhängigkeit vom Streitwert erkennen zu lassen. Möglicherweise würde eine Untersuchung vor dem Landgericht mit einer wesentlich größeren Spannweite der Streitwerte und damit der Anwaltshonorare zu anderen Ergebnissen führen. Darüber hinaus kann selbstverständlich nicht beurteilt werden, inwieweit die Höhe des Streitwerts und damit des Honorars die Bereitschaft von Anwälten beeinflußt, im vorprozessualen Bereich einen Rechtsstreit abzuwehren. Hierzu bedürfte es einer Untersuchung der außergerichtlichen Tätigkeit von Rechtsanwälten[21]. Ohne zusätzliches empirisches Material kann über die Ambivalenz der vor- und außerprozessualen anwaltlichen Tätigkeit auch nur tentativ nicht geurteilt werden[22].

Über Gegenstand und Verlauf mündlicher Vergleichsverhandlungen wird in Kap. 7 berichtet. Bei einer abschließenden Betrachtung der Ergebnisse der Feldbeobachtung läßt es sich nicht vermeiden festzustellen, daß die Ergebnisse der Terminsbeobachtungen dem enormen kapazitären Aufwand nicht entsprochen haben. Die Ursachen sind nur zu einem Teil in Insuffizienzen der Erhebungsinstrumente zu suchen. Daß die Ergebnisse der Feldbeobachtung in vieler Hinsicht unbefriedigend blieben, ist weitgehend auch der durchaus zu Recht beklagten Denaturierung der mündlichen Verhandlung in Zivilsachen zuzuschreiben. Anders als in Strafverhandlungen, in denen zumindest die Anklageschrift zu Beginn der Verhandlung verlesen wird, ist das Informationsgefälle zwischen Verfahrensbeteiligten und Beobachtern im Zivilprozeß oft so groß, daß noch so intensive Schulung die Kluft nicht zu schließen vermag. Eine systematische Beobachtung mündlicher Verhandlungen in Zivilsachen erscheint nach unseren Erfahrungen nur dann möglich, wenn die Zahl der zu erhebenden Variablen drastisch beschränkt wird. Daß dies nur beschränkt möglich sein wird, ist dem Verfasser bewußt: Auch der von uns eingesetzte Erhebungsbogen enthielt Variablen, die über andere Erhebungsverfahren besser hätten erhoben werden können. Doch waren wir, wie eingangs erwähnt, gezwungen, auch diese Variablen im Rahmen der Feldbeobachtung zu erheben, weil der Zugang zu den Gerichtsakten nicht von vornherein sichergestellt war. Dies mindert natürlich die Konzentration auf die Erhebung derjenigen Variablen, die eben nur im Termin erhoben werden können. Die Selektivität des Zugangs zum Forschungsfeld (oder zumindest deren Antizipation) hat uns bisweilen nur schwer vertretbare Kompromisse aufgenötigt.

Anmerkungen

(1) Vgl. etwa: Gerd Winter/K. F. Schumann, Sozialisation und Legitimierung des Rechts im Strafverfahren, zugleich ein Beitrag zur Frage des rechtlichen Gehörs, in: Zur Effektivität des Rechts, Jahrbuch für Rechtssoziologie und Rechtstheorie, Band III, Düsseldorf 1972, S. 129 - 553; Peter Boy/Rüdiger Lautmann, Die forensische Kommunikationssituation - soziologische Probleme, in: Rudolf Wassermann (Hrsg.), Menschen vor Gericht, Neuwied/Darmstadt 1979, S. 41 - 67.

(2) Zur Auswahl von Entscheidungsalternativen siehe ausführlich: Rüdiger Lautmann, Justiz - die stille Gewalt. Teilnehmende Beobachtung und entscheidungssoziologische Analyse. Frankfurt a. M. 1972, insbesondere Kap. 5/6. Allgemein: Josef Esser, Vorverständnis und Methodenwahl in der Rechtsfindung, Frankfurt a. M. 1970.

(3) Vgl. hierzu auch Rainer Hegenbarth/Wolfgang Hutmacher, Methodische Probleme bei der Beobachtung verbaler Interaktion in Zivilprozessen. Manuskript Bochum/Schönwald 1980.

(4) Siehe hierzu auch Rainer Hegenbarth/Regine Scholz, Konfliktlösung ohne Kommunikation: Die Organisation der Sprachlosigkeit in Zivilprozessen, in : Informationsbrief für Rechtssoziologie 15, April 1979, S. 68 - 118, vgl. auch Kap. 6.

(5) Siehe dazu die Materialien im Anhang von Hegenbarth/Hutmacher 1980, a.a.O. (Anm. 3).

(6) Das Diktum von der Denaturierung der mündlichen Verhandlung in Zivilsachen ist bereits ein Gemeinplatz geworden: Bei der Begutachtung des Projektantrags befand es der Gutachter nicht für erforderlich, Nachweise zu führen.

(7) Man vergleiche hierzu Jürgen Habermas, Strukturwandel der Öffentlichkeit. Neuwied/Berlin 1962.
Die einschlägige Kommentarliteratur zu §169 GVG erweist sich zu diesem Problem als wenig erhellend und auf Gemeinplätze beschränkt, soweit nicht nur der Gesetzestext abgedruckt ist. Rechtsprechungsmaterialien finden sich bei: H. Rudolf Kissel, Gerichtsverfassungsgesetz, Kommentar, 1. Aufl., München 1981, § 169, Rdnr. 3.

(8) Siehe Friedrich Arntzen, Vernehmungspsychologie, München 1978.

(9) Vgl. Rolf Bender/Susanne Röder/Arnim Nack, Tatsachenfeststellung vor Gericht, 2 Bde., München 1981.

(10) Instruktive Beispiele hierzu bei Lautmann, a.a.O. (Anm. 2).

(11) So scheint die Tendenz durch die Bedeutung von Abhängigkeiten, die sich durch ein Arbeitsverhältnis ergeben, für die Beurteilung der Glaubwürdigkeit der Zeugenaussagen zu minimieren, was die Erfolgschancen korporativer Akteure u.U. im gleichen Ausmaß positiv beeinflußt wie Prozeßerfahrung. Vgl. dazu auch Rolf Bender/Rolf Schumacher, Erfolgsbarrieren vor Gericht. Eine Empirische Untersuchung zur Chancengleichheit im Zivilprozeß, Tübingen 1980.Über ein Fallbeispiel berichten: Peter Brauweiler/Burkhard Wörfel, Programmierte Fehlentscheidungen? Alltagstheorien, Richterherkunft und die Konsequenzen im Strafproß, in: Zeitschrift für Rechtssoziologie, 3, 1982, S. 120 - 140.

(12) Klaus F. Röhl, Der Vergleich im Zivilprozeß - Eine Alternative zum Urteil?, in: Alternative Rechtsformen und Alternative zum Recht. Jahrbuch für Rechtssoziologie und Rechtstheorie, Band VI, Opladen 1980, S. 279 - 316, hier: S. 282.

(13) Die Prozentuierungsbasis der Kategorien der Variablen "Unterbrechung des Parteivortrags" ist n = 144, bezogen somit auf alle Verhandlungen, in denen anwesende nicht-professionelle Verfahrensbeteiligte zu Wort kamen.

(14) Hartmann in: Baumbach/Lauterbach/Albers/Hartmann, Zivilprozeßordnung mit Gerichtsverfassungsgesetz und anderen Nebengesetzen. Kommentar. 40. Aufl., München 1982, § 278, Anm. 1)B.

(15) Ebd., Anm. 3. Allerdings läßt dieser Kommentar eher Aufschlüsse über die Sorgfalt der Bearbeitung zu als über die Bedeutung der hier kommentierten Rechtsnorm. Daß es sich bei § 278 I ZPO um eine "Soll-Vorschrift" handelt, "weil die gesetzlich vorgeschriebenen Ausführungen der Parteien unter Umständen den weiteren Gang des Prozesses erschweren könnten", hat wenig mit historischer Auslegung zu tun, sondern ist reine Spekulation auf Stammtischniveau. Dies ändert leider nichts an der sozialen Wirksamkeit einer derartigen "Kommentierung": Der in Rede stehende Kommentar ist immer noch auf den Regalen der Praktiker häufiger vorzufinden als jeder andere ZPO-Kommentar.

(16) Ebd., § 278, Anm. 5) C

(17) Thomas/Putzo, Zivilprozeßordnung mit Nebengesetzen. Kommentar. 9. neubearbeitete Aufl., München 1977, § 278, Anm. 3 a.

(18) Rudolf Wassermann (in: Der soziale Zivilprozeß. Zur Theorie und Praxis des Zivilprozesses im sozialen Rechtsstaat, Neuwied/Darmstadt 1978) geht sogar so weit, in diesem Zusammenhang die Luhmannsche Konzeption des Gerichtsverfahrens als Anachronismus zu verwerfen: Siehe ebd., S. 136 und passim.

(19) Dies mit allen Konsequenzen für die Strategien zur Bewältigung dieser Situation. Vgl. hierzu Hartmut Esser, Interaktionsstrategien in nicht-definierten Situationen, in: Kölner Zeitschrift für Soziologie und Sozialpsychologie, 28, 1976, S. 690 - 705.

(20) Helmut Schelsky (in: Soziologiekritische Bemerkungen zu gewissen Tendenzen von Rechtssoziologen, in: Zur Effektivität des Rechts, Jahrbuch für Rechtssoziologie und Rechtstheorie, Band III. Düsseldorf 1972, S. 603 - 611) hat diesen Begriff geprägt und hat seither keine noch so unpassende Gelegenheit ausgelassen, diesen Vorwurf zu wiederholen. Angesichts der Seriosität eines Autors, der mißliebige Autoren zur "Figur" entmenschlicht, mit irrealen Konditionalsätzen über den jüdischen Emigranten Plessner ausführt, Plessner habe nur seine jüdische Abkunft daran gehindert, fanatischer Nationalist (gemeint ist aber: Nationalsozialist) zu sein und der in voller Authentizität nachweist, der 1969 verstorbene Adorno habe mit Arnold Gehlen in den sechziger und siebziger Jahren geselligen Kontakt gepflegt, verböte sich für seriöse Wissenschaftler eine Stellungnahme, hätte Schelsky nicht sein Etikett von der Diffamierungssoziologie so erfolgreich durchgesetzt.

(21) Dies fordert jüngstens Rolf Kniffka, Chancenungleichheit durch Informationsgefälle im Zivilprozeß, in: Zeitschrift für Rechtspolitik, 7/1981, S. 166-171.

(22) Auch Kniffka übersieht (vgl. ebd.), daß die außergerichtliche Schlichtungstätigkeit von Anwälten gelegentlich allein der Entlastung des Anwalts dienen kann, was gegenüber dem Klienten einer Rechtsverweigerung gleichkommen kann. Vgl. hierzu auch: Klaus F.Röhl/ Wolfgang Hutmacher, Der gerichtliche Vergleich in zivilrechtlichen Streitigkeiten. Projektstudie über Möglichkeiten der weiteren empirischen Erforschung, hektogr. Ms. Bochum 1982, S. 119 - 128.

Gudrun Rackoll

5. Schriftliche Befragung korporativer Akteure

5.1. Zur Durchführung der Befragung

In Interviews sollten die Parteien zu Wort kommen und aus ihrer Sicht über das Prozeßgeschehen berichten und es bewerten. Dabei mußte aus verschiedenen Gründen eine Differenzierung zwischen privaten Prozeßbeteiligten einerseits sowie korporativen Akteuren andererseits vorgenommen werden:

- Für private Prozeßbeteiligte ist ein Prozeß in der Regel ein einmaliges herausragendes Ereignis, dem oft ein längerer Konflikt zugrunde liegt. Diese Situation wird für private Prozeßbeteiligte durch Verhaltensunsicherheiten verstärkt, die sich auf das situational und strategisch adäquate Auftreten im Gerichtsverfahren beziehen. Die Einhaltung von Fristen, der Gang zum Rechtsanwalt, der Antrag auf Unterstützung (z.B. Armenrecht) markieren Barrieren und Defizite, die sich für den Prozeßunerfahrenen nachteilig auswirken[1].
- Korporative Akteure hingegen können wir als prozeßerfahrene Parteien ansehen. Sie verfügen als 'Vielfachprozessierer', wie Galanter[2] zeigt, über einen beträchtlichen Informationsvorsprung gegenüber 'Einmalprozessierern', der darin besteht, daß bestimmte Prozeßsituationen sich immer wiederholen, vorhandene Rechtsabteilungen mit ihrem Spezialwissen einem Allgemeinanwalt überlegen sind, das Risiko sich auf viele Prozesse verteilt und Niederlagen somit ausgeglichen werden können.

Bei der zum Teil erheblichen Anzahl von Prozessen, die größere Organisationen führen, konnten wir daher keine Information über einen bestimmten Rechtsstreit erwarten. Gerade der prozeßökonomische und strategische Vorteil korporativer Akteure, die routinehafte Delegation der Rechtsverfolgung, verhindert in der Regel die Individuierbarkeit des einzelnen Rechtsstreits. Schuldbeitreibung dürfte spätestens ab dem Zeitpunkt der gerichtlichen Verfolgung mehr oder weniger anonym gegen X oder Y ohne Berücksichtigung der persönlichen Umstände betrieben werden. Daher bot sich an, eine schriftliche Befragung durchzuführen, die Auskunft über Umfang, Gegner, Gründe, Strategien und Ziele der Prozeßtätigkeit im allgemeinen geben sollte. Für dieses Vorgehen sprachen auch folgende Erwägungen:

- Man kann bei denjenigen Fragen eine größere Genauigkeit erzielen, bei denen der Befragte darauf angewiesen ist, auf eigene 'Unterlagen' zurückzugreifen. Die Antworten in unserer Befragung, insbesondere was den Umfang der Prozeßtätigkeit anbelangt, lassen darauf schließen, daß zum Teil sehr genau recherchiert wurde.
- Der Geschäftssitz der in unserem Sample vertretenen Firmen liegt zu einem großen Teil außerhalb Bochums und war somit aus Kostengründen für persönliche Interviews nicht erreichbar.

Ausgangsgröße für die schriftliche Befragung waren alle als Organisationen erkennbaren Prozeßbeteiligten, die die Aktenanalyse als Prozeßpartei in unserer Auswahl auswies. Da viele Firmen während des Untersuchungszeitraums mehrfach vor dem Amtsgericht Bochum prozessierten, reduzierte sich die Zahl der Adressaten auf n = 153. Allerdings wurde auf die Einbeziehung von Versicherungen verzichtet. Hierzu hätte ein weiterer Fragebogen mit versicherungspezifischen Fragen entwickelt werden müssen. An die verbliebenen 153 Firmen wurde der Fragebogen mit einem frankierten Rückumschlag verschickt. Hinzu kam ein Begleitschreiben, welches über die Ziele der Untersuchung informierte, die Auswahl erklärte, auf die Bedeutung der Rücksendung verwies sowie Anonymität zusicherte. Im Abstand von ca. drei Wochen folgte ein Erinnerungsschreiben ähnlichen Inhalts. Als ungünstig erwies sich, daß die Befragung im Mai/Juni, also gerade zu Beginn der Ferienzeit, durchgeführt wurde. Die personelle Besetzung des Projekts ließ jedoch keine zeitliche Verschiebung zu. Insgesamt wurden 60 Bögen (39 %) zurückgeschickt, von denen drei als völlig unbrauchbar ausgesondert werden mußten; sie waren nur zur Hälfte und darüber hinaus widersprüchlich ausgefüllt worden. Auch bei den verbliebenen 57 Bögen gab es einige Widersprüche, auf die im einzelnen noch eingegangen werden soll. Darüber hinaus lehnten neun Firmen die Teilnahme an der Untersuchung explizit ab, und zwar wegen der in ihren Augen zu weitgehenden Fragen zur wirtschaftlichen Struktur der Unternehmen, aus organisatorischen Gründen (Urlaub, Umstellungen innerhalb des Unternehmens), weil man die Fragen in dem speziellen Fall für nicht zutreffend hielt, weil man glaubte, keinen Amtsgerichtsprozeß geführt zu haben oder aus offen ausgesprochenem Desinteresse an der Untersuchung. Die geringe Fallzahl, fehlende Repräsentativität und Inhomogenität des Respondentenkreises begrenzen den Aussagewert dieser Befragung. Dennoch halten wir die Darstellung der Ergebnisse für gerechtfertigt, fehlt es doch in der bisherigen Literatur auch an vorläufigen und tentativen Daten zur Prozeßökonomie und zum Prozeßverhalten korporativer Akteure.

5.2. Erhebungsinstrument

Der Fragebogen beginnt mit statistischen Kopfdaten, die Auskunft über Rechtsform und Branche des Unternehmens, Zahl der Beschäftigten sowie Höhe des Jahresumsatzes geben sollen und der näheren Beschreibung der befragten Unternehmen dienen.

Tabelle 5.1

Rechtsform und Branche

Rechtsform		
GmbH	23	40 %
Einzelunternehmen	11	19 %
KG	7	12 %
AG und KGaG	7	12 %
Sonstige	9	16 %
Branche		
Einzelhandel	11	19 %
Handwerk	11	19 %
Großhandel	7	12 %
Grundstücksverwaltung und Vermietung	7	12 %
Industrie	5	9 %
Sonstige	16	29 %

Bezüglich der Branchenverteilung der Respondenten zeigen sich keine bemerkenswerten Unterschiede zur Verteilung in der Gesamtauswahl, doch verbieten sich hier inferenzstatistische Tests.

Tabelle 5.2

Anzahl der Beschäftigten am 1.1.1980

	absolut	%	kumuliert
0 - 9	14	25	25
10 - 19	9	16	41
20 - 49	9	16	57
50 - 99	4	7	64
100 - 499	6	11	75
500 - 999	9	16	91
1000 und mehr	5	9	100
keine Angabe	1	2	100
	n = 57	100	100

Auffallend ist hier, daß kleine und mittlere Unternehmen das Gros der Justizklientel vor dem Amtsgericht ausmachen.

Tabelle 5.3

Jahresumsatz*

	absolut	%	kumuliert
unter 0,5 Mio	5	9	9
0,5 - 1 Mio	8	14	25
1 - 10 Mio	18	32	59
10 - 50 Mio	5	9	68
50 - 100 Mio	6	11	79
100 - 500 Mio	7	12	93
über 500 Mio	4	7	100
keine Angaben	4	7	100
	n = 57	100	100

Auch hier zeigt sich die Dominanz der Klein- und Mittelbetriebe. Über die Hälfte (59 %) der Respondenten gibt einen Jahresumsatz von bis zu 10 Mio. DM an.

*Anm.: Durch einen Schreibfehler fehlte in dieser Frage die Kategorie 10 - 50 Mio. Jahresumsatz, was jedoch von den Firmen richtig erkannt wurde, denn die Betroffenen setzten ihr Kreuzchen zwischen die betreffenden Zeilen.

An die Kopfdaten anschließend wurde der Umfang der Prozeßtätigkeit von Firmen im Laufe eines Jahres erhoben. Dabei interessierte uns besonders der Weg in das Gerichtsverfahren: Wird das Gerichtsverfahren über das Mahnverfahren eingeleitet? Wie hoch ist der Anteil der Streitfälle, die dann tatsächlich zur Klage führen?

Tabelle 5.4

Zahl der im Jahre 1979 beantragten Mahnbescheide

Zahl der beantragten MB	Respondenten absolut	%	kumuliert	Zahl der insgesamt	Mahnbescheide in %
0 - 9	22	39	39	63	0.05
10 - 99	17	30	68	528	0.43
100 - 999	11	19	88	3485	2.85
über 1000	7	12	100	118.177	96.66
	n = 57	100	100	122.253	

Die Hälfte der in unserem Fragebogen vertretenen Firmen beantragt weniger als 20 Mahnbescheide pro Jahr. Auffallend ist hier die breite Streuung der Antworten: unter den 7 Firmen mit jährlich über 1000 Mahnbescheiden befinden sich zwei Firmen mit 24000 bzw. 80000 Mahnbescheiden.

Tabelle 5.5

Zahl der 1979 geführten Amtsgerichtsprozesse

Zahl der geführten AG-Prozesse	Respondenten absolut	%	kumuliert	Zahl der geführten AG-Prozesse insgesamt	in %
0	2	4	4	?	0.00
1 - 4	20	35	39	38	0.44
5 - 49	22	39	77	397	4.60
über 50	13	23	100	8196	94.96
	n = 57	100	100	8631	100.00

Insgesamt gaben sechs Firmen an, keinen Prozeß geführt zu haben. Da unsere Auswahl sich jedoch aus Beteiligten an einem Amtsgerichtsprozeß rekrutierte, kann diese Antwort nicht zutreffen.

Tabelle 5.6

Zahl der 1979 geführten Landgerichtsprozesse

	Respondenten absolut	%	kumuliert	Zahl der geführten Landgerichtsprozesse insgesamt	in %
0	22	39	39	-	0.00
1 - 4	18	31	70	30	5.22
5 - 49	6	11	81	36	6.28
über 50	11	19	100	508	88.50
	n = 57	100	100	574	

Beim Vergleich der Tabellen fällt auf, daß der überwiegende Anteil der Verfahren, an denen Firmen beteiligt sind, bereits im Mahnverfahren erledigt wird. Dies scheint für Firmen ein sehr effektives und zeitsparendes Instrumentarium der Schuldbeitreibung zu sein[3)].

Obwohl die schmale Basis unserer Daten zur Vorsicht mahnt, fällt auf, daß, wie die letzten beiden Spalten der oben dargestellten Tabellen ausweisen, die Kluft zwischen Gelegenheits- und Vielfachprozessierern sich mit steigender Qualifikation des Verfahrens - und mit steigenden Ansprüchen an Mobilität und qualifizierter Prozeßvertretung - verringert. Während für Mahnverfahren, die am Geschäftssitz des Gläubigers geführt werden, eine Minderheit von Antragstellern fast 97 % der Verfahren einleitet, verringert sich dieser Anteil über 95 % beim Amtsgericht (Verfahren am Sitz des Schuldners; keine Prozeßvertretung, insbesondere keine durch einen ortsansässigen Rechtsanwalt erforderlich) auf 88 % beim Landgericht (Verfahren am Sitz des Schuldners; Prozeßvertretung durch im LG-Bereich zugelassenen Rechtsanwalt erforderlich). Die Effektivität des Mahnverfahrens mag die unterschiedliche Verteilung bei Mahn- und Erkenntnisverfahren erklären, sie erklärt nicht den Abstand zwischen AG- und LG-Verfahren.

Über den tatsächlichen Prozeßerfolg von Firmen und Organisationen können wir an dieser Stelle keine Aussagen treffen. Die Frage nach dem Erfolg wäre nur sinnvoll zu stellen gewesen, wenn die Antworten fallbezogen und somit mit Aktenanalyse und Prozeßbeobachtung vergleichbar gewesen wären.

Tabelle 5.7

Die Parteirollen korporativer Akteure

Kläger vor dem Amtsgericht

	absolut	%	kumuliert
0	7	12	12
1	11	19	32
2 - 9	14	25	56
über 10	25	44	100
	n = 57	100	100

Beklagter vor dem Amtsgericht

	absolut	%	kumuliert
0	28	49	49
1	13	23	77
2 - 9	11	19	91
über 10	5	9	100
	n = 57	100	100

Kläger vor dem Landgericht

	absolut	%	kumuliert
0	28	49	49
1	10	18	67
2 - 9	12	21	88
über 10	7	12	100
	n = 57	100	100

Beklagter vor dem Landgericht

	absolut	%	kumuliert
0	39	68	68
1	8	14	83
2 - 9	7	12	94
über 10	3	5	100
	n = 57	100	100

Unsere Zahlen bestätigen die Tendenz, daß korporative Akteure in der Regel auf der Klägerseite erscheinen, obwohl wegen der geringen Fallzahl der Interpretation Grenzen gesetzt sind. Danach waren 44 % der Firmen häufiger als zehnmal Kläger vor dem Amtsgericht und 33 % häufiger als zweimal Kläger vor dem Landgericht. Hingegen gaben knapp 50 % an, gar nicht als Beklagte vor dem Amtsgericht und 68 % nicht als Beklagte vor dem Landgericht erschienen zu sein.

Tabelle 5.8

Korporative Akteure als Kläger vor dem Amtsgericht:

	Status des Prozeßgegners		
	Privat	Firma	beides gleich stark vertreten
0	(2)	(4)	(1)
1	(4)	(5)	(2)
2 - 9	(8)	(2)	(4)
über 10	(14)	(7)	(4)
	28	18	11

Die Verbindung mit dem Status des Prozeßgegners zeigt ebenfalls, daß in unserer Auswahl die Konstellation 'Firma gegen Privat' überwog. Da knapp die Hälfte der befragten Firmen angab, nicht als Beklagte vor dem Amtsgericht erschienen zu sein, kann die Frage, von wem der Prozeß angestrengt wurde, nicht sinnvoll beantwortet werden.

Für Landgerichtsprozesse zeichnen sich ähnliche Tendenzen ab, wie sie für das Amtsgericht beschrieben wurden, allerdings sind auch hier die Zellenbesetzungen sehr niedrig.

Betrachtet man nun die Intensität der Geschäftsbeziehungen vor Beginn des Prozesses, so zeigt sich, daß 56 % der Befragten in erster Linie gegen einmalige Geschäftspartner prozessieren.

Tabelle 5.9

Kontakte zum Prozeßgegner

	absolut	%
einmalige Geschäftspartner	32	56
wiederholte Geschäftspartner	14	25
beides etwa gleich stark vertreten	10	17
keine Angaben	1	2
	n = 57	100

In 3/4 der Fälle ziehen die gerichtlichen Auseinandersetzungen dann auch konsequenterweise den Abbruch der Geschäftsbeziehungen nach sich.

Tabelle 5.10

Fortsetzung der Geschäftsbeziehungen

	absolut	%
ja	13	23
nein	29	51
nur bis zur endgültigen Abwicklung des Streitfalles	15	26
	n = 57	100

Mit 'faulen Kunden' will man offenbar nicht wieder ins Geschäft kommen, auch wenn man sich im Vorfeld der gerichtlichen Auseinandersetzung um die Kontaktaufnahme mit dem Gegner bemüht: Die Kontaktaufnahme scheint jedoch - kaum verwunderlich - zumindest bei einmaligen Geschäftspartnern eher der effizienteren Beitreibung von Außenständen als der Pflege einer bestehenden Geschäftsbeziehung zu dienen.

Ist es in Ihrer Firma üblich, mit dem Gegner persönlich Kontakt aufzunehmen, um vielleicht so eine außergerichtliche Lösung herbeizuführen?

Tabelle 5.11

Vorgerichtliche Kontaktaufnahme mit dem Gegner

	absolut	%
ja	48	84
nein	9	16
	n = 57	100

Die Strategie der Prozeßtätigkeit von Firmen und Organisationen läßt sich grob auf drei unterschiedlichen Ebenen beschreiben:

- Auf der betrieblichen Ebene wird zunächst in Form von Mahnungen auf die Geldforderung hingewiesen. Die Hälfte der befragten Firmen (49 %) gab an, dies über eine eigene Mahnabteilung abzuwickeln und wiederum zur Hälfte (27 %) automatisch über die Datenverarbeitung. Nach ein bis drei erfolglosen Mahnungen leiten 75 % der Befragten weitere Schritte zur Durchsetzung ihrer Forderungen ein. (Die Angabe eines Respondenten, daß er 30 Zahlungserinnerungen schreibe, muß stark angezweifelt werden). Dabei geben 50 % der Firmen dem Gegner bis zu 4 Wochen und weitere 25 % bis zu acht Wochen Zeit, die Außenstände zu begleichen.

- Nach diversen erfolglosen Mahnungen setzt nun auf der Expertenebene die Verrechtlichung des Konflikts ein. Dabei zeigt sich, daß Firmen und Organisationen über eine relativ gute strategische Ausgangsposition verfügen. So halten

30 % der Firmen durch eine Rechtsschutzversicherung ihr finanzielles Risiko gering. Mit der Zahl der beantragten Mahnbescheide und der geführten Prozesse steigt auch signifikant die Zahl der Unternehmen, die über eine eigene Rechtsabteilung verfügen. Das trifft auf genau 1/3 der Respondenten zu. Die dort tätigen Juristen haben sich auf die besonderen Belange des jeweiligen Unternehmens spezialisiert und sind dabei in der Regel einem Allgemeinanwalt überlegen. Lediglich 17 % der befragten Firmen unterhalten keinerlei Dauerbeziehungen zu einem Rechtsanwalt. Die anwaltliche Tätigkeit läßt sich nach Beratung und Prozeßführung unterscheiden. Danach nimmt der Anwalt bei Firmen mit einer geringeren Zahl von beantragten Mahnbescheiden und Prozessen eher beratende Funktionen wahr. Mit der Zunahme der Streitfälle verschiebt sich sein Tätigkeitsbereich in Richtung Prozeßführung.

- Grundsätzlich schalten 39 % der befragten Firmen einen Rechtsanwalt ein, 28 % nur bei unklarer Sach- und/oder Rechtslage, und 33 % lediglich in Ausnahmefällen. Als relativ unbedeutend für das Vorgehen bei gerichtlichen Auseinandersetzungen muß man wohl die Stellung des Fachverbandes bzw. der Berufsorganisationen ansehen: Lediglich 25 % der Befragten wenden sich in Streitfällen an eine derartige Organisation. Zusammenfassend kann man feststellen, daß Unternehmen konfliktstarke Parteien in einem Zivilprozeß sind: Es können umfangreiche Rechtskenntnisse vorausgesetzt werden, der Verfahrensablauf ist bekannt und der Zugang zum Gericht somit unproblematisch.

- Bei Gericht lassen Unternehmen und Organisationen sich zu 80 % durch einen Juristen vertreten, und zwar zu 61 % durch einen Rechtsanwalt und zu 19 % durch einen Vertreter der Rechtsabteilung. Der Prozeßvertreter ist mit weitgehenden Kompetenzen ausgestattet. Nur in einem Fall war der Vertreter der Firma nicht ermächtigt, einem Vergleich zuzustimmen und in drei Fällen durften Vergleiche nur unter Widerrufsvorbehalt abgeschlossen werden. 10 % der

Firmen gaben an, unter Widerrufsvorbehalt abgeschlossene Vergleiche widerrufen zu haben. Daß Firmen die Vergleichsbemühungen der Gerichte nur widerstrebend akzeptieren, belegen einige Kommentare auf den Fragebögen. Dort zeigt sich ein Respondent der Einrichtung von Schiedsstellen gegenüber aufgeschlossen, "wenn es nicht dazu führt, daß alles durch Vergleich erledigt wird, wie es in zunehmendem Maße Praxis der Gerichte wird". An anderer Stelle bedauert ein Unternehmen, "daß die Gerichte die bestehenden Möglichkeiten zur Vereinfachung nicht nutzen. Fast sämtliche Amtsgerichte erteilen keine Versäumnisurteile ohne mündliche Verhandlung. Verspätetes Vorbringen wird meistens nicht zurückgewiesen. Widersprüche werden auch dann angenommen, wenn der Schuldner nur um Ratenzahlungen bittet", oder noch deutlicher: "Wenn man gewinnt, sind einem die Kosten (leider) egal". Hier kann man die These Blankenburgs[4)], daß die Gerichte Dienstleistungsfunktionen für die Wirtschaft ausüben, umkehren und zu dem Schluß kommen, daß die Wirtschaft mehr Dienstleistungen von den Gerichten erwartet und diesen vorhält, sie gingen zu sehr auf die Belange des Beklagten ein. Sollte es sich hierbei nicht nur um vereinzelte Meinungsäußerungen, sondern um eine verbreitete Einstellung der Wirtschaftsunternehmen zum Zivilprozeß handeln, so können weitergehende Reformvorstellungen des Gesetzgebers auf erhebliche Widerstände stoßen.

Die Nutzung vorhandener Alternativeinrichtungen, die Einstellung zu neu zu schaffenden Organen im Vorfeld der Zivilgerichtsbarkeit, sowie die Bewertung der derzeitigen Arbeit der Gerichte bildeten den letzten Komplex der Unternehmensbefragung. Danach haben 21 % der befragten Firmen schon einmal Streitfälle durch Schiedsgerichte klären lassen. Von den 77 % der Firmen, die bisher keine derartigen Erfahrungen haben, zeigten jedoch 45 % Bereitschaft, Streitfälle auch durch Schiedsgerichte klären zu lassen. Bei der Einstellung zur Einrichtung branchenspezifischer Schlichtungsstellen war die Meinung sehr geteilt: 53 % befürworteten entsprechende Einrichtungen, 42 % lehnten diese ab.

Die Bewertungsskalen zur Objektivität und Vorhersehbarkeit der Entscheidung, sowie zum angemessenen Zeit- und Kostenaufwand lassen kaum differenzierte Schlüsse zu. Im allgemeinen scheinen die Firmen jedoch mit der Arbeit der Gerichte zufrieden zu sein. Die Objektivität der Entscheidung wurde zu 3/4 mit "gut" bis "befriedigend" bewertet, ebenso zu 2/3 die Vorhersehbarkeit, der Zeitaufwand erhielt zu 1/3 die Note "ausreichend" und somit die schlechteste Bewertung, der Kostenaufwand wurde zu 46 % wiederum mit "gut" bis "befriedigend" angesehen. Allerdings zeigten sich die Firmen, die die Arbeit der Gerichte weniger günstig beurteilten, auch nicht besonders aufgeschlossen gegenüber alternativen Konfliktregelungsmöglichkeiten.

5.3. Zusammenfassung

In unserer Auswahl dominieren die Klein- und Mittelbetriebe; allerdings haben die wenigen großen Organisationen (rund 20 %) die Ergebnisse stark beeinflußt. Entsprechend der Wirtschaftsstruktur der befragten Unternehmen werden vorwiegend Geldforderungen aus Kaufverträgen geltend gemacht, gefolgt von Ansprüchen aus Miet- und Dienstverträgen. Der größte Teil dieser Forderungen erledigt sich bereits im Mahnverfahren, für Firmen ein offenbar recht effektives Instrument.
Im Zivilprozeß treten Firmen überwiegend als Kläger gegen private Beklagte auf. Dabei zeigt sich, daß sie als 'Vielfachprozessierer' gegenüber 'Einmalprozessierern' wesentliche Vorteile haben: Sie verfügen über genaue Kenntnisse des Verfahrensablaufs und werden durch Juristen - sowohl der Rechtsabteilungen als auch Rechtsanwälte - fachkundig unterstützt. Dadurch sind sie auch in der Lage, aussichtslos erscheinende Prozesse weitgehend zu vermeiden. Kommt es jedoch zu einem Prozeß, so meistens gegen einen einmaligen Geschäftspartner. Mit der endgültigen Abwicklung des Verfahrens enden dann auch in der Regel die Geschäftsbeziehungen. Firmen betrachten sich selbst als überwiegend erfolgreich vor Gericht. Dementsprechend zeigen sie sich auch mit der

Arbeit der Gerichte weitgehend zufrieden und stehen der Einrichtung alternativer Institutionen zur Beilegung von Streitigkeiten nur bedingt positiv gegenüber.

Anmerkungen

1) Siehe dabei die Beiträge in: Rechtsbedürfnis und Rechtshilfe. Empirische Ansätze im internationalen Vergleich. Jahrbuch für Rechtssoziologie und Rechtstheorie, Band V, Opladen 1978.

2) Siehe Marc Galanter, Why the "Haves" Come out Ahead: Speculations on the Limits of Social Change, in: Law and Society Review 9, 1974, S. 95-160.

3) Siehe dazu Klaus F. Röhl, The German Payment Order as an Alternative for Debt Collecting. Ms. Bochum/Madison, Wisc. 1980.

4) Erhard Blankenburg, Der Anteil gerichtlicher Verfahren bei der Austragung sozialer Konflikte, in: Zur Soziologie des Gerichtsverfahrens. Jahrbuch für Rechtssoziologie und Rechtstheorie, Band IV, Opladen 1976, S. 84-97, hier S. 92.

Rainer Hegenbarth

6. Die Kommunikation vor Gericht

Es ist überflüssig zu sagen, daß das Gerichtsverfahren ein sprachlicher Kommunikationsprozeß ist. Der Rechtsfall, über den das Gericht zu entscheiden hat, wird durch den Vortrag und die Anträge der Parteien konstituiert. Selbst der erstinstanzliche Richter hat nur selten eine eigene Anschauung der Situation und ist daher auf die sprachlich vermittelten und gefilterten Eindrücke der Parteien und Zeugen angewiesen. Wenn man von den (seltenen) Ortsbesichtigungen und den nur informationsergänzenden Fotografien und Skizzen absieht, die die Parteien in den Prozeß einbringen, besteht der "Stoff" eines Rechtsfalls aus (unterschiedlichen) sprachlichen Darstellungen sprachlicher und nicht-sprachlicher Ereignisse. Von diesem genannten sprachlichen Material wiederum ist nur dasjenige rechtlich verwertbar, das in Schriftform kondensiert in die Prozeßakte Eingang gefunden hat, sei es als Schriftsatz oder als Terminsprotokoll. Angesichts der Bedeutung, der der Schriftlichkeit schon von Gesetzes wegen (vgl. z.B. §§ 253, 275, 276, 159 ff. ZPO), aber auch der Praxis nach zukommt, fragt sich, warum § 128 Abs.1 ZPO für den Regelfall eine mündliche Verhandlung vorschreibt. Das Gesetz gibt auf diese Frage keine Antwort. Sucht man in der Literatur nach Begründungen, dann überwiegen Deutungen, die darauf abstellen, daß das Mündlichkeitsprinzip die Prozeßführung effizienter mache. Die mündliche Verhandlung dient danach dazu, die Information des Gerichts zu verbessern und das Verfahren zu straffen. Sie ist damit ein Mittel zur schnellen und richtigen Prozeßerledigung[1]. Im Gefolge der Diskussion um mehr "Bürgernähe" werden die Vorzüge der mündlichen Verhandlung nunmehr auch unter dem Gesichtspunkt der "Bürgerfreundlichkeit" beleuchtet[2]. Auf eine kurze Formel gebracht, soll die mündliche Verhandlung den Parteien Gelegenheit zu einem persönlichen Gespräch mit dem Richter geben. Dies dient dazu, die Nachteile von Parteien auszugleichen, die sich schriftlich schlecht artikulieren können, soll aber auch darüber hinaus ganz allgemein dem Rechtsuchenden das Gefühl vermitteln, wichtig genommen und verstanden zu werden.

Ob diese weitgespannten Ziele in der Praxis erreicht werden, ist umstritten. Jedem Juristen ist das Schlagwort von der "Denaturierung der mündlichen Verhandlung" geläufig. Es wird beklagt, daß die mündliche Verhandlung bei Gericht zu selten stattfinde[3]. Nach anderer Auffassung ist diese Kritik überholt, weil sich die Justiz längst gewandelt habe.

> "Frappierend sind die Fortschritte insbesondere im Zivilprozeß, der lange als Domäne der Schreibjustiz galt. Die Forderung nach einem Rechtsgespräch hat das Bild des schweigenden Richters überwunden und ebenso den Typ des monologisierenden Richters in Mißkredit gebracht, für den die Gerichtsverhandlung eine Szene ist, auf der er seine Rolle spielt, zu der ihm die anderen Verfahrensbeteiligten nur die Stichwörter reichen dürfen. ... Der Übergang zu dieser weitgefächerten Kommunikation hat den Typus der mündlichen Verhandlung schon heute gründlich verändert, mindestens aber anders akzentuiert. Die mündliche Verhandlung, die bisher auf dem Papier stand und oft kaum mehr als ein schemenhaftes Ritual war, in dem Prozeßbevollmächtigte statt zu verhandeln lediglich auf Schriftstücke Bezug nahmen, wird auf diese Weise tatsächlich zum Kernstück des gesamten Verfahrens, ähnlich wie das im Strafprozeß bei der strafgerichtlichen Hauptverhandlung der Fall ist"[4].

Aufgabe einer empirischen Untersuchung ist es, Daten zu sammeln, an denen sich derartige Behauptungen überprüfen lassen. Die dafür eingesetzten Erhebungsinstrumente wurden bereits in Kap. 4 vorgestellt, mit Ausnahme des Interaktiogramms, das im folgenden erläutert wird.

6.1 Erläuterung des Interaktiogramms

Mit diesem Meßinstrument läßt sich erheben, wer wie oft mit wem gesprochen hat. Wir haben ein in der Kleingruppenforschung gebräuchliches Instrument zugrundegelegt und für unsere Zwecke weiterentwickelt. Die Position der Beteiligten (Richter, Kläger, Klägeranwalt, Beklagter, Beklagtenanwalt, Zeuge) entspricht der Sitzordnung im Gerichtssaal aus der Sicht des Zuschauers. Auf der Linie R——A werden Äußerungen des Richters aufgezeichnet, die an alle gerichtet sind, etwa die Frage "Können wir jetzt anfangen?". Theoretisch ist es denkbar, daß auch die übrigen Verfahrensbeteiligten Äußerungen an alle richten. Praktisch kommt dies jedoch nicht vor. Da die Verfahrensleitung beim Richter liegt, werden z.B.

Verfahrensvorschläge, die alle betreffen ("Können wir nicht einen neuen Termin machen?"), an ihn gerichtet oder direkt an den Gegner, wenn dessen Zustimmung erforderlich ist. Die Feststellung des intendierten Äußerungsempfängers war im allgemeinen sehr einfach, da die Beteiligten soweit auseinander sitzen, daß sich aus der Kopfdrehung und Blickrichtung leicht erschließen ließ, wer angesprochen werden sollte. Probleme tauchten lediglich auf, wenn alle Beteiligten dicht beieinanderstanden und dann auch noch gleichzeitig redeten. Dies kommt etwa in Verhandlungen von Verkehrsunfällen vor, wenn die Beteiligten gemeinsam Fotografien betrachten, die auf dem Richtertisch liegen. Da diese Phasen sehr kurz sind, lassen sie sich aber noch festhalten. Ausfälle, die darauf beruhten, daß der Beobachter dem Geschehen nicht mehr folgen konnte, traten nur selten auf. So findet sich auf einem Notationsbogen, der vom Beobachter nicht weiter ausgefüllt werden konnte, der Vermerk "keine geregelte Verhandlung, jedoch kommen alle Parteien ausführlich zu Wort". Im allgemeinen lassen die Richter jedoch nicht zu, daß aus der Gerichtsverhandlung eine Situation wird, in der alle durcheinanderreden. Eine Verhandlung, die völlig außer Kontrolle geraten wäre, haben wir nicht erlebt. Wir haben Zweifel, ob die regelmäßig sehr straffe Verhandlungsführung der Richter immer angemessen war, aber sie hat unsere Arbeit erleichtert.

Erläuterungsbedürftig ist noch die Linie R———P. Auf dieser Linie wurden die Äußerungen des Richters notiert, die er zu Protokoll gab. Meist sprach er in ein Diktiergerät. Bisweilen war aber auch eine Protokollführerin anwesend, die das Protokoll sogleich tippte. Wir haben uns vom Festhalten der Protokollierungsaktivitäten keine Erkenntnisse versprochen. Bei der Addition aller Richteraktivitäten wurden sie auch nicht berücksichtigt. Der Grund für die Notierung war ein rein praktischer. Der Beobachter sollte gezwungen werden, alle sprachlichen Aktivitäten aufzuzeichnen. Wenn man die Protokollierung davon ausnimmt, besteht die Gefahr, daß der Beobachter sich einen Augenblick lang entspannt zurücklehnt und dann den Moment verpaßt, in dem die Verhandlung weitergeht.

Meßeinheit ist der einzelne Redebeitrag. Er endet, wenn der Sprecher von sich aus aufhört oder unterbrochen wird. Setzt er dann von neuem an, ergibt dies eine zweite Notierung. Die Länge des einzelnen Beitrags ist nicht berücksichtigt. Dadurch könnte es theoretisch zu einer Verzerrung in der Darstellung der Sprechanteile kommen. Wenn etwa eine Partei viermal eine kurze Bemerkung macht, die andere dagegen fünf Minuten lang ununterbrochen redet, dann würde die erstgenannte Partei mit vier Notierungen als sprechaktiver erscheinen als die andere, obwohl das Gegenteil der Fall ist. Ursprünglich hatten wir daher vorgesehen, die Äußerungen nach ihrer Dauer zu gewichten, was sich aber nach den Pretests als überflüssig herausstellte. Für die von uns beobachteten Verhandlungen ist es nämlich charakteristisch, daß die einzelnen Beiträge kurz sind. Die gesamte Zeugenvernehmung kann zwar eine längere Zeit in Anspruch nehmen. In diesem Zeitraum beantwortet der Zeuge aber eine Vielzahl von kurzen Einzelfragen oder er wird durch Zwischenfragen unterbrochen, so daß dieser hohe Sprechanteil auch durch die Vielzahl der Notationszeichen repräsentiert wird. Längere zusammenhängende Redebeiträge von Verfahrensbeteiligten, wie etwa die Anklageverlesung, die Plädoyers und das Schlußwort des Angeklagten im Strafverfahren, sind im Zivilprozeß nicht vorgesehen und kommen in den von uns beobachteten Verhandlungen auch nicht vor. Darauf wird bei der Auswertung der Ergebnisse noch zurückzukommen sein.

Der von uns verwendete Notationsbogen reicht für eine Sprechsituation aus, die wir als "volles Haus" bezeichnet haben: Ein Beweistermin, in dem ein Zeuge (oder Sachverständiger) gehört wird und bei dem beide Parteien persönlich erschienen und anwaltlich vertreten sind. Dieser Bogen wurde auch verwendet, wenn nicht alle Prozeßrollen besetzt waren. Wenn beispielsweise ein Erörterungstermin beobachtet wurde, zu dem nur der Klägeranwalt und der Beklagte erschienen waren, wurden zur besseren Orientierung zunächst die Positionen KA und B eingekreist. Dann wurde die Kommunikation der Beteiligten auf den vorgesehenen Linien aufgezeichnet, wobei der übrige Teil des Bogens entsprechend leer blieb.

In Beweisterminen haben wir für eine Verhandlung mehrere Erhebungsbögen verwendet: Den ersten für die Verhandlung bis zum Aufruf des Zeugen, den zweiten für die Zeugenvernehmung, und je einen neuen für jeden weiteren Zeugen. Wenn sich an die Vernehmung noch eine Erörterung über das Ergebnis der Beweisaufnahme anschloß, dann wurde auch hierfür ein gesonderter Bogen verwendet. Diese Vorgehensweise hat den Vorteil, daß einzelne Phasen der Verhandlung gesondert untersucht werden können. Sie ist aber auch aus praktischen Gründen ratsam, da in einem längeren Beweistermin so viele Redebeiträge anfallen, daß sie auf einem Bogen nicht untergebracht werden können. Für die Endauswertung, die auf der Basis der gesamten Verhandlung erfolgte, wurden die Eintragungen aller Blätter desselben Termins zusammengerechnet. Im folgenden sind einige Originalbögen abgedruckt. S. 126 - 129 enthalten die Aufzeichnung eines Beweistermins, bei dem beide Parteien mit ihren Anwälten anwesend sind. S. 130 gibt eine Aufzeichnung der Gerichtssituation wieder, die von uns am häufigsten beobachtet wurde: Eine Verhandlung ohne Beweisaufnahme, in der ein Anwalt gegen eine nicht vertretene Partei auftritt. In Terminen, in denen nur Anwälte anwesend waren, haben wir auf den Einsatz des Interaktiogramms verzichtet.

6.2. Auswertung der Ergebnisse

Die Darstellung erfolgt hier in Form von Kreisdiagrammen, die angeben, welchen Redeanteil die Prozeßbeteiligten im Durchschnitt aller Verhandlungen haben. Die mit Hilfe des Interaktiogramms beobachteten Termine lassen sich nach der Beteiligtenkonstellation in fünf Grundtypen einteilen, die nochmals in Beweistermine und Verhandlungstermine aufgegliedert werden können. Dadurch ergeben sich in manchen Fällen niedrige Besetzungszahlen. Dies muß jedoch in Kauf genommen werden, da eine stärkere Zusammenfassung der Heterogenität der Interaktionssituation "mündliche Verhandlung" nicht gerecht wird.

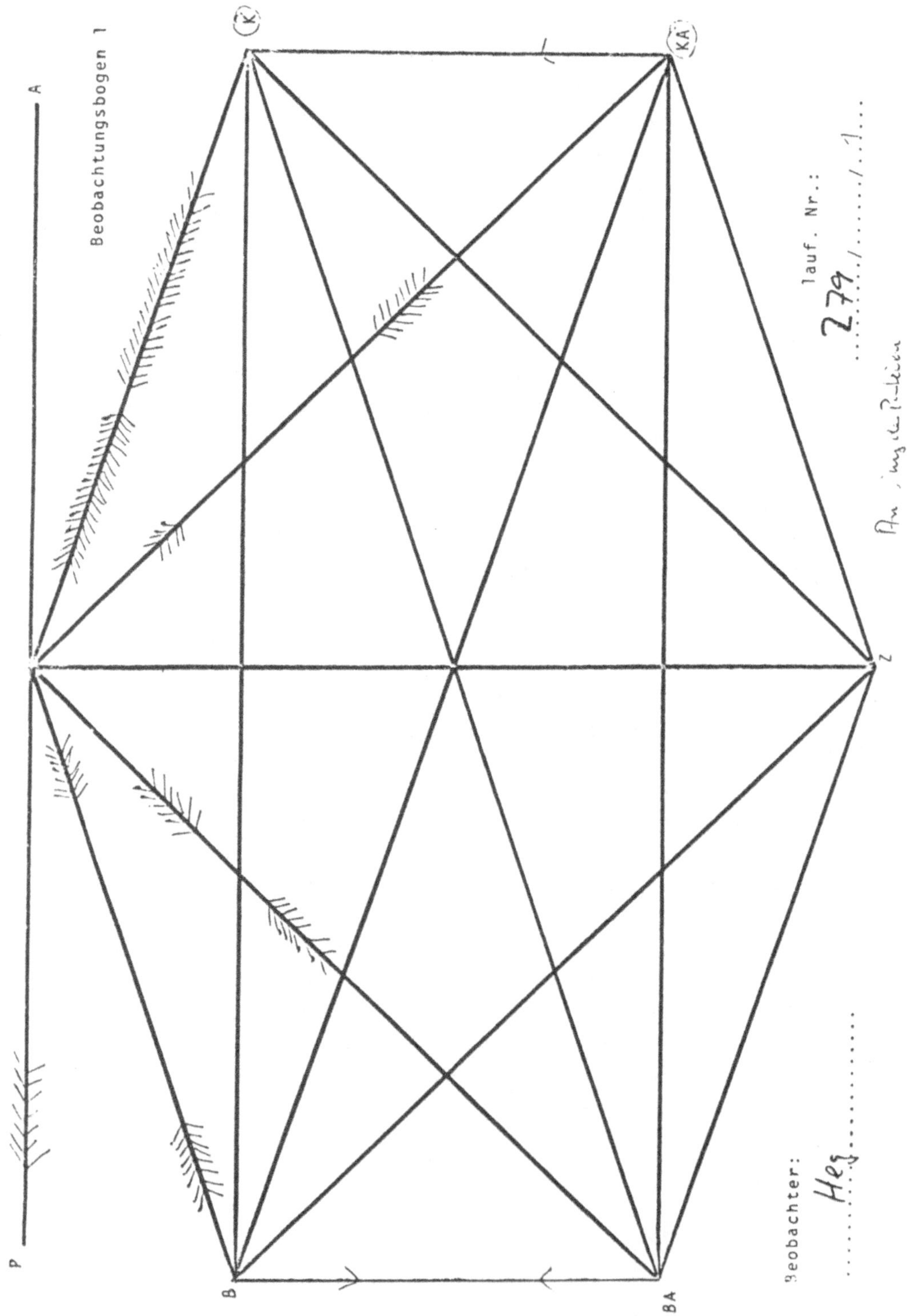
Beobachtungsbogen 1
A
P
K
KA
Z
B
BA
lauf. Nr.: 279
Beobachter: Heg

Beobachtungsbogen 1

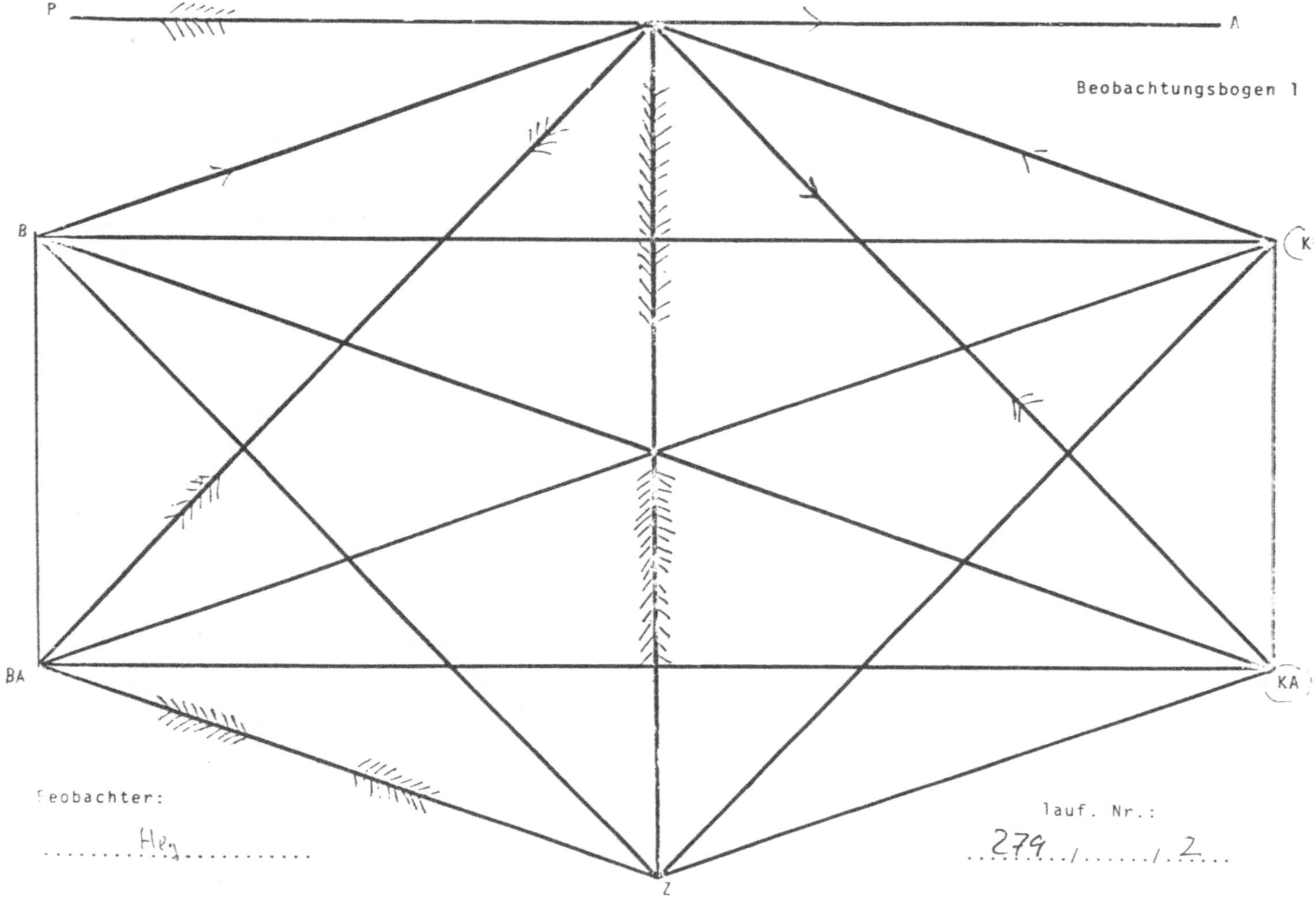

Beobachter: Hey

lauf. Nr.: 279 / / 2

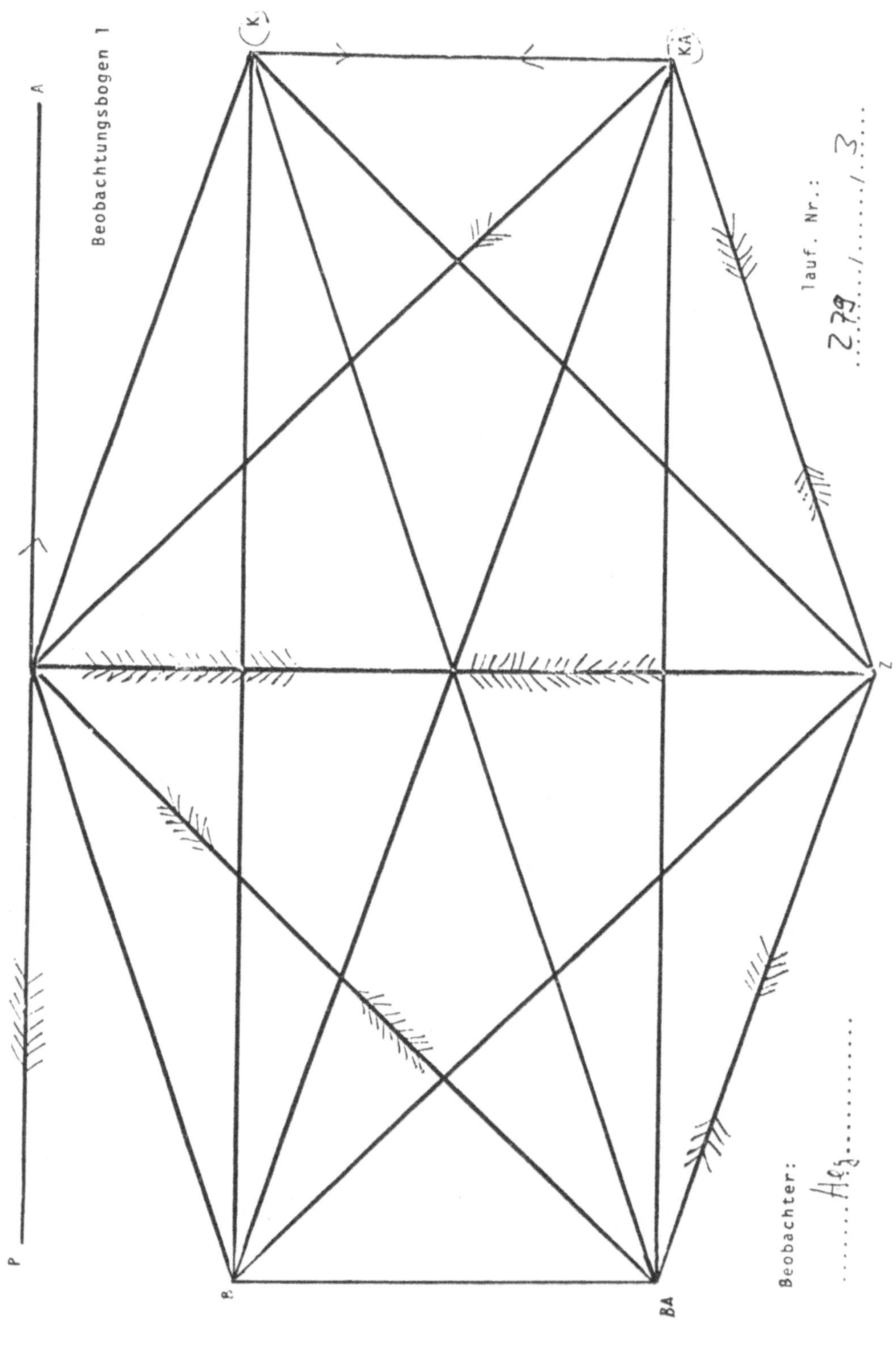
Beobachtungsbogen 1
A
P
K
KA
Z
B
BA
lauf. Nr.:
279 / / 3
Beobachter:

Beobachtungsbogen 1

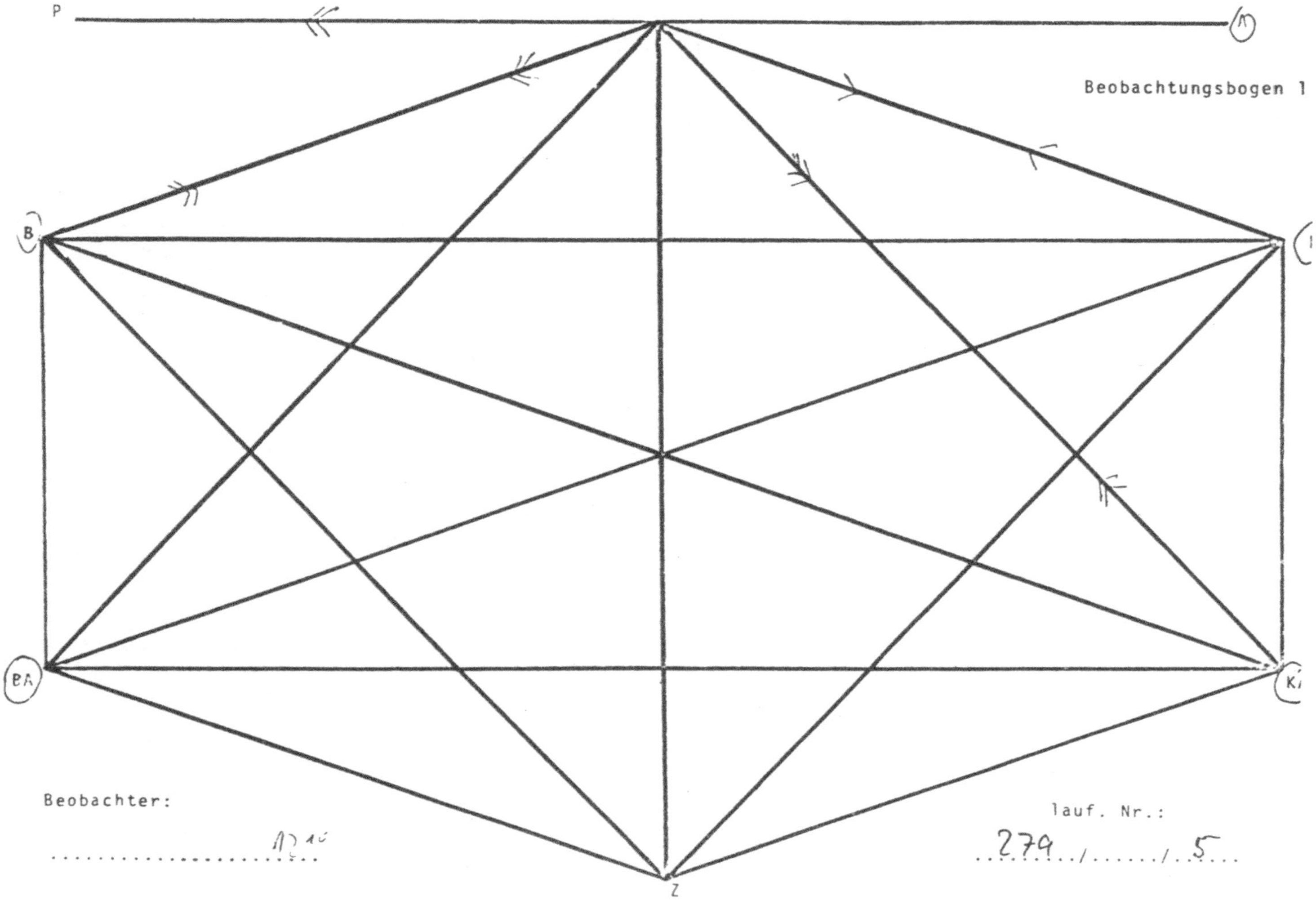

Beobachter:

lauf. Nr.: 279 / / 5

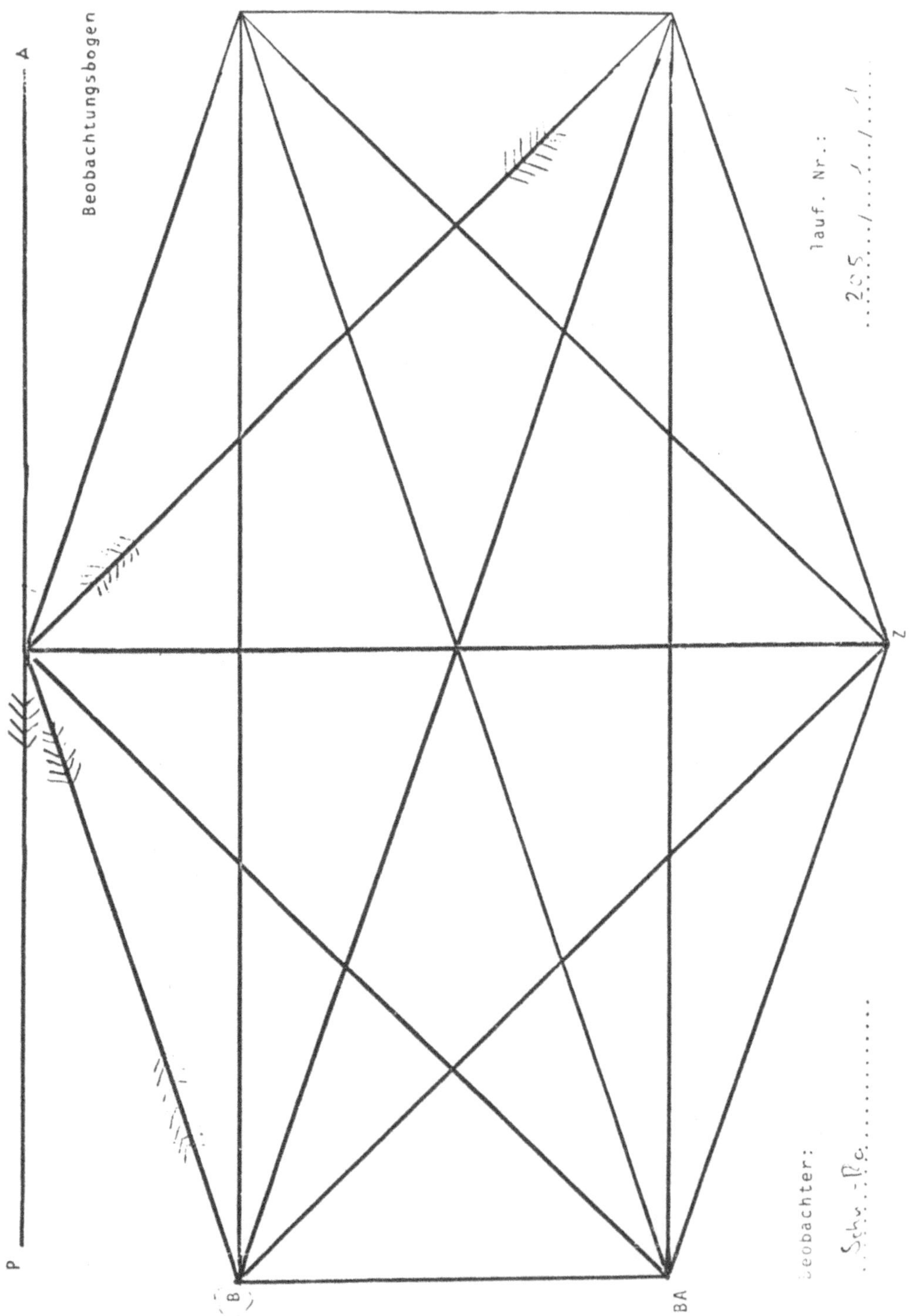
Beobachtungsbogen
P
A
B
BA
Z
lauf. Nr.:
Beobachter:

6.2.1. Situation 1: Beide Parteien persönlich anwesend und anwaltlich vertreten

6.2.1.1. Termine, in denen Beweis erhoben wurde

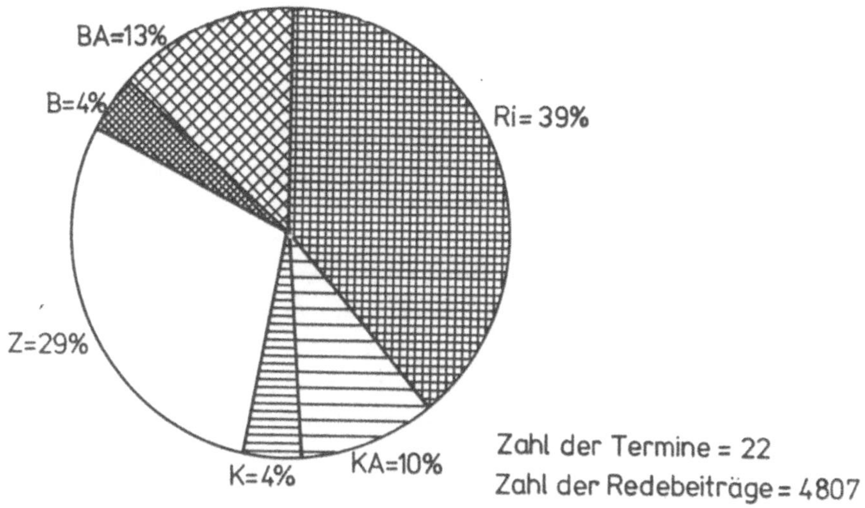

Auffällig ist zunächst der sehr hohe Sprechanteil des Richters. Der Richter hat wegen seiner Verhandlungsleitungspflicht ohnehin immer den höchsten Sprechanteil. Bei Beweisaufnahmen kommt hinzu, daß er die Zeugen vernimmt. Oft tut er das so erschöpfend, daß die übrigen Verfahrensbeteiligten von ihrem Recht, dem Zeugen weitere Fragen zu stellen, keinen Gebrauch machen. Von den Anwälten ist der Beklagtenanwalt aktiver als der Klägeranwalt. Man könnte dies darauf zurückführen, daß der Kläger den Prozeß bereits bei der Klagebegründung vollständig vorbereitet hat, während der Beklagtenanwalt seine Schriftsätze in der mündlichen Verhandlung ergänzen muß. Tatsächlich beruht der höhere Sprechanteil des Beklagtenanwalts aber überwiegend auf seiner umfangreicheren Beteiligung an der Zeugenvernehmung. In der Regel benennt der

Kläger die Zeugen, die dann bei der richterlichen Befragung meist auch das aussagen, was der Kläger von ihnen erwartet. In dieser Situation besteht für den Klägeranwalt kein Anlaß, sich einzuschalten, während der Beklagtenanwalt versuchen muß, die Aussagen des Zeugen in Zweifel zu ziehen. Dies geschieht allerdings nur dann, wenn dafür ein Ansatzpunkt besteht.

Die Sprechanteile der Parteien sind symmetrisch, aber sehr gering. Eine minimale Beteiligung der Parteien ist dadurch garantiert, daß sie bei der Feststellung der Erschienenen berücksichtigt werden müssen ("Sie sind der Kläger?" "Ja"). Zieht man derartige durch die Verfahrensordnung zwingend vorgeschriebene Sprechanteile ab, dann läßt sich sagen, daß den erschienenen Parteien kaum mehr als eine Zuschauerrolle zukommt. Nicht unerwähnt bleiben soll aber, daß die Parteien ihren Anwälten gelegentlich etwas ins Ohr flüstern. Wir haben diese Nebenkommunikation zwar in den Interaktiogrammen aufgezeichnet, aber nicht in die obige Darstellung aufgenommen. Diese leisen Bemerkungen zum eigenen Anwalt sind nicht für die übrigen Verfahrensbeteiligten gedacht und bleiben deshalb auf den Verhandlungsverlauf ohne Einfluß. Selbst wenn eine Partei ihren Anwalt zu intervenieren auffordert, bleibt es dessen Entscheidung überlassen, ob er der Bitte nachkommt. Da die Partei rechtlich nicht gehindert ist, anstelle ihres Anwalts das Wort zu ergreifen, muß ihre Nebenkommunikation als Ausdruck über Unsicherheit darüber gewertet werden, welche Aktivitätsrechte ihr zustehen und wie sie wahrzunehmen sind.

Die Beteiligung der Parteien ist bei den Beweisterminen besonders gering, weil sie sich kaum an der Zeugenbefragung beteiligen. Dies wird erkennbar, wenn man den Erhebungsbogen der Phase bis zum Aufruf des Zeugen mit den Erhebungsbögen vergleicht, auf denen die Zeugenvernehmung notiert wurde. Wenn überhaupt, dann kommt die Partei zu Anfang des Termines zu Wort, meist dadurch, daß der Richter Fragen an sie stellt.

Diese geringe Beteiligung an der Zeugenvernehmung ist zunächst erstaunlich, da die Parteien dezidierte Tatsachenansichten haben, mit denen die Zeugenaussagen zumindest für eine Partei wenig übereinstimmen. Unmutsgesten sind deshalb nicht selten. Eine Erklärung dafür, warum sich die Parteien an der Beweisaufnahme so wenig beteiligen, muß zunächst berücksichtigen, daß viele Menschen Hemmungen haben, in einer ungewohnten Situation von sich aus das Wort zu ergreifen. Eine Parteiaktivität beruht zumeist darauf, daß die Partei vom Richter gefragt oder vom Gegenanwalt angesprochen wird. Damit bestimmen die professionellen Verfahrensbeteiligten weitgehend über den Sprechanteil der erschienenen Parteien. Dies gilt auch für die Befragung der Zeugen. Zwar richtet sich die richterliche Frage "Noch Fragen an den Zeugen?" ihrem Inhalt nach an Anwalt und Partei, aber die Blickrichtung des Richters zeigt deutlich, daß der Anwalt gemeint ist. Man muß schon eine starke Natur sein, um sich darüber hinwegzusetzen. Auch die Anwälte betrachten die Zeugenvernehmung ersichtlich als ihre Domäne, in der sie ihre Kunstfertigkeit unter Beweis stellen können. Es mag sein, daß es für die professionellen Beteiligten gute Gründe dafür gibt, den Parteien keine aktivere Rolle einzuräumen. Eine unaufgeforderte Sprechaktivität der einen Partei reizt leicht die andere zu einer weiteren. Dies führt zu einer Verlängerung der Verhandlungsdauer, was besonders bei Beweisterminen unerwünscht ist, die ohnehin länger dauern. Es mag auch sein, daß die Anwälte zu Recht befürchten, daß ihre Mandanten durch ungeschickte Äußerungen die eigene Sache verderben könnten. Wir können dies nicht beurteilen, sondern lediglich konstatieren, daß sich derartige Vorbehalte auswirken.

Besonders bei Beweisterminen ist erkennbar, daß es den professionellen Beteiligten darauf ankommt, den Termin rasch "durchzuziehen". Ein wichtiges Mittel dafür ist eine rigide Fragetechnik. Der Zeuge erhält nicht etwa die Gelegenheit, im Zusammenhang zu berichten, sondern er wird mit einer Reihe knapper Fragen überzogen, die oft nur ein "ja" oder "nein" zulassen. Damit wird erreicht, daß der Zeuge nicht abschweifen kann und womöglich Dinge berichtet, die ihm als relevant erscheinen, aber nicht dem Gericht. Unerwünschte Verzögerungen lassen sich auch dadurch vermeiden, daß man die Parteien aus der Diskussion heraushält. In Konversationen hat jeder Sprecher die Möglichkeit, durch seine Äußerung den nächsten Sprecher auszuwählen[5]. Wenn die professionellen Beteiligten die Sprechanteile nur unter sich verteilen, muß sich die Partei regelrecht dazwischendrängen. Dies stößt vor allem dann auf Schwierigkeiten, wenn die Partei einen längeren Beitrag anbringen will. In alltäglichen Unterhaltungen werden längere Beiträge gewöhnlich angekündigt, sei es verbal ("Ich hab da was erlebt") oder nonverbal, z.B. durch tiefes Luftholen[6]. Damit will der Sprecher die anderen Konversationsteilnehmer um Erlaubnis für einen größeren Sprechanteil bitten und sich davor schützen, daß er seine Geschichte nicht zu Ende erzählen kann. Derartige alltägliche Handlungsschemata werden auch von den Parteien in der Verhandlung benutzt. Dies gibt den professionellen Beteiligten Gelegenheit, diese Ansätze zum Erzählen einer Geschichte im Keim zu ersticken oder auf das in ihrem Augen richtige Maß zurechtzustutzen ("Also darf ich dazu auch 'mal was sagen?" "Ja, aber kurz"). Folgen darauf längere Ausführungen, dann werden sie unterbrochen, wobei oft nicht auszumachen ist, ob für das plötzliche Verstummen der Partei der Unmut des Richters ursächlich ist oder das verborgene Ärmelzupfen des eigenen Anwalts. Setzt sich die Partei über die subtileren Mißfallenskundgebungen der professionellen Verfahrensbeteiligten hinweg, dann muß sie mit massiven Einwürfen rechnen ("Das interessiert hier nicht", "Das wissen wir schon", "Das steht schon in den Akten", "Nun ist es aber genug").

Die Wirksamkeit dieser Maßnahmen, die wir an anderer Stelle als "Die Organisation der Sprachlosigkeit in Zivilprozessen" bezeichnet haben[7], läßt sich äußerlich bereits daran ablesen, daß die Termine sehr kurz gehalten werden können (vgl. oben S. XX ff.). Voraussetzung dafür ist eine schnelle Abfolge knapper Äußerungen. Als Beobachter hatten wir teilweise Schwierigkeiten, die Notationszeichen so schell zu setzen, wie die Äußerungen aufeinander folgten. In einem der hier beschriebenen Beweistermine der Situation 1 haben wir in 43 min 520 Äußerungen gezählt. Rechnerisch entspricht dies einer durchschnittlichen Äußerungsdauer von 5 Sekunden. Dies ist allerdings kein exaktes Maß. Da die Protokolläußerungen des Richters nicht mitgezählt werden, liegt die tatsächliche Äußerungsdauer niedriger. Andererseits kommt es auch vor, daß teilweise zwei Personen gleichzeitig sprechen, was rechnerisch zu einer Halbierung der tatsächlichen Redezeit führt. Die kürzeste durchschnittliche Äußerungsdauer in einer Verhandlung der Situation 1, die 2,8 Sekunden betrug (384 Beiträge in 18 Minuten), ist wohl nur auf diese Weise zu erklären. Wenngleich also die rechnerische Äußerungslänge nicht verabsolutiert werden darf, so gibt allein schon die große Zahl von Äußerungen in einem kurzen Zeitraum einen deutlichen Hinweis darauf, daß unter Zeitdruck verhandelt wird.

6.2.1.2 Termine ohne Beweisaufnahme

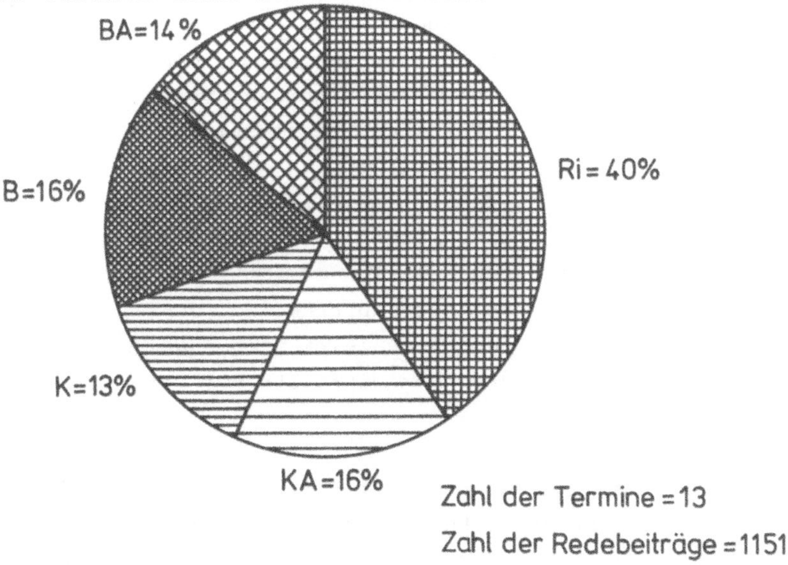

Der hohe Sprechanteil des Richters bleibt auch in den Erörterungsterminen erhalten. Die Redeanteile der übrigen Verfahrensbeteiligten sind aber nahezu gleich. Dieses Bild einer idealen Kommunikationssituation wird allerdings dadurch getrübt, daß die Termine kurz sind, zwischen 7 und 25 Minuten. Dies ist nicht viel, wenn die Redezeit auf fünf Beteiligte verteilt werden muß. Auch bezüglich der Äußerungsdauer finden sich erstaunliche Extreme. In der kürzesten Verhandlung von 7 Minuten haben wir 120 Redebeiträge gezählt, davon 61 des Richters. Von den Richteräußerungen waren 17 an den Kläger gerichtet, 5 an den Klägeranwalt, 20 an den Beklagten, 16 an den Beklagtenanwalt und 3 an alle. Es läßt sich sicher nicht sagen, daß der Richter die Parteien nicht in das Verfahren einbezogen hätte. Die Angesprochenen haben sich auch geäußert, der Kläger 15mal, der Beklagte 21mal. Gleichwohl stellen sich Zweifel ein, ob sie das Gefühl haben, daß diese 7 Minuten ihr Erscheinen im Termin gelohnt hätten.

6.2.24 Situation 2: Eine Partei ist nicht anwaltlich vertreten, die andere erscheint zusammen mit ihrem Anwalt

Wir haben 19 Termine mit dieser Konstellation beobachtet, davon 6 mit Beweisaufnahme. Diese geringe Fallzahl erlaubt keine weitreichenden Schlußfolgerungen. Gleichwohl sind die Ergebnisse vorsichtig interpretierbar, weil sie mit den übrigen Beobachtungsbefunden übereinstimmen.

Es bestätigt sich, daß bei anwaltlich vertretenen Parteien überwiegend der Anwalt spricht. Das Verhältnis der Redebeiträge der vertretenen Parteien zu dem ihrer Anwälte beträgt in den Terminen ohne Beweisaufnahme 1 : 1,5, in den Beweisterminen 1 : 2,5. Auch hier zeigt sich, daß der Anwalt in Beweisterminen stärker dominiert als bei Terminen ohne Beweisaufnahme.

Die interessanteste Frage bei der Situation 2 ist indes, ob die nicht vertretene Partei, die sich gegen die andere Partei und deren Anwalt zur Wehr setzen muß, ebenso zu Wort kommt wie die Gegenseite zusammen. Unsere Daten bestätigen die naheliegende Vermutung, daß die unvertretene Partei im Verhältnis zur Übermacht von Gegner und Anwalt benachteiligt ist, nicht. Der Sprechanteil der nicht vertretenen Parteien war mit insgesamt 360 Beiträgen ebenso groß wie der der Gegenseite zusammengenommen (126 + 240 = 366).

Dieses Ergebnis erklärt sich zum einen daraus, daß bereits die Prämisse, eine nicht vertretene Partei sei auch eine weniger durchsetzungsfähige Partei, in dieser Allgemeinheit nicht zutrifft. Unter den anwaltlich nicht vertretenen Parteien befinden sich beispielsweise Firmen und Versicherungen, die selbst rechtskundig sind. Auch wenn man nur die Privatpersonen betrachtet, bleibt das Bild heterogen. Wenngleich die typische unvertretene Partei auf der Beklagtenbank sitzt und eher der Unterschicht oder der unteren Mittelschicht angehört als den "oberen Schichten", so bedeutet dies nicht, daß diese Personen in jedem Falle verbal inaktiv wären. Dies gilt jedenfalls dann, wenn der Richter sie ausdrücklich zu einer Darstellung auffordert.

Ohnehin kann die Vermutung, eine anwaltlich nicht vertretene Partei werde sich in der mündlichen Verhandlung weniger beteiligen, nur für Beklagte eine gewisse Plausibilität beanspruchen. Wer ohne anwaltlichen Beistand zu klagen vermag, wird auch in der mündlichen Verhandlung keine unangebrachte Zurückhaltung zeigen. Schon von daher kann die Auswertung keine signifikanten Ergebnisse aufweisen, da nur 13 der 19 unvertretenen Parteien Beklagte sind. Aber auch die gesonderte Auswertung dieser 13 Verhandlungen bestätigt die Vermutung einer geringeren Sprachaktivität der nicht vertretenen Parteien nicht. Dies beruht darauf, daß die Richter durch ihr Frageverhalten dafür sorgen, daß die nichtvertretene Partei hinreichend zu Wort kommt. Sehr deutlich wird dies bei der Betrachtung der Situation 3.

6.2.3. Situation 3: Anwalt gegen nicht vertretene Partei

Die Situation 3 haben wir 42 mal beobachtet. Es handelt sich zumeist um einen Schuldbeitreibungsprozeß, in dem ein Anwalt gegen den nicht vertretenen Beklagten auftritt. Nur 6 der unvertretenen Parteien waren Kläger, davon 3 Firmen oder Versicherungen. Diese Verfahren kommen zumeist ohne Beweisaufnahme aus. Nur in 7 Terminen wurde ein Zeuge vernommen. In der Situation 3 ist die unvertretene Partei sprachlich deutlich aktiver als ihr professioneller Kontrahent.

Termine ohne Beweisaufnahme

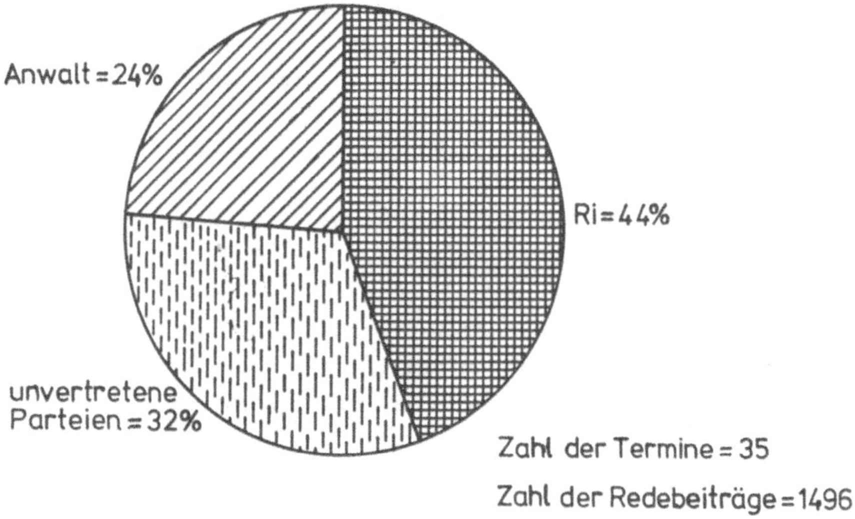

Auch bei den 7 Beweisterminen überwiegt der Sprechanteil der unvertretenen Partei gegenüber dem des Anwalts (Ri = 45 %; T = 33 %; P = 12 %; A = 9 %). Die höhere sprachliche Aktivität der unvertretenen Partei beruht teilweise darauf, daß es sich um Beklagte handelt, die sich bisher nicht zur Klage geäußert haben. Zwar wird den Beklagten mit den gebräuchlichen Formularen (z.B. ZP 12; ZP 212) aufgegeben, auf die Klage schriftlich zu erwidern. Dieser Aufforderung kommen jedoch viele nicht nach. Dabei spielt sicher die Scheu weniger gewandter Parteien eine Rolle, schriftliche Erklärungen zu verfassen[8]) oder zur Geschäftsstelle zu gehen. Nach ihren Äußerungen im Termin zu schließen, betrachten auch manche Parteien die Aufforderung, auf die Klage schriftlich zu erwidern, als ungerechtfertigte Zumutung. Hier herrscht offenbar die Vorstellung vor, man habe ein Recht darauf, sich nur mündlich dem Richter erklären zu müssen. Es mag allerdings auch sein, daß sich hinter dem scheinbar selbstbewußten Auftreten lediglich Schreibhemmungen verbergen, die der Betroffene nicht eingestehen will.

Auch wenn sich die unvertretene Partei bereits zur Klage geäußert hat, bedeutet dies nicht, daß der Vortrag vollständig wäre. Das Gericht muß sich daher in der mündlichen Verhandlung in der Regel mehr mit der unvertretenen Partei beschäftigen als mit dem professionellen Gegenüber, der den Prozeß besser vorbereitet hat. Hieraus erklärt sich der größere Sprechanteil der unvertretenen Partei.

6.2.4. Situation 4: Beide Parteien sind anwaltlich vertreten, eine Partei ist erschienen, die andere nicht

6.2.4.1. Beweistermine:

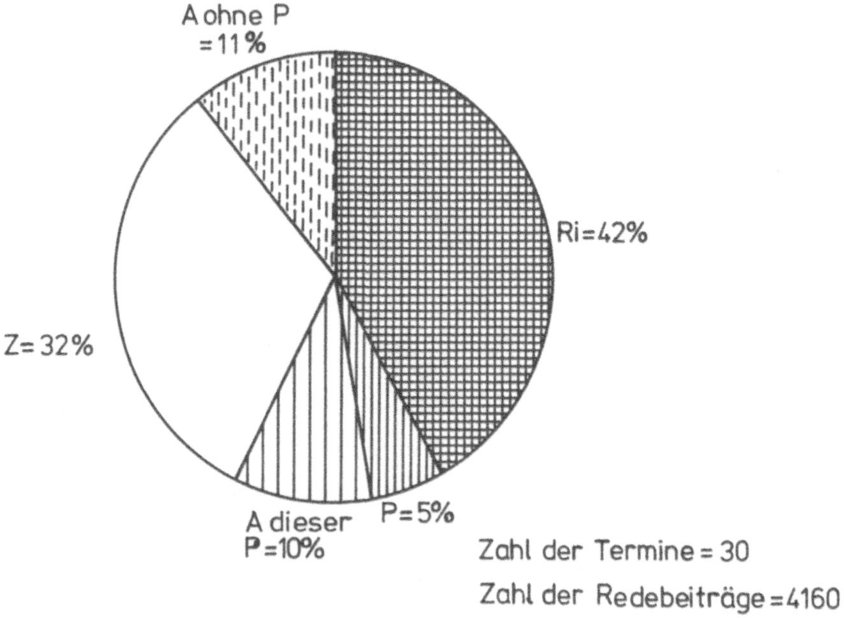

Auch hier bestätigt sich wieder, daß Beweistermine eine Domäne der Anwälte sind. Der Sprechanteil der erschienenen Partei ist nur unwesentlich höher als in Situation 1, obwohl die Redezeit nicht auf sechs, sondern nur auf fünf Rollenträger verteilt werden muß. Im Vorgriff auf die gesonderte Auswertung zur Richtervariation (6.2.6.), soll bereits hier erwähnt werden, daß der Sprechanteil der Parteien erstaunliche Extreme aufweist. Von den 30 Parteien haben sich 15 überhaupt nicht oder nur bis zu 3 mal geäußert. Alle 5 Spitzenwerte (zwischen 19 und 50 Beiträge der Partei) sind in Verhandlungen desselben Richters (Richter F) erzielt worden.

Diese starke Abweichung vom Normalwert beruht darauf, daß Richter F weit mehr als andere von der Möglichkeit Gebrauch macht, die Parteien persönlich zu laden, so daß er einen überproportionalen Anteil an Verhandlungen mit Parteibeteiligung hat. Besonders auffällig ist weiter, daß dieser Richter die Parteien informatorisch hört, bevor er die Beweisaufnahme beginnt. Wenn aber, wie dies bei Verkehrsunfallprozessen der Fall sein kann, der eigentliche Gegner als Zeuge auftritt (Beklagter ist nur die Versicherung oder Versicherung und Halter), dann kommt die eine Seite informell als Partei, die andere als Zeuge zu Wort. Für die starken Abweichungen in Situation 4 sind somit zwei Ursachen verantwortlich: zum einen die besondere Ladungspraxis eines einzelnen Richters, zum anderen die Eigentümlichkeiten des Verkehrsunfallprozesses, in dem die eine Partei mit einem Anwalt gegen die Versicherung klagt, während der Unfallgegner (Fahrer) als Zeuge benannt ist. Da die klägerische Partei informatorisch ebenso ausführlich gehört wird wie der Gegner später als Zeuge, ist bei diesem Richter der Sprechanteil der Partei sehr deutlich höher als bei den anderen Richtern.

6.2.4.2. Termine ohne Beweisaufnahme

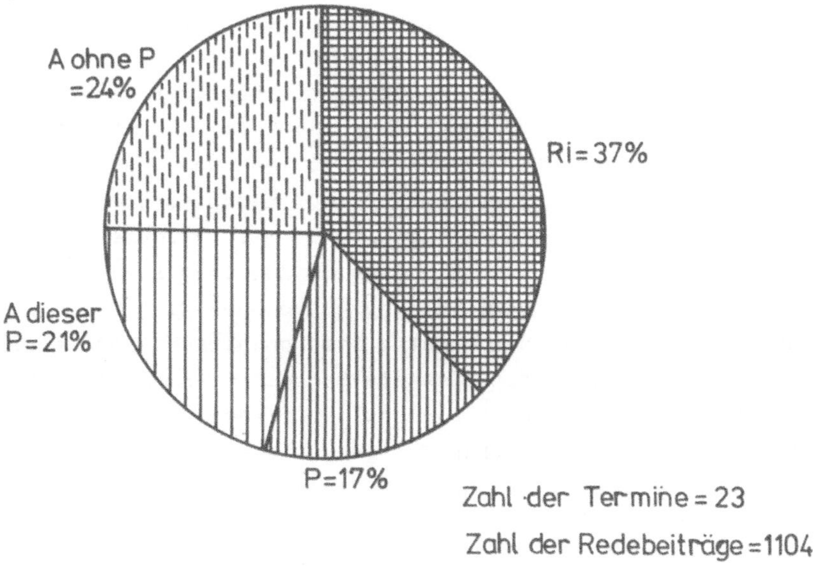

Wie schon bei den Beweisterminen hat der Anwalt ohne Partei einen geringeren Sprechanteil als die vereinte Gegenseite. Er ist zwar sprachlich etwas aktiver als sein Kollege, doch reicht dies nicht aus, um die Parteiaktivität wettzumachen. Schlußfolgerungen auf geringere Prozeßchancen sind allerdings nicht angebracht. Zum einen gewinnt vor Gericht nicht, wer die meisten Worte macht, zum anderen steht das wesentliche bereits in den Schriftsätzen. Die von uns beobachteten Termine sind kurz, nur 3 davon dauern länger als 15 min.

6.2.5. Situation 5: Partei gegen Partei

Es kommt selten vor, daß sowohl Kläger als auch Beklagter ohne anwaltlichen Beistand sind und beide erscheinen. Verhandlungen zwischen den Parteien und dem Richter haben wir nur 11 mal beobachtet, davon einmal mit Beweisaufnahme. Selbst bei diesen wenigen Fällen kann nicht davon ausgegangen werden, daß sich hier tatsächlich Privatleute' mit geringer bzw. ohne Prozeßerfahrung gegenüber stehen. In einem Termin war die Klägerin eine Versicherung, die einen Angestellten entsandte. Ein anderer Kläger war ein in Mietprozessen erfahrener Hausbesitzer, ein dritter ein bei Gericht bekannter Makler, der in eigener Sache klagte, aber öfter auch für seine Kunden prozessiert. In einem anderen Termin war der Beklagte anwaltlich vertreten, jedoch war der Anwalt nicht erschienen. Dies mag auf beiden Seiten häufiger geschehen sein, als wir bemerkt haben, da es im Termin nicht notwendig angesprochen wird. Nur in einem Fall kann davon ausgegangen werden, daß beide Parteien bewußt auf rechtlichen Beistand verzichtet haben, weil sie den Streit mit Hilfe des Gerichts unter sich beilegen wollten. Dabei handelt es sich um die Klage eines Vereins gegen ein ausgetretenes Mitglied, die gütlich erledigt werden konnte. Die romantische Vorstellung vom Amtsrichter, an den sich die Parteien vertrauensvoll wenden, um seinen Spruch einzuholen, findet in der Wirklichkeit eines großstädtischen Amtsgerichts keine Entsprechung. Man kann auch nicht behaupten, daß der Richter die Gelegenheit genutzt hätte, um besonders intensiv auf die Parteien einzugehen. Die von uns beobachteten Verhandlungen waren kurz, meist zwischen 5 und 10 min., nur der Beweistermin dauerte 20 min.

6.2.6. Variationen im Richterverhalten

In der Anfangsphase unserer Untersuchung haben wir versucht, unterschiedliche richterliche Verhandlungsstile zu messen. Nachdem wir die methodischen Probleme bei der Entwicklung des Meßinstrumentes fast gelöst hatten[9)], mußten wir dieses Vorhaben aufgeben. Ein ausschließlich richterzentriertes Meßinstrument hätte den Einsatz zusätzlicher, nur damit befaßter Beobachter bedeutet, was angesichts unserer Mittel unmöglich war.

Obwohl wir nicht darauf eingerichtet waren, Unterschiede in der Verfahrensgestaltung zu messen, erlauben unsere Daten einige Rückschlüsse auf den Einfluß, den die jeweilige Richterpersönlichkeit auf das Verfahren hat. Wenn, wie im Kapitel 4 gezeigt wurde, ein Richter 27 % seiner Termine innerhalb von 5 min. erledigt, ein anderer aber 72 %, dann zeigt das, daß die Bereitschaft, der mündlichen Verhandlung den ihr gebührenden Raum zu geben, sehr unterschiedlich ist. Dasselbe gilt für die Bereitschaft, mit den Parteien ins Gespräch zu treten. Nur einem der von uns beobachteten Richter (Richter F) können wir uneingeschränkt attestieren, daß er die Parteien soweit wie möglich in das Verfahren einbezieht. Dieser Richter macht weit mehr als alle anderen von der Möglichkeit Gebrauch, eine oder beide Parteien persönlich zu laden und ist daher in der Interaktionsanalyse deutlich überrepräsentiert. In den 35 Terminen, in denen beide Parteien persönlich erschienen sind, ist Richter F 9 mal vertreten. Die Parteien kommen auch häufiger zu Wort und erhalten im Verhältnis zu ihrem Anwalt einen höheren Sprechanteil. So beträgt bei diesem Richter in der Situation 1 der Sprechanteil der Parteien zu dem ihres Anwalts auf der Klägerseite

1 : 1,5, auf der Beklagtenseite 1 : 1,2. Auffällig ist weiter, daß sich Richter F auch besonders um unvertretene Beklagte bemüht und sie ausführlich zu Wort kommen läßt. In den 42 Verhandlungen der Situation 3 liegen die Redebeiträge der unvertretenen Partei in 38 Fällen zwischen 1 und 22. In 4 Terminen haben sich dagegen Beklagte sehr ausführlich geäußert, nämlich 54, 55, 55 und 58 mal. Die drei höchsten Werte sind aus Verhandlungen von Richter F.

Es überrascht nicht, daß Richter F auch die längsten Termine hat. Der Anteil der Termine mit einer Dauer von mehr als 15 min. liegt bei den übrigen Richtern zwischen 19 und 29 %, bei Richter F dagegen bei 35 % (vgl. oben Kap. 4). 10 % seiner Termine dauern sogar 60 min. und länger, was bei immerhin drei seiner Kollegen so selten vorkommt, daß es prozentual nicht erfaßbar ist. Ob sich diese Mehrarbeit im Termin in Form von "besseren" Urteilen auszahlt, können wir nicht entscheiden. Wir sind zwar gelegentlich nach unserer Meinung über die Qualität der amtsgerichtlichen Urteile gefragt worden, doch lag diese Beurteilung außerhalb unseres Erkenntnisinteresses.

6.3. Normative Prozeßzwecke in empirischer Sicht

6.3.1. Kompensatorische Justiz?

Der Zivilprozeß ist verschiedentlich als "Dienstleistungsbetrieb für die Geschäftswelt" bezeichnet worden. Damit ist gemeint, daß mit Hilfe der Justiz diejenigen, die viel haben, ihre Forderungen gegen die eintreiben, die wenig haben[10]. Diese Sichtweise scheint dadurch bestätigt zu werden, daß auf der Klägerseite die Firmen und Geschäftsleute, auf der Beklagtenseite Privatleute überwiegen. Tatsächlich ist die Beurteilung jedoch weit schwieriger, weil Firmen häufig vorleisten und damit zwangsläufig die Klagelast tragen[11]. Es läßt sich auch nicht ausschließen, daß die Geschäftswelt vertragstreuer ist als ihre private Kundschaft. Belegen läßt sich aber, daß Firmen und Geschäftsleute vor Gericht erfolgreicher sind als ihre privaten Prozeßgegner. Eine Sonderauswertung der in unserer Auswahl enthaltenen Verbraucher-Prozesse hat ergeben, daß von 160 beklagten Verbrauchern 120 ihren Prozeß voll verloren. Von den 54 klägerischen Verbrauchern war nur 21 ein voller Erfolg beschieden, während 18 gänzlich unterlagen[12].

Diese Daten lassen sich indes nicht in einen Vorwurf gegen die Justiz ummünzen. Die Justiz kann sich weder das Recht, nach dem sie zu entscheiden hat, aussuchen, noch die Fälle, die an sie herangetragen werden. Unsere Untersuchung, die vor Inkrafttreten des Beratungshilfegesetzes begonnen wurde, liefert zahlreiche Belege dafür, daß das Rechtsberatungsangebot nicht ausreichend bzw. zu unzugänglich ist. Als Folge davon gelangen Fälle vor das Amtsgericht, die der juristisch geschulte Betrachter nur als völlig aussichtslos bezeichnen kann. Eine der häufigsten kompensatorischen Handlungen des Amtsrichters besteht deshalb darin, einer unvertretenen Partei klarzumachen, daß sie keine Aussicht auf Erfolg hat. Diese Belehrung ändert zwar nichts am Prozeßverlust, erspart der Partei aber unnötige weitere Kosten.

Da uns bei der Beobachtung der Akteninhalt nicht bekannt war, können wir nicht beurteilen, ob dieser Hinweis immer erfolgte, wenn es erforderlich war. Wir können nur feststellen, daß die Belehrung durch das Gericht mit unterschiedlicher Intensität und mit unterschiedlichem Erfolg geschieht.

> Eine Versicherungsgesellschaft klagt die Prämie aus einem Kraftfahrzeughaftpflichtversicherungsvertrag ein. Die Beklagte hatte die Bezahlung verweigert, weil "nichts zu versichern war". Sie hatte einen gebrauchten PKW gekauft und bei der Zulassungsstelle angemeldet.
> Der TÜV verweigerte ihr jedoch die Prüfplakette, so daß sie mit dem Fahrzeug nicht fahren durfte. Einige Zeit später meldete die Frau das Fahrzeug wieder ab. Der Prämienanspruch ist nach ihrer Auffassung nicht berechtigt, da sie das Fahrzeug nicht benutzen konnte. Der Richter erläutert ihr ausführlich die Rechtslage. Die Beklagte wirkt schließlich überzeugt und erkennt den Anspruch an.

> Ein Medizinstudent wird von einem Optiker, der ihm Kontaktlinsen angefertigt hatte, auf Zahlung des Restkaufpreises verklagt. Der Student hatte die Rechnung gekürzt, weil sie nach Auffassung seiner Versicherung überhöht war. Seine Versicherung hatte ihm nur den für angemessen erachteten Rechnungsbetrag erstattet. Der Richter fragt den Beklagten, ob er mit dem Optiker eine Preisvereinbarung getroffen habe. Als er dies verneint, schlägt der Richter vor, die Klage anzuerkennen. Der Student, der offenbar nicht weiß, daß in seinem Fall der Amtsrichter die 1. und letzte Instanz ist, besteht auf Klageabweisung.

Unsere Untersuchung liefert Belege dafür, daß nicht nur die Rechtsberatung, sondern auch die Sozialhilfe unzureichend arbeitet. Manche Fälle kommen nur deshalb vor Gericht, weil die Sozialämter sehr schleppend tätig werden oder ihre Klienten "abwimmeln"[13].

> Ein Zahnarzt klagt den vom Patienten zu übernehmenden Eigenanteil für eine Gebißanfertigung ein. Den Widerspruch gegen den Mahnbescheid hatte der Beklagte damit begründet, daß das Gebiß nicht passe. Der Beklagte ist Türke, lebt seit 12 Jahren in Deutschland, spricht aber kaum deutsch. Im Termin wendet der Zahnarzt ein, daß der Kläger seit der Gebißanfertigung vor sieben Monaten nicht mehr in seiner Praxis erschienen sei. Der Beklagte legt dem Richter ein Bündel Papiere vor, offenbar Zahlungsaufforderungen. Es stellt sich heraus, daß er keine Arbeit hat und daß ihm die Wohnung gekündigt worden ist. Auf die Frage des Richters, ob er denn nicht beim Sozialamt gewesen sei, antwortet der Beklagte: "Sozialamt Scheiße". Der Richter rät ihm, zuerst die Miete zu zahlen und dann die anderen Forderungen. Weiter rät er dem Beklagten, die Klage anzuerkennen, was dann auch geschieht.

> Der Beklagte hat die Miete nicht bezahlt, so daß ihm die Wohnung gekündigt wurde. Er hatte keine Arbeit und keinen Anspruch auf Arbeitslosengeld. Die Hilfe vom Sozialamt kam erst nach Monaten. Außerdem zahlte das Sozialamt die Miete erst Mitte bzw. Ende des Monats. Im Termin erklärt der Beklagte, daß er jetzt wieder Arbeit habe und die Miete selbst zahle. Der Klägeranwalt verhandelt nicht zur Sache, das Verfahren ruht.

Nicht vor Gericht gehörten auch die zahlreichen Fälle, in denen die Forderung unstreitig ist, der Beklagte aber nicht in der Lage ist, sie zu begleichen. In ihrer Notlage greifen die Beklagten zu irgendwelchen Ausflüchten, um die Verurteilung abzuwenden, oder sie erscheinen mit der Hoffnung, i:

Termin eine tragbare Zahlungsregelung erreichen zu können. Dort treffen sie auf einen Richter, der ihnen Ratenzahlungen nicht bewilligen darf und auf einen Anwalt, der dazu keine Vollmacht hat. Abgesehen davon, daß im Gerichtsverfahren für Entschuldungsmaßnahmen ohnehin kein Platz ist, wird auch die naheliegende Möglichkeit eines Ratenzahlungsvergleichs kaum genutzt. Der Anwalt sieht sich dazu mit Rücksicht auf seinen Mandanten nicht in der Lage. Dieser wiederum ist nicht geladen und auch nicht erschienen. Statt dessen treiben die professionellen Verfahrensbeteiligten den Prozeß in Richtung auch ein vollstreckbares Urteil voran. Auf diese Weise verschärft das Gerichtsverfahren individuelle Notlagen und bringt den Betroffenen in ersten Kontakt mit Zwangsvollstreckungsorganen oder treibt ihn in die Arme von Kreditwucherern.

> Der Beklagte hatte auf Raten ein Fernsehgerät gekauft. Die Restforderung beträgt 1.500,-- DM. Er erklärt, daß er das Gerät nicht herausgeben könne, da es bei seiner Frau stehe, die in Düsseldorf lebe. Die 1.500,-- DM könne er nicht sofort bezahlen, da er nur ein monatliches Einkommen von 600,-- DM netto habe. Der Richter geht darauf nicht ein und fragt statt dessen, ob er Klageabweisung beantragen oder die Klage anerkennen wolle. Auf die Frage nach dem Unterschied erhält der Beklagte die Antwort: "Das ist wichtig für die Vollstreckung". Der Beklagte erkennt schließlich an.

Die unvertretenen Beklagten sind meist Personen, die von einem marktwirschaftlichen System überfordert und auch nicht in der Lage sind, in rechtlichen Kategorien zu denken und zu handeln. Sie gehen Verpflichtungen ein, die sie nicht erfüllen können oder die für sie überflüssige Belastungen sind (Versicherungen, Sportschulen, Sprachkurse, Periodika), versäumen Kündigungsfristen oder die Schriftform, sind nicht in der Lage, die Gewährleistungsvorschriften zu nutzen oder unterlassen die Beweissicherung. Diese vorprozessualen Fehler lassen sich nicht mehr ausgleichen. Umso wichtiger ist, daß diese Personen durch das Verfahren nicht noch zusätzlich benachteiligt werden. Gefordert wird eine kompensierende, auf sozialen Ausgleich bedachte Verhandlungsführung im Zivilprozeß[14]. Danach muß der Richter

> "die ihm von der Prozeßordnung gewährten Machtbefugnisse, namentlich die mit dem richterlichen Fragerecht verbundenen Möglichkeiten, in dem Sinne ausüben, daß er durch angemessene Belehrung, Unterstützung, Anleitung der sozial schwachen Partei ein Gegengewicht gegen etwaige soziale Übermacht des Gegners schafft[15].

Einer der ersten Fallstricke des Verfahrens ist die Aufforderung, die Verteidigungsmittel zu nennen. Darüber erhält der Beklagte auf den gebräuchlichen Formularen eine Belehrung. Angesichts der Schreibhemmungen, die bei vielen Beklagten bestehen, garantiert dies nicht, daß der Beklagte auch tatsächlich erwidert. Wenn die Partei der Aufforderung des Gerichts, sich fristgemäß zur Klage zu äußern, nicht nachgekommen ist, steht es im Ermessen des Gerichts, ob es die verspätete Verteidigung noch zuläßt. Die Vorschrift des § 296 Abs. 1 ZPO ist zwar als zwingende Norm abgefaßt ("sind nur zuzulassen, wenn ..."), eröffnet aber auf der Tatbestandsseite einen großen Interpretationsspielraum ("freie Überzeugung des Gerichts"). Nach unseren Beobachtungen lassen die Richter das verspätete mündliche Vorbringen im allgemeinen zu. Es gibt aber auch Ausnahmen, in denen die unvertretene Partei ihren Prozeß nur deshalb verliert, weil sie den formellen Anforderungen des Verfahrens nicht gewachsen ist.

> Der Kläger verlangt vom Beklagten die Bezahlung der Reparatur eines Fernsehgerätes. Der Beklagte hatte Widerspruch gegen den Mahnbescheid eingelegt, auf die Aufforderung, sich zur Klageschrift zu äußern, jedoch nicht reagiert. Er erscheint im Prozeß und trägt vor, daß er die Reparaturrechnung nicht bezahlen müsse, da es sich hier noch um eine Garantieleistung handele. Er sei vorher bei der Verbraucherberatung gewesen, die ihn darüber aufgeklärt habe, daß ihm in diesem Falle ein Garantieanspruch zustehe. Der Richter macht ihm längere Vorhaltungen, warum er sich nicht vor dem Termin schriftlich geäußert habe. Der Beklagte weiß darauf nichts zu erwidern. Der Richter erklärt ihm, er dürfe das Vorbringen nicht mehr berücksichtigen und erklärt weiter, er werde der Klage stattgeben.

Soweit wir sehen, ist das Schriftlichkeitserfordernis das

einzige Verfahrensmerkmal, das die unvertretene Partei - jedenfalls die weniger gewandte - systematisch benachteiligt. Dies bedeutet aber nicht, daß unvertretene Parteien nur über diese Vorschriften stolpern. Die Fälle sind im einzelnen sehr unterschiedlich, keiner gleicht dem anderen, keiner tritt gehäuft auf. Sie lassen sich gleichwohl auf einen gemeinsamen Nenner bringen. Die Verfahrensvorschriften - bzw. deren Interpretation durch die Justiz - verlangen von der Partei, daß sie stets hellwach ist und den Prozeß zum Mittelpunkt ihres Lebens macht. Wer stattdessen auch noch andere Sorgen hat, unaufmerksam, müde, krank oder überlastet ist, findet wenig Verständnis.
Dazu drei Beispiele, die für sich sprechen mögen.

Der Beklagte, ein Exportkaufmann, war auf einer längeren Einkaufsreise. Während dieser Zeit erging gegen ihn Versäumnisurteil. Am letzten Tag der Einspruchsfrist kam er nach einem Interkontinentalflug in Amsterdam an und flog dann weiter nach Düsseldorf, von wo er mit der Bahn zu seinem Wohnort fuhr. Zu Hause fand er die Benachrichtigungen über die Niederlegungen der Ladung und des Versäumnisurteils vor. Er holte die niedergelegten Schriftstücke noch am gleichen Tage bei der Post ab und formulierte einen Einspruch und einen Antrag, der als Wiedereinsetzungsantrag auszulegen war. Dieses Schreiben ging am nächsten Tag ein. Seine Angaben hatte der Beklagte durch Flugscheindurchschriften und die Bahnfahrkarte glaubhaft gemacht. Der Wiedereinsetzungsantrag wurde mit der Begründung abgelehnt, er hätte dafür Sorge tragen müssen, daß der Einspruch noch am selben Tage einging. Er hätte ihn entweder zu Protokoll der Geschäftstelle erklären oder - nach Dienstschluß - in den Nachtbriefkasten des Gerichts einwerfen müssen. Dies sei ihm auch möglich und zumutbar gewesen, da er seinen Wohnsitz am Ort des Gerichts habe.

Im ersten Termin wurde Termin zur Fortsetzung der mündlichen Verhandlung verkündet. Zu diesem Termin erschien der Beklagte nicht, so daß gegen ihn Versäumnisurteil erging. Der Gegner ließ sofort vollstrecken. Auf den Einspruch des Beklagten wurde das Versäumnisurteil aufgehoben. Der Beklagte erscheint im dritten Termin. Er möchte vor allem verhindern, daß die gepfändeten Sachen versteigert werden. Der Richter erklärt ihm, daß dies nur gegen Sicherheitsleistung möglich sei. Der Beklagte hat diesen Betrag jedoch nicht. Er beklagt sich bitterlich, daß er kein Protokoll des ersten Termins und keine Ladung zum zweiten Termin erhalten habe. Deshalb habe er auch nicht kommen können. Der Richter erklärt ihm, daß eine Ladung nicht erforderlich gewesen sei, da der zweite Termin im ersten Termin verkündet worden sei.

> Die Klägerin, die einen Lesering betreibt, hat gegen die Beklagte einen Vollstreckungsbescheid erwirkt. Die Beklagte reagiert verspätet. Sie schreibt an das Gericht, daß sie seit einiger Zeit im Krankenhaus liege, wo sie wegen Krebs behandelt werde. Es sei richtig, daß sie von der Klägerin einen Radiowecker gekauft habe. Dieser sei jedoch defekt gewesen, so daß sie ihn zurückgeschickt habe. Eine Antwort habe sie bis heute nicht erhalten. Der Sütterlinschrift nach zu schließen, ist die Beklagte eine alte Frau. Der Richter antwortet schriftlich, daß er ihr empfehle, den Einspruch zurückzuziehen, da er ihn sonst als verspätet zurückweisen müsse. Einen Hinweis auf die Möglichkeit der Wiedereinsetzung in den vorigen Stand gibt das Gericht nicht. Die Beklagte nimmt daraufhin den Einspruch zurück.

Im Beobachtungsbogen 2.2. sollten die Beobachter festhalten, ob das Gericht in der mündlichen Verhandlung kompensatorisch tätig geworden ist. Quantitative Daten haben wir dazu jedoch nicht erhalten. Dies beruht auf drei Gründen. Zum einen ist dem Beobachter der Akteninhalt nicht bekannt. Damit fehlen wesentliche Informationen, ohne die das richterliche Verhalten nicht beurteilt werden kann. Transparent ist das richterliche Verhalten nur dann, wenn der Richter den Akteninhalt summarisch vorträgt, was aber nur selten der Fall ist (vgl. oben Kap. 4). Das Beobachtbarkeitsproblem entfällt allerdings, wenn sich aus der Verhandlung ergibt, daß sich der Beklagte noch nicht geäußert hat. In diesem Fall ist erkennbar, ob und in welchem Maße der Richter die Partei darin unterstützt, ihre Verteidigung aufzubauen. Es entstehen aber schwierige Bewertungsprobleme, wenn der Richter dem Vortrag des Beklagten nicht nachgeht, ihn nicht protokolliert oder Beweisangebote nicht zur Kenntnis nimmt. Dies muß nicht bedeuten, daß dem Beklagten Unrecht geschieht. Es mag sein, daß der Richter die mündliche Verhandlung abkürzen will, weil er die Klage ohnehin für unschlüssig hält. Das Gericht ist auch nicht verpflichtet, bloßen Ausflüchten Gehör zu schenken. Behauptungen, von deren Unrichtigkeit der Richter auch ohne Beweisaufnahme überzeugt ist, darf er nicht berücksichtigen. Der Verdacht, daß manchem etwas unwahrscheinlich klingendem Vorbringen nur deshalb nicht nachgegangen wird, weil sich das Gericht die Beweisaufnahme ersparen will, ist naheliegend, aber niemals zu beweisen. Im Anwaltsprozeß hat der Anwalt aus dem Mandantenvortrag bereits alles ausgesondert, was völlig unwahrscheinlich ist oder ohnehin nicht zu beweisen wäre. Er hat auch - jedenfalls idealiter - geprüft, ob ein Beweisangebot den erhofften Erfolg verspricht. Dies ist vor allem dann unerläßlich, wenn die Kosten der Beweisaufnahme im Verhältnis zum Streitwert erheblich sind. Die dem Anwalt obliegende Selektionstätigkeit übernimmt gegenüber der unvertretenen Partei der Richter. Dabei kommt es zu Entscheidungen, die nicht unbedingt dem Gesetz entsprechen, die aber im wohlverstandenem Interesse der Partei liegen können. Wie schwierig es ist, das richterliche Verhalten objektiv zu bewerten, mag der folgende Fall illustrieren.

> Eine Wohnungsgesellschaft, vertreten durch einen Anwalt, klagt zwei Monatsmieten ein. Der Beklagte, ein einfacher Mann von etwa 40 Jahren, erscheint zur mündlichen Verhandlung.
>
> R: "Was haben Sie denn dazu zu sagen. Von Ihnen habe ich bis jetzt nichts gehört".
> B: (Erläutert den Sachverhalt). Er hat die Wohnung erst telefonisch gekündigt. Dabei wurde er auf die Notwendigkeit schriftlicher Kündigung hingewiesen. Dies hat er nachgeholt. Die Wohnung wurde am 10. geräumt, stand also am 15. zur Vermietung zur Verfügung. Zu diesem Zeitpunkt rief eine Bekannte von ihm bei der Wohnungsgesellschaft an und fragte nach einer Wohnung. Man erklärte ihr, es sei nichts frei. Der Beklagte ist der Auffassung, daß er die geforderte Miete nicht bezahlen müsse, da die Wohnung durch die Gesellschaft sofort hätte weitervermietet werden können.
> R: "Das ist aber kein Schadensersatzanspruch. Da können Sie 254 einwenden. Sie haben gesetzliche Kündigungsfrist. Die Klägerin ist nicht verpflichtet, den ersten besten Mieter zu nehmen. Bei Schadensersatz können Sie das einwenden".
> KA: Erklärt, daß die Klägerin dem Beklagten entgegengekommen sei. Sie hätte sogar noch für einen weiteren Monat Miete verlangen können.
> B: "Ich muß das nicht bezahlen. Als ich gekündigt habe, hat man mir gesagt, es sei alles in Ordnung".
> R: "Wer hat das gesagt?"
> B: "Das weiß ich jetzt auch nicht mehr, wer das war. Nach drei Jahren (!)".
> R: "Haben Sie irgendwelche Zeugen?"
> B: "Einen Bekannten, aber der wohnt jetzt im Schwarzwald".
> R: (zögert, dann:) "Das hat sowieso keinen Zweck. Sie

beantragen also Klageabweisung?"
B: "Ja".
R: Nimmt das Protokoll auf und setzt einen Verkündungstermin an.
B: Verläßt den Saal, im unklaren darüber, daß er den Prozeß verloren hat.

Ein weiteres Bewertungsproblem tritt bei der Bestimmung dessen auf, was ein Richter zugunsten der unvertretenen Partei tun muß bzw. tun darf, ohne seine Neutralitätspflicht zu verletzen. Da dies auch in der Rechtsprechung kaum geklärt ist, beinhaltete die Eintragung in der Kategorie "komp. Verhalten ja/nein" in vielen Fällen ein Werturteil des Beobachters. Auch deshalb haben wir darauf verzichtet, diese Eintragungen gesondert auszuzählen.

Als summarisches Urteil können wir aber festhalten, daß die Richter sehr vorsichtig bemüht sind, jeden Anschein einer Parteinahme für die unvertretene Partei zu vermeiden und deshalb § 139 ZPO eher restriktiv als extensiv auslegen. Dies ist zum einen eine Strategie der Risikominimierung. Es ist weit wahrscheinlicher, daß der anwaltliche Gegner eine wirkliche oder vermeintliche Bevorzugung der unvertretenen Partei rügt, als daß diese die mangelnde Ausschöpfung einer Vorschrift beanstandet, die sie nicht einmal kennt. Zum anderen scheint es aber auch zum richterlichen Rollenverständnis zu gehören, sich in der Verhandlung möglichst bedeckt zu halten. Es ist nicht so, daß der Richter starr und mit undurchsichtigem Gesicht an seinem Tisch säße. In der Regel gibt er durchaus zu erkennen, wie er einer Sache gegenübersteht, aber nur versteckt, nicht offen. An der Nichtverfolgung eines Beweisantrages, der Art und Weise der Protokollierung einer Zeugenaussage, an einer bestimmten Vorgehensweise, dem zweifelnden oder gelangweilten Gesichtsausdruck (usw.), kann ein Anwalt sehr wohl ablesen, welche Aussichten er hat. Für eine nicht rechtskundige und prozeßunerfahrene Partei reichen diese impliziten Hinweise nicht aus. Für sie wäre es erforderlich, daß der Richter seine Rechtsauffassung im Termin offen zum Ausdruck bringt, wozu er berechtigt, aber nicht verpflichtet ist[16]. Vor einer allzu deutlichen Festlegung scheuen die Richter aber zurück. Dazu als Illustration ein Beispiel aus unserer Auswahl.

> Die Beklagte, eine ältere Frau, bewohnt seit vielen Jahren eine große Mietwohnung. Der Mietvertrag war zwischen Ihrem Ehemann und dem Vermieter geschlossen worden. Nach der Scheidung und dem Auszug des Mannes weigerte sich der Vermieter, das Mietverhältnis mit der Frau fortzusetzen und klagte auf Räumung. Im Termin schildert die Beklagte ihre schlechte soziale Situation. Von ihrem Mann bekomme sie keinen Unterhalt. Es kommt auch zur Sprache, daß die Parteien zerstritten sind. Die Beklagte macht den Eindruck, sie sei verbittert und schwierig. Der Richter fragt sie, ob sie nicht freiwillig ausziehen wolle. Die Beklagte schildert die Vorzüge der Wohnung, insbesondere die gute Lage und den niedrigen Preis. Sie habe vergeblich versucht, zu diesem Preis eine vergleichbare Wohnung zu bekommen. Zum Richter gewandt sagt sie: "Wenn Sie mir eine Wohnung geben, ziehe ich sofort aus". Auf die Frage des Richters, ob sie nicht eine kleinere Wohnung nehmen könne, antwortet sie etwas heftig, daß sie dann ihre Möbel nicht stellen könne. Schließlich schlägt ihr der Richter vor, die Klage anzuerkennen. In diesem Falle müsse sie aber die Kosten tragen. Dies lehnt die nun vollends aufgebrachte Beklagte entrüstet ab: "Warum soll <u>ich</u> denn bezahlen? Ich will doch ausziehen. Ich habe die Musik doch nicht bestellt!" Daraufhin bricht der Richter die Verhandlung ab und beraumt Verkündigungstermin an.
>
> Spätestens nach dem Vorschlag, die Klage anzuerkennen, ist für den Beobachter klar, daß der Richter die Klage für begründet hält. Die Beklagte steht damit nur noch vor der Wahl, einen Räumungsvergleich zu schließen oder wenigstens das kostengünstigere Anerkenntnisurteil zu nehmen. Der Richter ist offenbar der Auffassung, daß er das deutlich genug zum Ausdruck gebracht habe und reagiert nun nach dem Motto, "Wer nicht hören will muß fühlen".

Wegen der genannten methodischen Probleme können wir nicht angeben, in wie vielen Fällen die Partei nur deshalb Rechtsnachteile erlitten hat, weil sie nicht anwaltlich vertreten war. Unseres Erachtens ist es jedoch unrealistisch, vom Richter zu erwarten, daß er neben der Richterrolle auch noch die Rolle des Anwalts der unvertretenen Partei übernimmt. Dazu ein weiteres Beispiel.

> Der Vermieter verlangt vom Beklagten die Begleichung von Mietnebenkosten. Außerdem soll der Beklagte höhere

> Vorauszahlungen leisten. Der Beklagte bestreitet die Richtigkeit der verschiedenen Abrechnungen. Im Termin kommt zur Sprache, warum der Beklagte dem Vermieter nicht nachgeben will. Der Beklagte bewohnt seine Sozialwohnung seit drei Jahren. In dieser Zeit wurde die Miete viermal erhöht. Genehmigungsschreiben der Stadt liegen nicht vor. Der Beklagte ist jetzt argwöhnisch geworden und mißtraut dem Vermieter. Der Richter geht die Abrechnungen durch und stellt jeweils fest, was die einzelnen Posten bedeuten und ob sie streitig sind. Dies dauert einige Zeit. Schließlich stößt er auf eine Mietabrechnung. "Ah ja, das ist die Miete. Darum geht's jetzt nicht". Und beiläufig zum Beklagten: "Die Höhe erkennen Sie an?", worauf dieser bejaht.
>
> Die Erwartung des Richters, die Höhe der Miete sei unstreitig, ist naheliegend, da der Beklagte keine Gegenansprüche wegen überzahlter Miete geltend gemacht hat. Es liegt andererseits auf der Hand, daß ein Anwalt dies hilfsweise getan hätte.

Die von uns beobachtete Zurückhaltung der Richter, der Partei mehr als durch Fragen und andere einfache Hilfestellungen beizustehen, entspricht auch der h. M. zu § 139 ZPO. Trotz der Hinweispflichten wird der Richter nicht als Berater der Parteien gegeneinander betrachtet. Im gebräuchlichsten Kommentar der Praxis heißt es dazu: "Führen muß die Partei als mündiger Bürger ihren Prozeß selbst"[17]. Dies bedeutet im Ergebnis nichts anderes, als daß die Benachteiligung der unvertretenen Partei billigend in Kauf genommen wird.

6.3.2. Bürgerfreundliche Rechtspflege?

Mit dem Ziel einer kompensatorischen Justiz verwandt, aber nicht identisch, ist die Forderung nach einer "bürgerfreundlichen Rechtspflege". Dieses weitgefächterte Programm[18] verlangt u.a. nach einer verstärkten Partizipation der Parteien am Verfahren.

> "In der Tat gibt es manche Verfahren, in denen der Bürger nicht persönlich zu Wort kommt. Deren Zahl geht jedoch angesichts der Bestrebungen zur Vermenschlichung des Verfahrens immer mehr zurück. So ist es üblich geworden, selbst im Anwaltsprozeß die Parteien zu den Verhandlungen zu laden, sie anzuhören und ihnen Gelegenheit zur Äußerung zu geben. Zum Bild des "guten" Richters, wie es seit geraumer Zeit propagiert wird und auch gesetzgeberische Anerkennung gefunden hat, gehört selbst im Zivilprozeß, daß er nicht mehr schweigend der Aktivität der Verfahrensbeteiligten zuschaut, sondern diese in die Erörterung einbezieht und ihnen Chancen zur Beteiligung am Prozeßgeschehen gibt"[19].

Vor die Partizipation ist die Ladung gesetzt. Wie wir festgestellt haben, macht nur einer der neun Dezernenten von der Möglichkeit, die Parteien persönlich zu laden, ausgiebig Gebrauch. Unsere Untersuchung ist sicher nicht in dem Sinne repräsentativ, daß sich damit belegen ließe, nur 1/9 der Richter sei um die Beteiligung der Parteien besonders bemüht. Andererseits gibt es aber auch keinerlei Anhalt dafür, daß die Praxis des von uns beobachteten Gerichts zu der aller anderen völlig entgegengesetzt wäre. Wichtig erscheint uns aber der Vorbehalt, daß wir ein Amtsgericht untersucht haben. Die Kammern der Landgerichte, die weniger große Fallzahlen haben, scheinen die Parteien häufiger persönlich zu laden - obwohl auch hier die Praxis von Kammer zu Kammer unterschiedlich ist. Die Beschränkung auf das Amtsgericht erscheint uns jedoch nicht als Mangel, da die Forderung nach Bürgerfreundlichkeit zunächst an den Gerichtszweig zu richten ist, mit dem der Normalbürger am ehesten zu tun hat.

Wenn eine Partei nicht persönlich geladen ist, ist sie allerdings nicht gehindert, zu erscheinen. Die Praxis errichtet aber wirkungsvolle Barrieren. Die typische Terminsmitteilung eines Anwalts hat den folgenden Inhalt:

> "Sehr geehrte ...., in Ihrer Sache ist auf den .... Termin anberaumt worden. Ihr Erscheinen zu diesem Termin ist nicht erforderlich, Ihnen aber freigestellt. Über das Ergebnis werde ich Ihnen berichten".

Diese Form der Mitteilung hat Gründe. Wenn die Parteien erscheinen, wollen sie vielleicht auch zu Wort kommen, was den Termin verlängert. Die Parteien stören das eingespielte Ritual, fallen womöglich aus der Rolle, sind zugleich auch Kontrollinstanzen, kurz: sie stehen den eingeschliffenen Routinen der professionellen Beteiligten im Wege. Ausgesprochen unbeliebt sind Parteien, die ein ausgeprägtes Selbstbewußtsein haben und sich den stillschweigenden Rollenerwartungen des Richters und der Anwälte nicht fügen wollen. Sie gelten als schwierig, so daß man sie lieber vom Verfahren fernhält.

> Die Klägerin ist mit ihrem Anwalt zum Termin erschienen. Nachdem beide den Saal wieder verlassen haben, entwickelt sich zwischen dem Richter und dem Beklagtenanwalt, der auf seine nächste Sache wartet, folgendes Gespräch.
>
> R: "Der Herr .... (Name des Rechtsanwalts) ist auch mit seiner Partei geschlagen".
> A: "Warum bringt er sie auch mit".
> R: "Der Herr ... hat ja einen Fehler gemacht. Der hat ja seiner Partei den Termin mitgeteilt. Mir hat er gesagt: hoffentlich findet sie den Saal nicht. Die ist unangenehm, die Frau".

Wenn eine Partei unaufgefordert zum Termin erscheint, ist nicht sicher, daß sie auch am Verfahren teilnimmt. Wir haben wiederholt beobachtet, daß Parteien auf der Zuschauerbank saßen oder während des Termins auf dem Flur warteten. Wie häufig dies ist, können wir nicht beurteilen, da es vom Zufall abhängt, ob es der Beobachtet bemerkt. Auch die Gründe sind verschieden. Es kommt vor, daß der Anwalt seine Partei auf dem Flur trifft und dann auf der Zuschauerbank plaziert oder daß sie dort bereits wartet und der Anwalt sie zwar begrüßt, aber dort beläßt oder daß in der Eile niemand merkt, daß sie im Saal ist. Wenn der Anwalt den Mandanten nicht kennt, weil er Terminsvertreter oder nicht der Sachbearbeiter ist, dann kann es auch geschehen, daß er auf dem Flur an ihm vorbeiläuft. Manche Parteien trauen sich nicht, ohne Aufforderung den Saal zu betreten. Sind aber beide Anwälte anwesend, dann ist nicht sicher, daß die Sache auf dem Flur ausgerufen wird, so daß diese Personen draußen bleiben. Nicht typisch, sondern ein Kuriosum am Rande ist allerdings, daß eine Anwältin unsere Beobachter wiederholt als ihre Mandanten begrüßte, offenbar weil ihr deren Gesicherter vertrauter waren als die ihrer Klienten.

Das Gesetz äußert sich zur Partizipation der Parteien am Verfahren bemerkenswert zurückhaltend. Zwar schreibt § 278 Abs. 1 Satz 2 ZPO vor, daß die Parteien zum Sach- und Streitstand gehört werden, doch handelt es sich dabei nur um eine Sollvorschrift. In der Praxis wird sie wenig beachtet (vgl. oben Kap. 4). Auch die Fassung des § 137 Abs. 4 ZPO, nach dem in Anwaltsprozessen "neben dem Anwalt auch der Partei selbst auf Antrag das Wort zu gestatten" ist, verdeutlicht, daß das Gesetz primär die Verfahrensrechte der professionellen Beteiligten im Auge hat und erst sekundär die der Parteien.

Rechtshistoriker können Zeiten, in denen Rechtsprechung als Dienstleistung am Publikum angeboten wurde, quellenmäßig noch nachweisen. Heutigen Juristen muß die Vorstellung, daß die Problemsicht der Parteien das Verfahren zu bestimmen habe, als lebensfremd erscheinen. Wenn etwa die Kommentarliteratur darauf hinweist, daß der Richter gegen "unsachlichen oder ungeeigneten Vortrag" der Partei nach §§ 136 Abs. 2, 157 Abs. 2 ZPO einschreiten könne[20]), dann unterbleibt die Frage, ob nicht etwa die Parteien darüber zu entscheiden hätten, welches Vorbringen zur Sache gehört und geeignet ist. Vergleichbar den Krankenanstalten, sind die Gerichte heute an den Bedürfnissen der professionellen Beteiligten ausgerichtet, denen sich die Klienten zu unterwerfen haben[21]).

Nach Belegen für diese Behauptung braucht man nicht lange zu suchen. Wie die Ärzte gehören auch die Juristen zu den Professionen, die für ihre mangelnde Neigung, sich allgemeinverständlich auszudrücken, berüchtigt sind[22]. Zwar ist die Hoffnung auf eine jedermann verständliche Rechtssprache eine Illusion[23], doch kann dieser berechtigte Einwand nicht davon ablenken, daß es neben der Fachsprache einen Justizjargon gibt, für den keinerlei Berechtigung besteht. Diese Relikte einer veralteten Bürokratensprache könnten ohne weiteres durch jedermann geläufige alltagssprachliche Ausdrücke ersetzt werden.

> "Dem Kläger bleibt nachgelassen, ..."
> "Wollen Sie eine Terminnachlaßfrist haben?"
> "Machen Sie sich für den Vorschuß persönlich stark?"
> "Nachher können Sie dem Zeugen einen Vorhalt machen".
> "In Ihrem schriftsätzlichen Vorbringen haben Sie sich aber anders eingelassen".

Zu den Selbstverständlichkeiten sollte es auch gehören, daß den Parteien der Verfahrensablauf erklärt wird und daß sie darüber belehrt werden, welche Aktivitätsrechte ihnen zustehen. In der Praxis ist dies aber die Ausnahme (vgl. oben Kap. 4). Auch wenn man dies auf Zeitknappheit zurückführt, so erklärt sich nicht, warum nicht wenigstens die Justizverwaltung Broschüren entwickelt hat, aus denen sich die Parteien unterrichten könnten.

Die Realisierung der Forderung "Für eine Justiz mit menschlichem Antlitz"[24] verlangt auch eine freundlichere Umgebung und ein besseres Verhandlungsklima. Durch den Umbau des Gebäudes und die Renovierung der Verhandlungssäle ist auch in dem von uns beobachteten Amtsgericht einiges erreicht worden. Das Problem besteht aber darin, daß diese und andere justizorganisatorische Verbesserungen, so vernünftig sie auch sein mögen[25], wenig Einfluß auf das Verhalten des einzelnen Richters haben, der die Verhandlung leitet. Eine aufgeschlossene Haltung gegenüber den Parteien, freundliche Umgangsformen und Zuwendung lassen sich nicht durch Reformpolitiker von oben dekretieren. Hier bleibt nur der Appell an die

Richterpersönlichkeit und die Hoffnung, daß er auf fruchtbaren Boden fällt.

> "Zur Vermenschlichung der Rechtspflege gehört, daß sich die Justiz in die Situation des Bürgers versetzt und die Geduld aufbringt, die oft nötig ist, wenn man verstehen will, worum es dem Bürger wirklich geht... Der Behinderte, der Schwache, der Alte, sie alle haben einen Anspruch darauf, daß man auf ihre Schwäche Rücksicht nimmt. Mit bloßer Information, und sei sie noch so komplett, wird gerade hier nichts bewirkt. Oft ist es für diese Bürger wichtiger, als Menschen angesprochen und behandelt zu werden"[26].

Unter diesem Aspekt ist es nicht verständlich, daß die - z.T. unvermeidbare - Irritation der Verfahrensteilnehmer durch die Außerkraftsetzung alltäglicher Umgangsregeln zusätzlich verstärkt wird. Dies beginnt bereits damit, daß die Unsicherheiten reduzierende und Gemeinsamkeit symbolisierende persönliche Begrüßung durch die formale Feststellung der Erschienenen ersetzt wird[27]. Es widerspräche nicht der ZPO und würde auch keinen nennenswerten Aufwand verursachen, wenn sich der Richter vor der Verhandlung vorstellte und den Parteien die Hand gäbe. Wir haben dies aber niemals beobachtet. Die Parteien werden nicht durch Namensnennung aus der Ananymität der prozessualen Rollen hervorgeholt und erscheinen auch im Protokoll nur als Kläger und Beklagte. Persönlichere Umgangsformen werden auch durch die (vorgeschriebenen) Justizkostüme behindert, unter deren Abschaffung allenfalls gewisse Selbstdarstellungsbedürfnisse, aber nicht die Qualität der Zivilrechtspflege leiden würde. Dies alles sind unreflektiert tradierte Symbole eines Geistes, der die Verwirklichung einer humanen Justizgewährung behindert.
Mit diesen Hinweisen auf naheliegende Verbesserungsmöglichkeiten soll jedoch nicht der Eindruck erweckt werden, als bedürfe es nur einiger kleiner Korrekturen, um das Verfahren "bürgerfreundlicher" zu machen. Ein grundlegendes - gern schamhaft verschwiegenes - Problem ist der Interessengegensatz zwischen dem Bürger, der "seinen Prozeß" führt und den professionellen Beteiligten. Der Einmalprozessierer ist in seiner Sache stark engagiert, er möchte sich im Termin dar-

stellen und beteiligen. Für Richter und Anwälte ist seine Sache dagegen nur eine unter vielen, die nicht nur richtig, sondern auch rationell entschieden werden muß. Kein Anwalt freut sich, wenn er für eine kleine Amtsgerichtssache lange vor Gericht stehen soll. Aber auch viele Richter würden es als Zumutung betrachten, mehr als ein oder zwei Sitzungstage pro Woche zu haben. Dies hat nicht unbedingt mit mangelndem Fleiß zu tun, sondern damit, daß sie lieber mit Akten arbeiten als mit Menschen. Diese Haltung wird durch die herrschenden Bewertungskriterien für die richterliche Arbeit bestärkt. Für den Eindruck, den die Partei von "ihrem Prozeß" nach Hause nimmt, ist die Art und Weise der Verhandlungsführung wichtiger als der elegante Aufbau des Urteils, für das Ansehen bei den Kollegen dagegen umgekehrt. Diese Gegensätzlichkeit der Relevanzgesichtspunkte ist nicht zwangsläufig. Zwar läßt sich im Interesse der fachlich-juristischen Urteilsrichtigkeit nicht vermeiden, daß der Richter viel Arbeit auf die Lösung von Rechtsfragen verwendet, die dem Laien vielleicht nicht einmal aufscheinen mögen. Wenn jedoch bereits die Ausbildungsliteratur, die dem jungen Richter "eine Hilfe bei der Einübung in die Praxis" sein will[28)], lange Kapitel über rechtlich unerhebliche Stilfragen enthält, aber keinen einzigen Satz über Verhandlungsführung, dann erhebt sich der Verdacht, daß die Erbauung an einem "schönen" Urteil für wichtiger gilt als die Einfühlung in die Bedürfnisse des rechtssuchenden Bürgers[29)].

Nicht unerwähnt bleiben sollen die rühmlichen Ausnahmen. Wir haben bereits darauf hingewiesen, daß einer der von uns beobachteten Richter mehr als alle anderen um das Gespräch mit den Parteien bemüht ist. Es wird auch nicht bestritten, daß es auch an anderen Orten Richter gibt, die einen kooperativen Verhandlungsstil pflegen[30)]. Wer dies tut, muß allerdings bereit sein, nicht nur mehr Arbeit, sondern auch Kollegenspott in Kauf zu nehmen, wie er einer Kammer des Landgerichts entgegenschlägt, die wegen der ausführlichen Befassung mit den Parteien nicht selten bis zum Dienstschluß (16^{30}) tagt. Sie heißt im Kantinenjargon ganz allgemein "Die Mondscheinkammer".

6.3.3. Konfliktlösung als Prozeßzweck?

Nach geläufiger Auffassung dienen rechtliche Verfahren der Wiederherstellung des friedlichen Zusammenlebens. Durch Heranziehung von Recht wird geklärt, wer was beanspruchen kann, und damit ist der Konflikt der Parteien beendet. Wenn man diese schöne Vorstellung für die Wirklichkeit nimmt, liegt es nahe, die Konfliktlösung zum Zweck des Verfahrens zu erklären:

> "Da im gerichtlichen Verfahren typischerweise zwei Parteien mit gegensätzlichen Interessen einander gegenüberstehen und das Gericht die Lösung dieses Gegensatzes versucht, kann als Zweck des Verfahrens die Konfliktlösung angesehen werden"[31].

Die Annahme, daß der Prozeß den Konflikt der Parteien löse, ist jedoch empirisch fragwürdig. Wenn rechtliche Verfahren einen Konflikt beenden, dann deshalb, weil die Parteien entweder nie eine Beziehung hatten (z.B. bei Verkehrsunfällen), oder weil sie ihre Beziehung beendet haben und sich ohnehin nicht wiedersehen. Wo aber ein dauernder Kontakt besteht, ist die Verrechtlichung oft nur Auslöser neuer Rechtskonflikte. Jeder Richter kennt die anscheinend niemals endenden Streitigkeiten zwischen Miterben, Nachbarn oder längst geschiedenen Ehegatten. Wer zunächst unterliegt, rächt sich mit Strafanzeigen, fängt einen weiteren Prozeß an oder bemüht Freunde und Verwandte als Streithelfer. Zum Schluß sind zahlreiche Personen und Behörden in den Streit verwickelt. Wenn ein Richter in einem Anwaltsschriftsatz den Antrag liest, das Gericht möge weitere Prozeßakten oder Strafakten beiziehen, dann weiß er, was das bedeutet. Nicht selten drängt sich dem Betrachter der Eindruck auf, daß dieser Prozeß zwischen den Parteien auch nicht der letzte sein wird.

> Die Beklagten, ein junges Ehepaar mit Kleinkind, werden auf Räumung verklagt, weil sie angeblich die anderen Mieter durch Lärm belästigen. Durch eine vorausgegangene Unterlassungsklage war ihnen untersagt worden, in ihrer Wohnung mit ihrer Waschmaschine zu waschen. Diesem Verbot sollen sie laufend zuwidergehandelt haben. Obwohl die Klage nur darauf gestützt wird, kommen einige tieferliegende Konfliktursachen zur Sprache. Die Beklagten kommen oft erst gegen Morgen nach Hause, schlafen vormittags, leben von Sozialhilfe, sind aber eben aus dem Urlaub auf Ibza zurückgekehrt, kurz, sie entsprechen nicht den Vorstellungen der Mitmieter und des Vermieters. Die

> Beklagten können die Vorwürfe widerlegen. (Die Waschmaschine ist seit längerem defekt). Im Termin legen sie Schmähbriefe vor, die ihnen der Vermieter an die Wohnungstür geheftet hat. Sie weisen darauf hin, daß die mehrfach herbeigerufene Polizei immer ergebnislos abgezogen sei.

Die meisten Informationen über die Hintergründe des Rechtsstreits haben die Anwälte, zu denen die Parteien kommen, um ihr Herz auszuschütten. Es ist eine stereotype Klage der Anwälte, daß die Parteien alles mögliche Unwesentliche erzählen, nur das nicht, was der Anwalt für den Prozeß braucht. Man kann den Anwälten sicher nicht vorhalten, daß sie sich nicht als Berater für die Sorgen und Nöte ihrer Klienten verstehen, muß aber sehen, daß eine Konfliktbehandlung, die die Parteienperspektive weitgehend ausblendet, an der Oberfläche bleibt. Aus psychologischer Sicht liegt auf der Hand, daß das 'Unwesentliche', das der Anwalt aus der Klientendarstellung ausfiltert, das Wesentliche ist. Beschränkt sich der Anwalt aber ausnahmsweise nicht auf den rechtlich relevanten Konfliktausschnitt und trägt auch die tieferliegenden Konfliktursachen vor, dann bekommt er vom Gegner und vom Gericht zu hören, dies alles sei doch nur "colorandi causa". Das Interesse von Anwälten und Richtern ist dem der Parteien entgegengesetzt. Während die Parteien oft einen starken Erzähldrang an den Tag legen, müssen die professionellen Verfahrenswalter alles daran setzen, den Prozeßstoff zu beschränken und handhabbar zu machen. Vor allem bei Konflikten in Dauerbeziehungen, die eine oft jahrelange Geschichte haben, werden auf diese Weise nur irgendwelche auslösenden Ereignisse angesprochen, die sich mühelos in Klageform gießen lassen, während die Ursachen möglichst nicht erwähnt werden.

> Die Tochter beantragt gegen ihren Vater eine einstweilige Verfügung. Sie verlangt Zutritt zum Haus des Vaters, um aus zwei Zimmern ihr gehörende Möbel zu holen. Die Eltern sind geschieden. Vater und Tochter und Mutter und Vater haben schon mehrfach gegeneinander prozessiert.

> Der Vater will seinem Sohn durch einstweilige Verfügung verbieten lassen, das elterliche Haus zu betreten. Er begründet dies damit, daß ihn sein Sohn bedroht habe. Der Sohn bgründet den Abweisungsantrag damit, daß er seine Mutter besuchen müsse, um sie vor dem Vater, mit dem sie in Scheidung lebt, zu schützen.

Für Prozesse dieser Art ist typisch, daß weitere Angehörige als Streithelfer oder Zeugen anwesend sind. Die dadurch eröffnete Möglichkeit einer umfassenden Abklärung des Konflikts wird jedoch nicht genutzt. Richter und Anwälte bemühen sich gemeinsam darum, die Parteien an 'sachfremdem' Vortrag zu hindern. Gegenseitige Vorwürfe über früheres Verhalten werden unterbrochen oder ignoriert, im Falle der Erfolglosigkeit dieser Strategie droht der Richter an, die Parteien von der mündlichen Verhandlung auszuschließen. Dementsprechend konnten die Beispielfälle in 15 bzw. 20 Minuten 'gelöst' werden.

Verrechtlichung bedeutet, daß die Ebene elementar moralischer Argumentation, auf der die Streitenden ihren Konflikt bislang ausgetragen haben, verlassen wird. Es geht jetzt nicht mehr darum, ob es 'anständig' war, daß der Vermieter die Miete erhöht hat, ob es entschuldigt werden kann, daß der Mieter daraufhin 'ausfallend' wurde, sondern ob die Wohnung in Ausstattung und Lage den genannten Vergleichswohnungen entspricht. Eine Möglichkeit, den Konflikt wieder zu 'entrechtlichen', also auf eine Weise zu thematisieren, die dem Sinnerleben der Konfligierenden eher entspricht, bietet der gerichtliche Vergleich. Nach unseren Beobachtungen wird diese Chance für einen verstehenden Zugang zum Konflikt jedoch kaum genutzt. Das folgende Beispiel zeigt die geringe Bereitschaft der professionellen Verfahrensbeteiligten, auf rechtlich nicht relevante Beziehungsprobleme einzugehen.

Prozeßstoff: Räumungsklage eines Vermieters gegen den Mieter. Der Mieter hatte etwa drei Monate nach seinem Einzug noch keine Miete bezahlt. Der Mieter beruft sich darauf, daß dies ohne sein Verschulden geschehen sei. Darüberhinaus macht er ein Minderungsrecht geltend, weil ein Treppenhausfenster von Anfang an undicht gewesen sei und eine Wand seiner Wohnung 'feucht gemacht' habe. Der Schaden wurde mittlerweile im Auftrag des Mieters behoben. Die Kosten wurden vom Vermieter übernommen. Im Prozeß stellte sich heraus, daß der Mieter seiner Bank für die Mietzahlung einen Dauerauftrag erteilt hatte (allerdings erst vier Wochen nach dem Einzug), der von der Bank verspätet bearbeitet wurde. Eine weitere Verzögerung ergab sich durch die verspätete Bearbeitung der eingegangenen Überweisung durch die Bank des Vermieters. Im Termin soll Beweis erhoben werden über den Umfang des Schadens, der durch das undichte Treppenhausfenster verursacht wurde. Es sind zwei Handwerker als Zeugen geladen.

Prozeßbeteiligte: Im Termin sind erschienen (Anordnung des persönlichen Erscheinens) der Kläger, 68 Jahre (nach eigener Angabe), die etwa gleichaltrige Ehefrau als Zuschauerin; der Beklagte (unter Dreißig). Beide Seiten sind anwaltlich vertreten.

Verlauf der Verhandlung: Vor dem Eintritt in die Beweisaufnahme versucht der Richter, die Bereitschaft zu einem Vergleich zu wecken. Der Kläger erweist sich als wenig geneigt, so daß zunächst die Zeugen gehört werden. Nach der Vernehmung nimmt der Richter die Vergleichsverhandlungen wieder auf. Er erklärt dem Kläger, daß er mit seiner Räumungsklage nicht durchdringen werde, dem Beklagten, daß er sich die verzögerte Bearbeitung des Dauerauftrags durch die eigene Bank zurechnen lassen müsse. bezüglich der Höhe der Minderung sollte ein Vergleich (Teilvergleich) erwogen werden. Der Kläger meldet sich nun erregt zu Wort und versucht ausführlich zu begründen, warum er nicht mit einem Vergleich einverstanden ist. Er beginnt mit der Darstellung des Konfliktverlaufs aus seiner Sicht, wird aber ständig vom Richter unterbrochen ("Das steht doch schon in der Akte"). Der Kläger läßt sich jedoch nicht den Mund verbieten ("Warum hat man mich denn herbestellt, wenn ich doch nichts sagen darf", "Wenn ich nichts sagen darf, kann ich ja gleich nach Hause gehen") und bemüht sich, den Fall 'von Anfang an' darzustellen. Schließlich bittet sein Anwalt den Richter augenzwinkernd, den Mandanten ausreden zu lassen. Trotz zahlreicher weiterer Unterbrechungen durch Richter und Anwälte, gegen die sich der Kläger zur Wehr setzt (allein dreimal: "Darf ich bitte weitersprechen") gelingt dem Kläger eine ausführliche Schilderung. Diese enthält zugleich auch Elemente der Selbsdarstellung als moralische Persönlichkeit. Der Vermieter betont, daß er früher als Mieter seine Miete immer pünktlich bezahlt habe, seine Pflichten als Vermieter immer gewissenhaft erfülle und schließlich auch die Reparatur des Fensters bezahlt habe. Zwischendurch kommt er auf die Gründe seiner Verärgerung zu sprechen. Die Verzögerung durch die Banken sei ja nicht Schuld des Mieters, aber immerhin habe er ja den Auftrag zu spät erteilt. Von dem undichten Fenster habe der Mieter ihm nichts erzählt, obwohl sie im gleichen Hause wohnten. Er weist auf seine eigene Bereitschaft hin, berechtigten Beschwerden sofort nachzugehen und macht den Mieer für den Prozeß verantwortlich. Hätte dieser ihm alles rechtzeitig mündlich erklärt, wäre es nicht zum Prozeß gekommen. Der Vermieter betont die psychische Belastung durch den Prozeß ("Ich bin ein alter Mann, 68 Jahre alt") und schiebt dem Mieter die Verantwortung für die gerichtliche Auseinandersetzung zu ("Warum hat er mich nur vor Gericht gezerrt"). Von einer teilweisen Übernahme der Prozeßkosten will er nichts wissen, weil nicht er den Prozeß veranlaßt habe. Der Richter versucht zu begütigen, indem er darauf hinweist, daß die Räumungsklage keinen Erfolg haben werde, die Parteien also weiterhin in einem Haus zusammenleben würden und daher eine gütliche Einigung geboten sei. Der Mieter äußert sich in der gesamten Verhandlung nicht.

Die Anwälte schieben die Verantwortung für den Vergleich dem Richter zu (ausdrücklicher Wunsch: "Auf Vorschlag des Gerichts wird folgender Vergleich geschlossen...") und argumentieren dann gemeinsam für diesen Vorschlag gegen den Kläger. Der Kläger ist mit dem Vergleichsvorschlag schließlich einverstanden (DM 180,-- Minderung statt DM 360,--), will aber keine Prozeßkosten übernehmen. Die Anwälte verständigen sich mit dem Richter über die Kostenregelung, die nur unter Bezugnahme auf die einschlägigen Paragraphen der ZPO protokolliert wird. Der Kläger, der diese Normen nicht kennt, gibt schließlich seine Zustimmung. Er bleibt über die Kosten, die er dadurch übernommen hat, im unklaren. Der Beklagtenanwalt versucht die offensichtliche Verärgerung des Klägers zu überspielen und macht einen Vorschlag zur Versöhnung: "Vielleicht gehen Sie heute abend mit dem Herrn ... einen trinken." Daraufhin der Vermieter (noch stark erregt): "Ich werd' mir heute einen trinken, aber allein, nicht mit dem" und verläßt ärgerlich den Saal.

Für die Lösung von Beziehungsproblemen reicht es nicht aus, nur das Sachproblem zu diskutieren. Jede Regelverletzung der einen Seite kann von der anderen als Anzeichen dafür interpretiert werden, daß der andere möglicherweise hinsichtlich einer ganzen Klasse von Ereignissen delinquent ist[32]. Wenn - wie an diesem Beispiel sichtbar - einzelne Handlungen als Ausdruck einer allgemein den Normen bürgerlicher Wohlanständigkeit widersprechen den Handlungsneigungen und diese wiederum als Ausdruck eines zweifelhaften Charakters aufgefaßt werden, dann muß diesem Eindruck entgegengearbeitet werden. Aufgabe der professionellen Verfahrensbeteiligten wäre es daher, mögliche Interpretationen anzubieten, die das Verhalten in anderem Licht erscheinen lassen, die Kommunikation der Konfligierenden wieder in Gang zu setzen und die Bereitschaft zu fördern, Entschuldigungen anzubieten und anzunehmen, kurz: den beiderseitigen Anspruch, als kompetente und moralische Persönlichkeiten gelten zu wollen, anzuerkennen.

Für den Beziehungsaspekt des Rechtsstreits ist aber im Gerichtsverfahren kein Raum. Der Zivilprozeß ist einer der zahlreichen modernen Schauplätze, die Individuen dazu zwingen, ihre Gefühle unter Kontrolle zu halten[33]. Zwar ist der Konflikt erlaubt[34], aber nicht seine emotionalen Begleiterscheinungen: Freude oder Weinen, Lachen oder Ärger stören das Verfahren. Selbst die Thematisierung vergangener Gefühle ist nicht angebracht. Wie sehnsüchtig man auf das verspätet gelieferte Auto gewartet hat, tut ebensowenig zur Sache wie die Schadenfreude Dritter. Die 'Versachlichung' des Konflikts soll dadurch erreicht werden, daß Rederechte zugeteilt, Emotionen unterdrückt oder in die Form von Anträgen gegossen werden. Die Rollenhaftigkeit der Darstellung und die formale Verteilung der Interaktionschancen gelten als Vorzug des Prozesses: "Wann die Parteien welche Anträge stellen dürfen und was sie als relevant vortragen können, wird ebenso wie der Zeitpunkt und der Umfang einer Beweisaufnahme vom Gericht nach rechtlichen Regeln festgelegt. Durch diese rechtliche Regelung des Parteiverhaltens wird im Verfahren eine sachliche Atmosphäre geschaffen, die den Konflikt in geordnetem Rahmen hält und die Befassung mit den eigentlichen Sachproblemen erleichtert ... Die rechtliche Regelung des Verfahrens ist deshalb auch unter dem Aspekt einer effektiven Konfliktlösung von Vorteil"[35].

Diese Auffassung steht in Widerspruch zu allen psychologischen Erkenntnissen[36]. Es ist zwar richtig, daß für eine effektive Konfliktregelung die emotionalen Obertöne herausgefiltert werden müssen, doch setzt dies zunächst eine Phase voraus, in der sich Aggressionen entladen dürfen. Statt die emotiven Aspekte des Streits zunächst offenzulegen und zu thematisieren, wird von Anfang an nur der objektive Interessengegensatz beleuchtet. Der Versuch des Fremdverstehens, d.h. der Herausarbeitung der subjektiven Rationalität der Konfligierenden, der der 'Versachlichung' vorausgehen müßte, wird nicht gemacht. 'Versachlichung' meint doch wohl, daß die Parteien die ökonomische Rationalität des Zivilprozesses als eigene Handlungsprämisse übernehmen sollen. Ein derartiger Lernprozeß ist nicht zu erreichen, wenn schon vom eigenen Anwalt und später vom Gericht alles abgeschnitten wird, was nicht in das zivilprozessuale Argumentationsschema paßt. Aber selbst wenn nicht nur ein Teil des Oberflächenmaterials zum Prozeßstoff wird und wenn zugleich juristisches und alltagsweltliches Denken weitgehend zusammenfallen, bleibt für die Artikulation emotionaler Bedürfnisse kein Raum: die 'Versachlichung' und Begrenzung des Konflikts ist kurzfristig und vordergründig. Nur in der offenen Aussprache der Parteien besteht die Chance, Mißverständnisse und zugrundeliegende Aversionen, aber auch Gemeinsamkeiten und Einigungsmöglichkeiten aufzudecken. Wird diese Möglichkeit nicht genutzt, dann steht zu befürchten, daß nur eine einzelne Konfliktebene angesprochen wird und der Konflikt weiterschwebt.

Es läßt sich einwenden, daß der Zivilprozeß das, was moderne psychologische Konfliktlösungsverfahren leisten, weder leisten kann, noch leisten will.

> "Nicht übersehen werden soll auch die schlichte Erkenntnis, daß das Gerichtsverfahren der Lösung von Konflikten mit den Mitteln des Rechts dient. Es zielt grundsätzlich auf Entscheidung, auch wenn das Gericht gehalten ist, auf eine gütliche Beilegung hinzuwirken. Die Kommunikation hat den Zweck, Informationen für die Entscheidung zu erlangen und diese möglichst so vorzubereiten, daß sie richtig und gerecht ausfällt. Aus dieser Zweckbestimmung ergeben sich die Chancen, aber auch die Grenzen jeder Kommunikationsstrategie"[37].

Diesen Ausführungen soll nicht widersprochen werden. Aber man darf wohl fragen, was denn unter "Lösung von Konflikten mit den Mitteln des Rechts" zu verstehen ist, wenn gleichzeitig eingeräumt wird, daß im Gerichtsverfahren lediglich der rechtlich faßbare Teil des Konfliktgeschehens <u>entschieden</u> wird, während der Konflikt selbst ungelöst bleibt. Von dem pompösen Anspruch auf Konfliktlösung bleibt somit nur übrig, daß das Gerichtsverfahren der Entscheidung dient.

Anmerkungen

1) Vgl. Peter Arens, Mündlichkeitsprinzip und Prozeßbeschleunigung im Zivilprozeß, Berlin 1971, S. 47.

2) So vor allem Rudolf Wassermann, Gericht und Bürger - Was heißt bürgerfreundliche Rechtspflege und wie läßt sie sich verwirklichen?, in : ders., Justiz für den Bürger, Neuwied 1981, S. 27-94.

3) Baumbach/Lauterbach, ZPO, 40. Aufl. 1982, Übers § 128 Anm. 1 B.

4) Wassermann (Fn. 2) S. 57 f.

5) Vgl. Werner Kallmeyer/Fritz Schütze, Konversationsanalyse, Studium Linguistik 1976, S. 1-28 (14 f.).

6) Siehe dazu Harvey Sacks, Das Erzählen von Geschichten in Unterhaltungen, in: Rolf Kjolseth/Fritz Sack (Hrsg.), Zur Soziologie der Sprache (Sonderheft 15 der KZfSS), Opladen 1971, S. 307-314.

7) Rainer Hegenbarth/Regine Scholz, KOnfliktlösung ohne Kommunikation: Die Organisation der Sprachlosigkeit in Zivilprozessen, in: Informationsbrief für Rechtssoziologie, Heft 15 (1979), S. 88-118.

8) Dazu Heinz Menne, Sprachbarrieren und Rationalisierung im Zivilprozeß, Zeitschrift für Zivilprozeß 1975, S. 263-285 (271).

9) Vgl. Rainer Hegenbarth/Wolfgang Hutmacher, Methodische Probleme der Beobachtung verbaler Interaktion im Zivilprozeß, Ms., Bochum/Schönwald 1980.

10) Vgl. Erhard Blankenburg, Viola Blankenburg, Hellmut Morasch, Der lange Weg in die Berufung, in: Rolf Bender (Hrsg.), Tatsachenforschung in der Justiz, Tübingen 1972, S. 81-104.
Marc Galanter, Why the 'Haves' Come Out Ahead: Speculations on the Limits of Legal Change, Law and Society Review 9 (1974) S. 95-155 (97 ff.).

11) Dazu näher Klaus F. Röhl, Der Gebrauch von REcht zur Änderung des status quo, Zeitschrift für Rechtssoziologie 1981, S. 7-17 (14 f.); Rainer Hegenbarth, Illusions perdues. Verbrauchererwartungen und Gerichtsentscheid, Zeitschrift für Rechtssoziologie 1981, S. 34-52 (38 ff.).

12) Rainer Hegenbarth (Fn. 11) S. 41 ff.

13) Dieses Phänomen ist empirisch gut untersucht. Vgl. den Literaturüberblick bei Rainer Hegenbarth, Von der legislatorischen Programmierung zur Selbststeuerung der Verwaltung, in: Erhard Blankenburg/Klaus Lenk (Hrsg.), Organisation und Recht (Jahrbuch für Rechtssoziologie und Rechtstheorie Bd. 7), Opladen 1980, S. 130-152 (136 f.).

14) Rolf Bender/August Belz/Peter Wax, Das Verfahren nach der Vereinfachungsnovelle und vor dem Familiengericht, München 1977; Rudolf Wassermann, Der soziale Zivilprozeß, Neuwied/ Darmstadt 1978, S. 89 ff.

15) W. Kisch, zitiert nach Wassermann (Fn. 14) S. 155.

16) Vgl. etwa Thomas/Putzo, ZPO, 11. Aufl. 1981, § 139 - Rdnr.3.

17) Thomas/Putzo (Fn. 16), § 139 Rdnr.2b.

18) Vgl. Wassermann (Fn. 2).

19) Rudolf Wassermann, Sprachliche Probleme in der Praxis von Rechtspolitik und Rechtsverwirklichung, Zeitschrift für Rechtspolitik 14 (1981), S. 257-262 (259).

20) Thomas/Putzo (Fn. 16) § 137 Rdnr.2.

21) Dazu näher Hans Erich Troje, Mißstände im Rechtswesen. Unveröffentlichtes Rundfunkmanuskript, o.J.

22) Vgl. etwa Rüdiger Lautmann, Justiz - die stille Gewalt, Frankfurt 1972, S. 103.

23) Dazu Rainer Hegenbarth, Juristische Hermeneutik und linguistische Pragmatik, Königstein/Ts. 1982, S. 192 f.

24) So das Tagungsmotto des I. Internationalen Kongresses für Zivilprozeßrecht in Gent 1977.

25) Vgl. etwa die zahlreichen sinnvollen Anregungen von Wassermann (Fn. 2).

26) Wassermann (Fn. 2) S. 63.

27) Zur Funktion von Begrüßungen siehe A. Grimshaw, Regeln der sozialen Interaktion und soziolinguistische Regeln, in: Uta Quasthoff (Hrsg.), Sprachstruktur-Sozialstruktur, Königstein/Ts. 1978, S. 57-84 (64 ff.); Erving Goffman, Das Individuum im öffentlichen Austausch, Frankfurt 1974, S. 111 ff.

28) Sattelmacher/Sirp, Bericht, Gutachten und Urteil. Eine Einführung in die Rechtspraxis, 28. Aufl. München 1980, S. VI.

29) Es ist nirgendwo vorgeschrieben, an welcher Stelle des Tatbestandes die Anträge stehen sollen, ob Rechtsausführungen der Parteien in den Tatbestand gehören, wie ein Rubrum auszusehen hat (usw.). Tatsächlich nehmen diese Fragen jedoch in Literatur und Ausbildung breiten Raum ein. Vgl. etwa Sattelmacher/Sirp (Fn. 28) S. 198 ff.

30) Siehe dazu Theodor Weber, Gütliche Beilegung und Verhandlungsstil im Zivilprozeß, Deutsche Richterzeitung 1978, S. 166-169.

31) Manfred Wolf, Gerichtliches Verfahrensrecht, Reinbek 1978, S. 16.

32) Goffman (Fn.27) S. 140.

33) Zu den Folgen dieser Entwicklung, die das Individuum dazu nötigt, sein emotionelles Leben zu 'managen', vgl. Peter L. Berger u.a., Das Unbehagen in der Modernität, Frankfurt/New York 1975, bes. S. 157 ff.

34) Vgl. Niklas Luhmann, Legitimation durch Verfahren, 2. Aufl. Darmstadt/Neuwied 1975, S. 100 ff.

35) Wolf (Fn. 31) S. 35.

36) Siehe dazu die Darstellung psychologischer Konfliktlösungsmethoden bei Hegenbarth/Scholz (Fn. 7).

37) Wassermann (Fn. 19) S. 259.

Klaus F. Röhl

7. Der Vergleich

7.1. Grunddaten aus der Rechtspflegestatistik

Bevor wir die den Vergleich betreffenden Daten aus unserer Untersuchung vorstellen, sollen einige Grunddaten aus der Rechtspflegestatistik wiedergegeben werden. Sie können zu einer besseren Einschätzung der eigenen Ergebnisse verhelfen und darüber hinaus über Verfahrensarten und Rechtszüge informieren, die wir mit unserer Untersuchung nicht abdecken.

7.1.1. Der Vergleich im "gewöhnlichem Zivilprozeß"

Für einen groben Überblick empfiehlt es sich, die etwa 10 % der Fälle auszuscheiden, die von der Rechtspflegestatistik[1)] wegen verfahrensmäßiger oder streitgegenständlicher Besonderheiten nicht zu den "gewöhnlichen" Zivilprozessen gezählt werden. Es handelt sich neben Aufgebots- und Entmündigungsverfahren um Rückerstattungs- und Entschädigungs- sowie um Kindschaftssachen. Diese Verfahren sind auch in unserer Untersuchung unberücksichtigt geblieben. Nicht zu den "gewöhnlichen" Zivilprozessen zählt die Statistik auch die Scheck- und Wechselprozesse sowie die Eilverfahren auf Erlaß eines Arrests oder einer einstweiligen Verfügung. Solche Verfahren haben wir zwar in unsere Untersuchung einbezogen. Sie können aber hier wegen ihrer untergeordneten praktischen Bedeutung unberücksichtigt bleiben. Einen Überblick über die verbleibenden gewöhnlichen Zivilprozesse gibt die nachstehende Tabelle 1 mit Zeitreihen, die nach der Art des Gerichts, der Instanz und der Erledigung aufgegliedert sind.

Tabelle 7.1.

Erledigte (gewöhnliche) Zivilprozesse in der BRD seit 1970 und Anteil der Vergleiche und Urteile

	1. Instanz		Berufungsinstanz	
	Amtsgericht	Landgericht	Landgericht	Oberlandesgericht
1970 insgesamt	791.589	158.690	38.164	25.078
davon				
durch Vergleich	10,1 %	19,7 %	13,9 %	21,7 %
durch Urteil	19,0 %	31,1 %	58,4 %	52,8 %
1972 insgesamt	713.213	201.478	42.129	28.799
davon				
durch Vergleich	10,9 %	19,0 %	14,1 %	20,7 %
durch Urteil	24,4 %	31,0 %	56,9 %	53,5 %
1974 insgesamt	789.280	268.733	46.305	34.509
davon				
durch Vergleich	9,9 %	16,7 %	13,6 %	19,0 %
durch Urteil	23,9 %	29,7 %	57,6 %	53,5 %
1975 insgesamt	851.984	280.423	49.565	39.545
davon				
durch Vergleich	10,7 %	16,6 %	14,2 %	19,2 %
durch Urteil	26,3 %	32,2 %	55,7 %	51,7 %
1976 insgesamt	909.317	239.079	54.777	42.015
davon				
durch Vergleich	10,9 %	18,1 %	14,4 %	19,4 %
durch Urteil	28,8 %	34,1 %	55,5 %	51,9 %
1977 insgesamt	901.129	241.433	62.464	41.843
davon				
durch Vergleich	10,9 %	18,3 %	14,4 %	19,3 %
durch Urteil	29,2 %	32,7 %	55,1 %	52,5 %
1978 insgesamt	851.116	237.343	60.881	40.697
davon				
durch Vergleich	10,6 %	19,3 %	14,2 %	19,9 %
durch Urteil	28,4 %	31,3 %	56,7 %	52,5 %
1979 insgesamt	820.460	240.898	55.035	39.004
davon				
durch Vergleich	10,5 %	19,0 %	14,2 %	18,8 %
durch Urteil	29,1 %	31,9 %	56,8 %	53,3 %
1980 insgesamt	850.592	270.413	56.192	40.125
davon				
durch Vergleich	10,3 %	18,4 %	13,5 %	17,8 %
durch Urteil	29,7 %	32,0 %	57,1 %	52,8 %

Über alle Gerichtszüge und Instanzen gerechnet wurden (1980) etwa 26 % der Zivilprozesse mit einem streitigen Urteil endgültig abgeschlossen, während 13,6 % aller Prozesse mit einem Vergleich endeten. Über die unterschiedlichen Vergleichsquoten bei Amtsgericht und Landgericht sowie beim Eingangsgericht und in der Berufungsinstanz gibt die Tabelle nähere Auskunft. Dabei fällt insbesondere die große Konstanz der verschiedenen Erledigungsarten über die Zeit ins Auge. Auch die am 1.7.1977 in Kraft getretene Vereinfachungsnovelle zur ZPO hat in der Vergleichsstatistik keine Spuren hinterlassen. Auffällig ist nur, daß sich im Laufe der Zeit die Quote der streitigen Urteile beim Amtsgericht derjenigen beim Landgericht angenähert hat.

Im übrigen sind die vom statistischen Bundesamt veröffentlichten Daten der Zählkartenstatistik zum Prozeßvergleich wenig aussagekräftig. Zur Parteikonstellation fehlt es überhaupt an Angaben. Die Aufgliederung nach Prozeßgegenständen ist für Forschungszwecke unzureichend[2]. Für den Amtsgerichtsprozeß läßt sich immerhin erkennen, daß die in der Rechtspflegestatistik als Wohnungsmietsachen ausgewiesenen Klagen auf Räumung oder Fortsetzung des Mietverhältnisses mit 12,1 % etwas häufiger verglichen werden als der Durschschnitt aller Prozesse mit 10,0 % (1980). Für das Landgericht fehlt es ebenso wie für das Oberlandesgericht völlig an einer sinnvollen Erhebung von Streitgegenständen. Von Interesse ist allenfalls, daß die durchschnittliche Vergleichsquote der Kammern für Handelssachen (im Jahre 1980) mit 13,8 % hinter der durchschnittlichen Vergleichsquote des Landgerichts von 17,2 % zurückbleibt[3]. Allerdings ist auch die Urteilsquote dieser Kammern mit 27,6 % gegenüber der durchschnittlichen Urteilsquote von 31 % etwas niedriger. Für die Berufungskammern ist wiederum die bei Wohnungsmietsachen mit 19,9 % gegenüber durchschnittlich 13,4 % höhere Vergleichsquote auffällig. Bemerkenswert ist schließlich der Vergleichserfolg des Einzelrichters beim Landgericht. 1980 wurden von 58.369 dem Einzelrichter übertragenen Zivilprozessen 16.874 (28,9 %) durch Vergleich und 25.908 (44,3 %) durch Urteil erledigt. Dagegen erzielten die Kammern in

197.052 Verfahren nur 28.663 (14,5 %) Vergleiche und 53.836 (27,3 %) Urteile. Da die Mehrzahl der nicht qualifizierten Erledigungen jedoch bei der Kammer anfällt, ist aussagekräftig nur die Relation von Vergleichen zu streitigen Urteilen. Sie beträgt beim Einzelrichter 3,5 gegenüber 6,9 bei der Kammer und zeigt damit einen um 100 % größeren Vergleichserfolg des Einzelrichters an. Es wäre allerdings voreilig, den Grund dafür in der Einrichtung des Einzelrichters als solchen zu suchen. Maßgeblich sind vermutlich vielmehr die Auswahlgesichtspunkte, nach denen die Verfahren dem Einzelrichter übertragen werden. Nach § 348 Abs. 1 ZPO sollen an ihn nur solche Sachen delegiert werden, die keine besonderen Schwierigkeiten tatsächlicher oder rechtlicher Art aufweisen und als Rechtssache ohne grundsätzliche Bedeutung sind. Es ist aber nicht ausgeschlossen, daß die Praxis anders verfährt, indem sie dem Einzelrichter, wie früher schon, auch solche Verfahren überläßt, die umfangreiche Beweisaufnahmen erfordern[4]. So wie von der Übertragungsermächtigung überhaupt in sehr unterschiedlichem Umfang Gebrauch gemacht wird, könnten auch die Auswahlkriterien schwanken.

Besonders auffällig sind die von der Zählkartenstatistik ausgewiesenen regionalen Unterschiede der Vergleichsquote. Schlußlicht ist der OLG-Bezirk Oldenburg. An der Spitze dagegen liegen die bayerischen Oberlandesgerichte, allen voran der OLG-Bezirk Bamberg. Dort werden in erster Instanz beim Amtsgericht ebenso wie beim Landgericht doppelt so viele Vergleiche geschlossen wie in Oldenburg. In der Berufungsinstanz vergrößert sich der Abstand weiter, beim Landgericht auf das Dreifache und beim OLG zeitweise sogar auf das Sechsfache. Auffällig hoch, jedenfalls bei Landgerichten und OLG, ist die Vergleichsquote auch im Bezirk Zweibrücken. Die Differenz ist so frappierend, daß wir uns ohne eine vorläufige Erklärung nicht zufrieden geben mögen[5]. Wir vermuten den wichtigsten Grund in einer unterschiedlichen Personalausstattung der Gerichte. Schon früher haben wir aus anderen Daten geschlossen, daß die Vergleichsquote mit steigender Belastung der Gerichte zurückgeht[6]. Die regionalen Unterschiede der Vergleichsquoten waren uns damals nicht aufgefallen. Da uns die Soll- und Istwerte der Pensenschlüssel für die einzelnen Gerichtsbezirke nicht zur Verfügung stehen, müssen wir uns zum Vergleich der unterschiedlichen Richterbelastung mit den groben Daten der Rechtspflegestatistik zufrieden gben, indem wir an Hand der Anzahl der Zivilkammern und der Zivilsenate im OLG-Bezirk eine "Belastungsquote" errechnen. Verzerrungen können sich insbesondere daraus ergeben, daß bei der Anzahl der Zivilkammern Beschwerde - und Berufungskammern eingeschlossen sind und beim OLG die Familiensenate nicht ausgesondert werden können. In erster Linie auf die Einrichtung neuer Familiensenate führen wir die Vermehrung der Zivilsenate zwischen 1978 und 1980 zurück. Auch wenn danach erhebliche Fehlerquellen in Rechnung zu stellen sind, so sprechen die Zahlen in den nachstehenden Tabellen doch eine deutliche Sprache. Es erledigten im OLG-Bezirk Oldenburg 1978 37 Zivilkammern u.a. 6.533 Zivilprozesse sowie zehn Zivilsenate 1.188 Berufungsverfahren. Im OLG-Bezirk Bamberg standen für 4.818 Zivilprozesse 43 Zivilkammern zur Verfügung, während die neun Zivilsenate nur 682 Berufungsverfahren zu bearbeiten hatten. Obwohl selbstverständlich erheblich detailliertere Untersuchungen über den Zusammenhang von Richterpensum und Vergleichsquote möglich und notwendig sind, kann man doch begründet vermuten, daß der Vergleichserfolg in erheblichem Umfang von der Belastung der Gerichte abhängig ist.

Tabelle 7.2. Unterschiedliche Vergleichsquoten
in ausgewählten OLG-Bezirken

Gewöhnliche Zivilprozesse vor dem Landgericht (1. Instanz)

		Erledigte Verfahren insgesamt	Davon durch Vergleich	Anzahl der Zivilkammern im OLG-Bezirk	Belastungsquote (erledigte Verfahren je Zivilkammer)	Vergleichsquote
OLG Oldenburg	1978	6533	910	27	242	13,9 %
	1979	7152	1053	28	254	14,7 %
	1980	8180	1085	31	264	13,3 %
OLG Düssel-dorf	1978	21552	2912	97	222	13,5 %
	1979	21618	2643	92	235	12,2 %
	1980	23786	2945	92	259	12,4 %
OLG Celle	1978	14566	2301	67	217	15,8 %
	1979	14447	2147	68	213	14,9 %
	1980	16589	2194	68	244	13,2 %
OLG Karls-ruhe	1978	15325	3326	73	210	21,7 %
	1979	15005	3320	74	203	22,1 %
	1980	16615	3439	75	222	20,7 %
OLG Zwei-brücken	1978	4164	1061	32	130	25,5 %
	1979	4241	1064	32	133	25,1 %
	1980	4944	1225	32	155	24,8 %
OLG Bamberg	1978	4818	1281	34	141	26,6 %
	1979	5007	1226	34	147	24,5 %
	1980	5785	1473	34	170	25,5 %

Tabelle 7.3. Unterschiedliche Vergleichsquoten
in ausgewählten OLG-Bezirken

Gewöhnliche Zivilprozesse vor dem Oberlandesgericht (Berufungsinstanz)

		Erledigte Verfahren insgesamt	Davon durch Vergleich	Anzahl der Zivilsenate	Belastungsquote (erledigte Verfahren je Zivilsenat)	Vergleichsquote
OLG Oldenburg	1978	1188	70	10	119	5,9 %
	1979	1193	87	11	109	7,3 %
	1980	1274	99	12	106	7,8 %
OLG Düsseldorf	1978	4166	509	29	144	12,2 %
	1979	4052	410	31	131	10,1 %
	1980	4168	398	32	130	9,5 %
OLG Celle	1978	2717	406	18	151	14,9 %
	1979	2613	391	19	138	15,0 %
	1980	2843	395	19	150	13,9 %
OLG Karlsruhe	1978	2772	671	18	154	24,2 %
	1979	2533	630	19	133	24,9 %
	1980	2681	608	19	141	22,7 %
OLG Zweibrücken	1978	596	202	7	85	33,9 %
	1979	627	211	7	90	33,7 %
	1980	580	154	7	93	26,6 %
OLG Bamberg	1978	682	204	9	76	29,9 %
	1979	610	141	9	68	23,1 %
	1980	663	148	10	66	22,3 %

7.1.2. Besondere Verfahrensarten

7.1.2.1. Arbeitsgericht

Von Interesse sind zunächst einige Angaben über das Verfahren vor den Arbeitsgerichten. Der Vergleich hat im Arbeitsgerichtsverfahren durch die in § 54 ArbGG vorgesehene obligatorische Güteverhandlung besonderes Gewicht, und er ist auch von erheblicher praktischer Bedeutung. Das zeigt die nachfolgende Zahlenübersicht, nach der in der ersten Instanz vor dem Arbeitsgericht mehr als ein Drittel aller Verfahren und in der Berufungsinstanz vor dem Landesarbeitsgericht noch einmal 30% der Prozesse durch Vergleich erledigt werden.

Das Arbeitsrecht hat sich dogmatisch längst zu einem eigenständigen Rechtsgebiet verfestigt. In der sozialen Realität entspricht ihm ein vom übrigen Zivilrecht verschiedener, deutlich ausgrenzbarer Sachverhalt. Er äußert sich im Verfahren in typischen Prozeßgegenständen und Parteikonstellationen. Der Arbeitsrechtsstreit verläuft im Vergleich zum Zivilprozeß dadurch sehr einheitlich, daß in über 90 % der Fälle die Klagen von Arbeitnehmern gegen den Arbeitgeber erhoben werden und entweder eine Lohnforderung oder den Widerspruch gegen eine Kündigung zum Gegenstand haben[7)]. Trotz seiner Eigenständigkeit läßt sich das Verfahren vor dem Arbeitsgericht bis zu einem gewissen Grade mit dem Mietprozeß vergleichen. In beiden Fällen geht es um ein Dauerschuldverhältnis, das für den betroffenen Arbeitnehmer oder Mieter von wesentlicher, ja oft von existenzieller Bedeutung ist. In beiden Fällen greifen soziale Schutzgesetze ein, die insbesondere eine Kündigung durch den Arbeitgeber bzw. Vermieter von besonderen, generalklauselartig geregelten Umständen abhängig machen. In beiden Fällen scheint sowohl die soziale Struktur des Streitverhältnisses wie dessen rechtliche Regelung eine vergleichsweise Einigung zu begünstigen.

Tabelle 7.4.

Erledigte Arbeitsgerichtsprozesse in der BRD seit 1959
nach Art der Erledigung

	Arbeitsgericht	Landesarbeitsgericht
1959 insgesamt	177.285	6661
davon		
durch Vergleich	35,3 %	26,6 %
durch Urteil	9,8 %	42,4 %
1962 insgesamt	156.986	5799
davon		
durch Vergleich	33,6 %	26,8 %
durch Urteil	10,4 %	44,1 %
1965 insgesamt	167.552	6405
davon		
durch Vergleich	30,3 %	25,3 %
durch Urteil	9,8 %	43,8 %
1968 insgesamt	183.878	7284
davon		
durch Vergleich	30,5 %	28,8 %
durch Urteil	10,1 %	39,6 %
1971 insgesamt	212.318	8003
davon		
durch Vergleich	30,5 %	27,3 %
durch Urteil	9,8 %	38,5 %
1974 insgesamt	279.423	10.103
davon		
durch Vergleich	33,3 %	27,2 %
durch Urteil	9,5 %	35,5 %
1977 insgesamt	302.106	15.160
davon		
durch Vergleich	36,2 %	31,5 %
durch Urteil	10,4 %	35,0 %
1980 insgesamt	296.826	12.988
davon		
durch Vergleich	36,9 %	30,6 %
durch Urteil	10,0 %	39,0 %

7.1.2.2. Familiengericht

Im Verfahren vor den Familiengerichten ist die Dispositionsbefugnis der Parteien über die materiell-rechtliche Gestaltung ihrer Verhältnisse und damit auch der Vergleichsraum beschränkt ist. Deshalb sind auch die dort ausgetragenen Streitigkeiten unter dem Aspekt der Vergleichsmöglichkeiten von erheblichem Interesse, denn sie betreffen stets Konflikte zwischen Parteien, zwischen denen eine enge soziale Beziehung besteht oder jedenfalls bestanden hat und bei denen deshalb vielfach Vermittlungsbemühungen als besonders aussichtsreich und im Interesse der Erhaltung wertvoller sozialer Beziehungen auch als lohnend angesehen werden. Immerhin wurden - nimmt man die Zahlen von 1978 bis 1980 zusammen - fast die Hälfte aller Scheidungsfolgesachen durch Vergleich erledigt. Bei den übrigen Familiensachen entfällt durchschnittlich ein Vergleich auf drei Entscheidungen. Einzelheiten zeigt die folgende, aus der Rechtspflegestatistik des Statistischen Bundesamtes zusammengestellte Tabelle 5. In Ehesachen ist die Funktion des Vergleichs von der im ordentlichen Zivilprozeß allerdings sehr verschieden; die Zahlen sind daher nur schwer vergleichbar. Die Scheidung selbst und auch die Regelung des Sorgerechts sind rechtlich der vergleichsweisen Regelung ganz entzogen. Ein Vergleich über den Versorgungsausgleich bedarf der Zustimmung des Gerichts. Praktisch übt das Gericht bei einer einverständlichen Scheidung, bei einem gemeinsamen Vorschlag über das Sorgerecht und bei einer Vereinbarung über den Versorgungsausgleich jedoch nur eine Mißbrauchsaufsicht aus und bestätigt im übrigen eine außergerichtliche Einigung vgl. § 1587 O Abs. 2 S. 4 BGB). Auch in den übrigen Scheidungsfolgesachen, die voll zur Disposition der Parteien stehen, fungiert das Gericht vielfach nur als Protokollinstanz für eine außergerichtlich gefundene Einigung. Immerhin gibt es auch in streitig geführten Eheverfahren, insbesondere im Bereich der Folgesachen, einen erheblichen Spielraum des Gerichts für eigene Vergleichsbemühungen. In der nachstehenden Tabelle zeigt die kurze Zeitreihe von 1978 bis 1980 eine Abnahme der Vergleiche im Verhältnis zu den Entscheidungen über Folgesachen. Dieser Rückgang dürfte darauf zurückzuführen sein, daß nach der Eherechtsreform im Jahre 1977 zunächst die

Tabelle 7.5. Familiensachen vor dem Amtsgericht

	1978	1979	1980
1. Erledigte Verfahren insgesamt	189.707	241.407	287.648
2. Scheidungsverfahren insgesamt	65.918	114.555	131.742
2.1. Davon nur mit Versorgungsausgleich anhängig	32.898	45.013	51.141
2.2. Sonstige mit Scheidungsverfahren anhängige Folgesachen	142.882	273.920	305.884
2.3. Durch Vergleich vor der Scheidung erledigte Folgesachen	45.273	102.878	110.376
2.4. Mit dem Scheidungsurteil entschiedene Folgesachen	30.879	99.199	130.726
3. Abgetrennte Folgesachen und allein anhängige andere Familiensachen sowie Armenrechtsverfahren insgesamt	121.682	125.901	154.822
3.1. Davon erledigt durch Urteil oder Beschluß	64.872	66.059	85.425
3.2. Davon erledigt durch Vergleich	20.987	21.025	24.511

einverständlichen Scheidungen bevorzugt erledigt wurden. Nachdem ein gewisser Stau an streitigen Verfahren abgearbeitet worden sind, kann sich die Vergleichsquote wieder etwas verbessern, zumal inzwischen eine große Zahl der von der Eherechtsreform aufgeworfenen zweifelhaften Rechtsfragen durch Judikatur soweit abgeklärt ist, daß die Parteien eine Basis für Vergleichsverhandlungen haben[8)].

7.2. Auswahl und Erhebungsmethoden

Auswahl und Erhebungsmethoden unserer Untersuchung werden in den Kap. 2 - 4 und 6 ausführlich dargestellt, so daß hier wenige Hinweise genügen. Aus der Grundgesamtheit der zwischen dem 15. Februar und 14. August 1979 beim Amtsgericht Bochum eingehenden Klagen wurde nach dem Schlußziffernauswahlverfahren eine 20%-ige Zufallsstichprobe gezogen, um jeweils mit Hilfe standardisierter Erhebungsbögen zunächst die mündliche Verhandlung zu beobachten und nach Abschluß des Prozesses die Gerichtsakten zu analysieren sowie die Parteien zu befragen.

Vergleiche machen nach der Zählkartenstatistik etwa 10% der Erledigungen von (nach dem Aktenzeichen sog.) C-Sachen beim Amtsgericht aus (vgl. Tabelle 7.1.). Wir hatten daher erwartet, bei einer Stichprobe von n = 714 etwa 70 Vergleiche zu erfassen. Die Stichprobe schmolz jedoch vor allem durch Abgaben an andere Gerichte und die Herausnahme der Kindschaftsprozesse erheblich zusammen. Mit der Aktenanalyse konnten nur 568 Fälle erreicht werden. Darunter fanden sich 55 (9 %) Vergleiche. Dieser Anteil kann nicht unmittelbar mit den Angaben der Zählkartenstatistik verglichen werden, da die Statistik auf der Grundlage aller erledigten Prozesse,also auch der Abgaben sowie der Kindschaftssachen, errechnet wird. Verglichen mit dem Bundesdurchschnitt liegt die Vergleichsquote beim Amtsgericht Bochum daher eher niedriger, als der von uns ermittelte Anteil von 9% anzuzeigen scheint. Geringfügig niedriger mit 28,6 % gegenüber 29,1 % im Bundesdurchschnitt ist beim Amtsgericht Bochum aber auch der Anteil der streitigen Urteile.

Um zusätzliche Daten für eine größere Fallzahl zu gewinnen,

wurde versucht, für alle in der Grundgesamtheit anfallenden Vergleiche eine Aktenanalyse durchzuführen. Während für die Hauptuntersuchung die Akten mit den Endziffern 9 und 0 ausgelost worden waren, standen für diese Zusatzerhebung die Akten mit den Endziffern 1 - 8 zur Verfügung. Es wären danach viermal so viele Vergleiche zu erwarten gewesen wie in der Hauptuntersuchung. Tatsächlich konnten nur 185 Vergleiche erfaßt werden, also etwa 1/5 weniger als erwartet. Dieser erhebliche Ausfall ist ganz überwiegend damit zu erklären, daß für die Zusatzerhebung nur die Akten durchgesehen werden konnten, die ohne längere Nachforschungen von den Geschäftsstellen zur Verfügung gestellt wurden. Für die Zusatzuntersuchung konnten wir nicht mit der gleichen Intensität nach fehlenden Akten fahnden wie für die Hauptuntersuchung und mußten die Suche schließlich im April 1980 abbrechen.

Soweit im folgenden nur von den Vergleichen die Rede ist, die mit der Aktenanalyse der Hauptauswahl erfaßt wurden (n = 55), wird die Abkürzung V I verwendet. Die Häufigkeitsverteilungen in V I stimmen mit denen der Zusatzauswahl (n = 185) gut überein (vgl. Tabelle 7.6.), so daß keine Bedenken bestehen, diese beiden Datenmengen für verschiedene Berechnungen zu vereinigen. Für diese Datenkombination (n = 240) wird die Abkürzung V II benutzt.

Insgesamt konnten 443 Verhandlungstermine beobachtet werden. In 94 dieser Termine fanden Vergleichsverhandlungen statt, die schließlich in 52 Fällen erfolgreich waren. Von den an Vergleichen beteiligten 93 Privatpersonen konnten durch Interview insgesamt nur 31 erreicht werden. Die Ausfälle sind so groß, daß auf eine besondere Auswertung verzichtet wird.

Um die Besonderheiten der mit einem Vergleich beendeten Verfahren stärker hervortreten zu lassen, ist es angezeigt, die Datenmengen V I und V II nicht nur mit den Daten der Hauptauswahl (HA; n = 568) zu vergleichen, sondern sie den mit streitigen Urteilen abgeschlossenen Prozessen gegenüberzustellen, die zu diesen Zweck besonders ausgewertet wurden (HU; n = 175). Die Vergleiche aus der Hauptauswahl (V I) und die streitigen Urteile ergeben zusammen die Menge der qualifizierten Abschlüsse (HQ; n = 230), der sich wiederum der größere Rest der sonstigen Erledigungsarten (HS; n = 338) gegenüberstellen läßt.

Vergleiche in zivilrechtlichen Streitigkeiten können auch im Verfahren der freiwilligen Gerichtsbarkeit geschlossen werden. In Betracht kommen insbesondere Streitigkeiten in Wohnungseigentumssachen, für die § 44 Abs. 1 WEG als Regel eine mündliche Verhandlung vorsieht, in welcher der Richter auf eine gütliche Einigung hinwirken soll. Gegenstand des Streits ist hier eine nur schwer auflösbare Dauerbeziehung, die ein besonders lohnendes Objekt für Vermittlungsbemühungen abgeben könnte. Statistische Unterlagen über die in Betracht kommenden Verfahren sind uns aber nicht bekannt.

Nach § 118 Abs. 2 Satz 3 kann das Gericht im Verfahren zur Bewilligung der Prozeßkostenhilfe die Parteien zur mündlichen Erörterung laden, wenn eine Einigung zu erwarten ist. Ggfs. ist ein Vergleich zum gerichtlichen Protokoll zu nehmen. Da der Erörterungstermin speziell mit dem Ziel einer gütlichen Einigung veranstaltet wird, liegt es nahe, ihn zum Gegenstand einer Untersuchung über den Vergleich zu machen. Indessen zeigt ein Blick in die Rechtspflegestatistik, daß isolierte Armenrechtsverfahren im gewöhnlichen Zivilprozeß bis 1980 praktisch ohne Bedeutung waren. Beim Amtsgericht wurden 1980 1.996 selbständige Armenrechtsverfahren gezählt. Das waren 0,2 % der Zivilprozeßsachen insgesamt. In diesen Verfahren wurden 76 (3,8%) Vergleiche geschlossen. Insgesamt wurde in 2,8 % aller Zivilprozesse über das Armenrecht entschieden. Beim Landgericht lagen diese Zahlen bei 2400 (0,8 %) bzw. bei 3 %. In Scheidungssachen dagegen, wo die Prozeßkostenhilfe sehr häufig in Anspruch genommen wird, läuft die Bestimmung des § 118 Abs. 2 Satz 3 ZPO leer, da die Parteien über den Gegenstand des Streits nicht disponieren können. Ähnlich liegt es in Kindschaftssachen. Im gewöhnlichen Zivilprozeß war die Bedeutung des Armenrechts gering[9]. Es spricht bisher wenig dafür, daß die zum 1.1.1980 in Kraft getretene Reform des Armenrechts zur Prozeßkostenhilfe insoweit eine erhebliche Änderung gebracht hat.

7.3. Die Art des Rechtsstreits

Von den 18 verschiedenen Ausprägungen der Variablen "Art des Rechtsstreits", die wir in unserem Erhebungsbogen für die Aktenanalyse vorgegeben hatten, erreichten nur fünf die 10 % Marke, nämlich

Tabelle 7.6. Art des Rechtsstreits

Kauf	21 %
Dienst- oder Werkvertrag (ohne Bausachen)	15 %
Schadensersatzklagen nach Verkehrsunfällen	19 %
Räumungsklagen	10 %
Sonstige Wohnungsmietstreitigkeiten (ohne Mieterhöhungsklagen)	10 %
	75 %

Sie ergeben zusammen drei Viertel des Geschäftsanfalls des Amtsgerichts. Sieht man auf die Art der Erledigung, so zeigen sich ganz deutlich zwei Extreme. Mietstreitigkeiten aller Art scheinen in besonderer Weise einer vergleichsweisen Regelung zugänglich zu sein, während für Verkehrsunfallsachen das Gegenteil gilt. Räumungs- und sonstige Wohnungsmietsachen sind im Geschäftsanfall mit 20 % beteiligt; darauf entfallen jedoch in V I 36 % und in V II 38 % aller Vergleiche, aber nur 15 % der Urteile. Ähnlich liegt es bei den an der Hauptauswahl mit 3 % allerdings nur minimal beteiligten Mieterhöhungsklagen, auf die 5 % der Vergleiche und 2 % der Urteile entfallen. Das andere Extrem bilden die Verkehrsunfallsachen. Sie sind mit 19 % in der Hauptauswahl vertreten, vereinigen jedoch nur 4 % bzw. in V II 6 % der Vergleiche, aber 20 % der Urteile auf sich. Nicht ganz so extrem, aber immer noch sehr deutlich heben sich Kaufstreitigkeiten ab. Sie sind mit 21 % am Geschäftsanteil beteiligt, dagegen nur mit 15 % bzw. 12 % an den Vergleichen, jedoch mit 30 % an den Urteilen. Bei den Dienst- und Werkverträgen ohne Bausachen halten sich der Geschäftsanfall (15 %) sowie der Anteil an den beiden qualifizierten Erledigungsarten ungefähr die Waage.

Die auf den ersten Blick befremdende Art der Prozentuierung auf der Basis der Erledigungsart wurde gewählt, um die Werte der Zusatzauswahl V II einbeziehen zu können. Leichter interpretierbar werden die Daten, wenn man nicht die Art der Erledigung, sondern die Art des Rechtsstreit als Prozentuierungsbasis wählt. Da die Hauptauswahl nach dem Zufallsprinzip gezogen wurde, dürfen wir davon ausgehen, daß sich die relative Häufigkeit der Kaufstreitigkeiten, Verkehrsunfallstreitigkeiten, Wohnungsmietstreitigkeiten usw. in der V II zugrundeliegenden Grundgesamtheit nicht wesentlich von den in unserer Auswahl ermittelten Werten unterscheiden.

Tabelle 7.7.

Art des Rechtsstreits und Erledigung

	Anteil insges.	davon auf sonst. Weise	durch Urteil	durch Vergleich
Wohnungsmiete n = 142	22 %	60 %	23 %	18 %
Kauf n = 117	21 %	51 %	42 %	7 %
Verkehrsunfall n = 103	18 %	69 %	31 %	2 %
Dienst- und Werkvertrag ohne Bausachen n = 80	14 %	65 %	27 %	8 %
Sonstige n = 144	25 %	58 %	31 %	12 %
insgesamt n = 568	100 %			
	n = 568	n = 338	n = 175	n = 55

Bei der Beobachtung der Vergleichsbemühungen des Gerichts in der mündlichen Verhandlung ließen sich besondere Erfolgschancen nur bei Mietstreitigkeiten erkennen. Bei den übrigen Konfliktarten scheinen sich Erfolg und Mißerfolg die Waage zu halten. Einzelheiten ergeben sich aus der folgenden Tabelle.

Tabelle 7.8.

Erfolg der Vergleichsbemühungen in der mündlichen Verhandlung und Art des Konflikts

	erfolglos	erfolgreich
Kauf/Darlehen	10	9
Bausachen	1	3
Dienst- und Werkvertrag	4	4
Sonst. Delikt	3	6
Wohnungsmiete	13	25
Nachbarstreit	-	-
Sonstige	6	5
	39	53

(Zwei Vergleiche wurden in Ortsterminen geschlossen, die nicht beobachtet werden konnten).

Wenn man die Art der Hauptforderung mit dem Ausgang des Prozesses in Beziehung setzt, zeigt sich folgendes Bild:

Tabelle 7.9.

Erledigung nach Art der Hauptforderung

	Insgesamt	davon erledigt durch streitiges Urteil	Vergleich	auf sonst. Weise
Geldforderung	n = 456	33 %	9 %	58 %
Herausgabe	n = 79	11 %	14 %	75 %
Sonst. Handlungen oder Unterlassung	n = 24	24 %	14 %	62 %

Danach scheint es, als seien Herausgabeansprüche in besonderer Weise einer vergleichsweisen Regelung zugänglich. Da es sich dabei jedoch hauptsächlich um Räumungsprozesse handelt, zeigt sich auch hier wiederum nur, daß Mietstreitigkeiten besonders häufig zum Vergleich führen. Der Mietprozeß hat sich auch in unserer Untersuchung als ein "typischer Zivilprozeß"[10)] mit spezifischen Parteikonstellationen, Verlaufsformen und Ergebnissen erwiesen. Einzelheiten dazu werden in Kap. 8 näher dargestellt.

Für die Art der Erledigung des Streits ist vermutlich die Höhe der involvierten Werte von Belang. Da vor dem Amtsgericht in gewöhnlichen Zivilprozessen nur vermögensrechtliche Streitigkeiten verhandelt werden, läßt sich der Geldwert der Klage mit Hilfe des für die Berechnung von Gerichtskosten und Rechtsanwaltsgebühren vom Gericht zugrunde gelegten Streitwerts messen.

Die konfliktsoziologische Relevanz dieses Streitwerts ist allerdings nicht unproblematisch. Zunächst ist fraglich, ob die vom Gesetz als vermögensrechtlich qualifizierten Streitigkeiten auch von den Parteien selbst als ökonomische Probleme wahrgenommen werden oder ob nicht aus der Parteiperspektive ganz andere, etwa Beziehungsaspekte, im Vordergrund stehen. Aber auch dann, wenn die Parteien den Prozeß als ökonomisches Sachproblem erleben, könnte die subjektive Relevanz gleicher Streitwerte für verschiedene Parteien differieren. Schließlich läßt sich bezweifeln, ob die rechtlichen und tatsächlichen Schwierigkeiten eines Rechtsstreits mit der Höhe des Streitwerts wachsen, wie es für die Verteilung der Zuständigkeiten auf Amts- und Landgericht, für die Beschränkung der Berufungsmöglichkeiten und nicht zuletzt für die Regelung der Gerichts- und Rechtsanwaltsgebühren vom Gesetz anscheinend unterstellt wird. Obwohl unsere Untersuchung solche Zweifel weder bestätigen noch ausräumen kann, scheint es doch sinnvoll zu prüfen, ob die Höhe des Streitwerts für die Vergleichshäufigkeit relevant ist.

Es konnte jedoch nur eine sehr schwache Abhängigkeit der Erledigungsart von der Höhe des Streitwerts festgestellt werden. Die Tabelle 7.10. zeigt bei den durch Vergleich erledigten Prozessen im großen und ganzen dieselbe Verteilung der Streitwerte wie bei anderen Erledigungsarten. Eine gewisse Einschränkung gilt allenfalls für Bagatellprozesse mit einem Streitwert bis zu DM 50,--. Soweit solche Fälle in unserer Auswahl überhaupt vorgekommen sind - in der Hauptauswahl waren es zwei (in der Zusatzauswahl, die nur Vergleiche erfaßte, waren es weitere drei) - sind diese sämtlich durch Vergleich erledigt worden. Die Fallzahl ist zu klein, um daraus weitreichende Schlüsse zu ziehen. Insbesondere läßt sich auf dieser Grundlage die Hypothese, daß Bagatellprozesse bevorzugt einer vergleichsweisen Regelung zugänglich sein könnten, nicht bestätigen. Ohne Einfluß scheint im übrigen die Streitwertgrenze von 500,-- DM zu sein, die als Berufungsgrenze Bedeutung haben könnte, sei es, daß die Parteien einen Vergleich schließen, um der Fortsetzung des Prozesses in der Berufungsinstanz vorzubeugen, sei es, daß sie sich zum Vergleich entschließen, gerade weil es ohnehin keine Berufungsmöglichkeit mehr gibt.

Tabelle 7.10.

Streitwert und Erledigung des Rechtsstreits

	V I	V II	V U	V S	Zählkarte 1979
Streitwert	% cum	% cum	% cum	% cum	% cum
bis DM					
50,--	4	2			2,1
250,--	15	16	17	19	
500,--	38	33	36	38	31,9
750,--	51	47	50	50	
1000,--	55	56	60	59	52,6
1500,--	66	66	69	71	
2000,--	77	73	80	79	73,7
3000,--	87	83	92	92	87,0
5000,--	91	91	97	96	94,1
über					
5000,--	100	100	100	100	100
	n = 55	n = 240	n = 175	n = 338	n = 860 667

Sieht man schließlich auf einige typische Konfliktursachen, so führt die insgesamt mit 19 % beteiligte Zahlungsunfähigkeit verhältnismäßig selten zu qualifizierten Abschlüssen. Hier überwiegen Anerkenntnis und Versäumnisurteile oder Erledigungserklärungen. Im übrigen ist der Vergleich mit 16 % gegenüber 11 % häufiger als das streitige Urteil. Es werden allerdings kaum Ratenzahlungsvergleiche geschlossen, wie wir es an sich vermutet hätten. Es handelt sich vielmehr fast ausschließlich um Räumungsvergleiche nach Kündigung wegen Verzugs mit der Mietzahlung. Ausgesprochen selten sind die sonstigen Erledigungsarten, wenn bei einem Austauschvertrag Leistungsmängel geltend gemacht werden. Hier überwiegt der Vergleich (22 %), und es ergehen bei einem Geschäftsanfall von 12 % immerhin noch 13 % der Urteile. Vom Geschäftsanfall her die größte Gruppe bilden solche Fälle, in denen Vertragsprobleme entstanden sind, sei es, daß beide Teile mit dem Vertrag von Anfang an unterschiedliche Erwartungen verbanden, sei es, daß sich nachträglich Dissens über die richtige Auslegung einstellt. In diese Kategorie gehören viele der Mietstreitigkeiten. Daher überrascht es nicht, daß hier bei einem Anteil von 28 % am gesamten Geschäftsanfall 36 % der Vergleiche und 28 % der Urteile anfallen. Die Abrechnungsstreitigkeiten dagegen sind mit etwa 12 % in jeder Spalte unauffällig, während beim Unfall (24 %), der jetzt auch die Nicht-Verkehrsunfälle einschließt, weiterhin mit 21 % doppelt soviele Urteile anfallen wie Vergleiche (10 %). Die übrigen Untergruppen sind wiederum quantitativ unbedeutend.

7.4. Parteikonstellation und Anwaltsvertretung

7.4.1. Die Art der Parteien

Bei unseren Vorüberlegungen gingen wir nach den damals vorliegenden Untersuchungsergebnissen[11] davon aus, daß sich Private häufiger vergleichen als Geschäftsleute und daß diese wiederum unterboten werden von juristischen Personen. Unsere eigenen Erhebungen ergeben für diese Vermutung eine Bestätigung.

Soweit Private als Kläger auftreten - und das ist in 53 % aller Prozesse der Fall - halten sie häufiger als andere Parteien bis zu einem qualifizierten Abschluß durch. Sie sind an 73 % der Vergleiche (V I; bei V II 70 %) beteiligt und immerhin noch an 59 % der Urteile, dagegen nur an 46 % der sonstigen Erledigungen.

Überdurchschnittlich häufig an Vergleichen beteiligt sind Private auch dann, wenn sie auf der Passivseite auftreten. Private stellen 62 % der Beklagten, schließen aber als Beklagte 71 % (V I) der Vergleiche. Dagegen sind sie in der Beklagtenrolle mit je 59 % leicht unterproportional an streitigen Urteilen und an den "sonstigen Erledigungen" beteiligt. Entsprechend geringer ist die Vergleichshäufigkeit in Geschäftsprozessen. Natürliche Personen in Prozessen, die ihren Beruf oder ihr Gewerbe betreffen, und juristische Personen, die zusammen in 48 % aller Prozesse als Kläger auftreten, sind nur bei 29 % der Vergleiche (V I) beteiligt. Geschäftsparteien stellen 38 % der Beklagten und sind auch in dieser Rolle wiederum nur mit 29 % an den Vergleichen beteiligt. Auffällig ist, daß speziell in Mietprozessen in keinem Fall juristische Personen einen Vergleich geschlossen haben. Prozentuiert man auf der Basis der von den unterschiedlichen Parteien eingereichten Klagen, dann tritt ein Unterschied im Prozeßergebnis bei natürlichen Personen in Geschäftsprozessen und bei juristischen Personen hervor. Die erste Gruppe, zu der wir Einzelkaufleute, Handwerker und freiberuflich Tätige gerechnet haben, ist auf der

Klägerseite wenig vergleichsfreudig, während sie auf der Beklagtenseite zwar verhältnismäßig viele Vergleiche schließt, aber auch besonders häufig bis zum streitigen Urteil durchhält, so daß man annehmen kann, daß der Vergleich hauptsächlich zur Abwendung einer Verurteilung geschlossen wird. Diese verhältnismäßig hartnäckige Art der Prozeßführung stimmt nicht mit unserer Annahme überein, daß eine Prozeßführung im Rahmen beruflicher Betätigung einen Streit primär als Interessenkonflikt definiert, der einem Kompromiß zugänglich ist und deshalb stets auch Vergleichsmöglichkeiten im Auge behält[12]. Dagegen entspricht die geringe Vergleichshäufigkeit bei juristischen Personen durchaus unseren Vermutungen. Wie auch die schriftliche Befragung tendenziell bestätigt hat (vgl. Kap. 5), erwarten solche Parteien von der Justiz nicht Vergleiche, sondern Urteile.

Tabelle 7.11
Parteikonstellation und Prozeßausgang

Kläger	insges.	davon erledigt durch Vergleich	Urteil	auf sonst.Weise
Privatperson	n = 296	13 %	35 %	52 %
Naturalpartei in Geschäfts- prozessen	n = 90	6 %	36 %	59 %
Juristische Person	n = 182	6 %	21 %	73 %

Beklagter	insges.	davon erledigt durch Vergleich	Urteil	auf sonst.Weise
Privat- personen	n = 350	11 %	29 %	59 %
Naturalpartei in Geschäfts- prozessen	n = 76	13 %	39 %	47 %
Juristische Person	n = 142	4 %	30 %	66 %

7.4.2. Die Parteienbeziehung

Die Mehrzahl aller rechtshängig werdenden Konflikte betrifft Streitigkeiten zwischen Parteien, die keine andauernden und erst recht keine persönlichen Beziehungen unterhalten haben oder in Zukunft unterhalten wollen. Solche Streitigkeiten werden von den Beteiligten überwiegend ökonomisch/rational ausgetragen. Man streitet um ein Sachproblem. In der Regel besteht ein Dissens über Fakten oder Normen. Der Richter, von dem man erwartet, daß er die Normen kennt und die Tatsachen ermitteln kann, bietet mit seinem Urteil eine adäquate Lösung dieses Problems. Im übrigen werden die Parteien sich voraussichtlich nicht wieder begegnen oder sie können sich jedenfalls ausweichen, so daß auch kein soziales Problem zurückbleibt.

Anders liegt es, wenn zwischen den Parteien komplexere Sozialbeziehungen bestehen oder bestanden haben, wie es z. B. bei Miet- oder Pachtverträgen, in Gemeinschaften oder Gesellschaften, in Nachbarschaft und Familie der Fall ist. In solchen Beziehungen besteht ein mehr oder weniger dichtes Netz gegeneinander gerichteter Erwartungen. Wird eine Erwartung enttäuscht, so bietet sich eine gute Chance zum Ausgleich durch Übererfüllung anderer als der enttäuschten Erwartungen oder durch Aufrechnung gegen Enttäuschungen, die der andere Teil bereitet hat. Das gilt mindestens so lange, wie die Parteien darin übereinstimmen, daß es sich lohnt, die Beziehung aufrechtzuerhalten. Umgekehrt droht allerdings auch die Gefahr, daß der Streit sich ausweitet auf alle Erwartungen, die zwischen den Streitenden bestehen. Der Streit wird dann diffus und emotional. Dieses Stadium haben Streitigkeiten in komplexeren Beziehungen häufig erreicht, wenn sie zu Gericht kommen. Der Streit geht nur vordergründig um ein Sachproblem, das eine Mehrzahl von Beziehungsproblemen verdeckt. Der rechtliche Gesichtspunkt, unter dem der Prozeß geführt wird, erfaßt daher nur die Oberfläche. Für solche Fälle könnte die gütliche Beilegung einer adäquatere Konfliktlösung darstellen als das richterliche Urteil. Vermittlungsbemühungen finden bei solchen Beziehungsproblemen vielfältige Ansatzpunkte. Sie haben die Chance, eine Lösung zu erarbeiten, mit der die Parteien sich subjektiv abfinden können und die vielleicht sogar eine wertvolle Beziehung erhält.

Wir haben versucht zu ermitteln, ob tatsächlich Vergleiche häufiger geschlossen werden, wenn zwischen den Parteien komplexere Beziehungen bestanden haben oder noch bestehen. Die Dichte dieser Beziehungen haben wir über die Merkmalsausprägungen zu erfassen versucht, die sich aus der nachfolgenden Tabelle ergeben:

Tabelle 7.12

Parteienbeziehung und Art der Erledigung

	insgesamt	davon erledigt durch Urteil	Vergleich	auf sonstige Weise
Zufallskontakt	n = 124	35 %	3 %	62 %
Einmaliger Kontakt	n = 135	35 %	8 %	57 %
Einmaliger Kontakt mit längerer Abwicklungsdauer	n = 53	30 %	6 %	64 %
Wiederholte Beziehungen	n = 36	39 %	6 %	55 %
Dauerschuldverhältnis	n = 123	20 %	14 %	66 %
Wohnungsnachbarn	n = 35	37 %	23 %	31 %
Grundstücksnachbarn	n = 11	27 %	36 %	36 %
sonstiges Dauerverhältnis	n = 16	43 %	6 %	50 %
Familienbeziehungen	n = 16	31 %	13 %	56 %

Wenn die Komplexitätshypothese zutrifft und unser Instrument richtig mißt, müßte sich feststellen lassen, daß die Erledigung sich mit zunehmender Komplexität der Sozialbeziehung zwischen den Parteien vom Urteil auf den Vergleich verlagert. Das erwartete Ergebnis trifft indessen nicht ohne Einschränkung zu. Zunächst steigt der Anteil der Vergleiche erwartungsgemäß von 3 % bei Zufallskontakten über 8 %, bei Parteien mit einmaligen Kontakten auf 14 % bei Dauerschuldverhältnissen. Konflikte nach einmaligem Kontakt mit längerer Abwicklungsdauer und ebenso bei wiederholten Beziehungen fallen dagegen etwas aus der Reihe, denn sie führen nur in 6 % der Fälle zum Vergleich. Erwartungsgemäß sehr viel höher ist dann die Vergleichsquote aber wieder bei Grundstücks- und Wohnungsnachbarschaft. Die "sonstigen Dauerverhältnisse" umfassen eine inhomogene Gruppe; sie reicht von den Mitgliedern eines Sparclubs bis hin zu den Partnern einer Wohngemeinschaft. Dennoch hätten wir hier eine größere Vergleichsfrequenz erwartet. Allerdings ist die Fallzahl von n = 16 zu gering, um noch interpretationsfähig zu sein. Das gleiche gilt für die Familienbeziehungen mit gleichfalls n = 16, bei denen zwei Vergleiche geschlossen wurden. Immerhin bestand oder besteht in 56 % aller Prozesse, in denen ein Vergleich geschlossen wird, eine Dauerbeziehung. In 21 % der Fälle gelingt deren Erhaltung, in 30 % dient der Vergleich der Auflösung und in 5 % werden die Folgen der schon gelösten Dauerbeziehung geregelt. Wir haben im übrigen in Schriftsätzen und Protokollen nach Anzeichen von Emotionalität gesucht, die auf Beziehungsprobleme hindeuten könnten. Auffällige Unterschiede waren jedoch nicht zu ermitteln:

Tabelle 7.13

Anzeichen von Emotionalität

	Vergleich	Urteil	Erledigung auf sonst.Weise
Kläger	29 %	21 %	8 %
Beklagter	28 %	27 %	9 %
	n = 240	n = 175	n = 338

7.4.3. Der Einfluß der Rechtsanwälte

Die Beteiligung eines Rechtsanwalts auf der Klägerseite ist heute vor dem Amtsgericht der Normalfall. 86 % aller Kläger lassen sich anwaltlich vertreten. Auf der Passivseite ist anwaltliche Unterstützung kaum halb so oft anzutreffen. Allgemein läßt sich feststellen, daß die Beteiligung von Rechtsanwälten einen qualifizierten Prozeßausgang begünstigt. Tritt der Kläger mit Anwalt auf, so enden 48 % der Prozesse mit Urteil oder Vergleich, wenn der Kläger ohne Anwalt prozessiert, dagegen nur 25 %. Noch ausgeprägter liegt es auf der Passivseite. Mit Anwalt erreichen die Beklagten in 70 % aller Fälle einen qualifizierten Abschluß, ohne Anwalt dagegen nur in 18 % der Fälle. Sieht man auf das Verhältnis von Vergleichen zu Urteilen, so zeigt sich jedoch, daß die Beteiligung von Anwälten den Vergleichsabschluß eher erschwert. Erscheint der Kläger mit Anwalt, entfällt auf 3,8 Urteile ein Vergleich, prozessiert er allein, so liegt die Vergleichsquote bei 1,5. Bei anwaltlich vertretenen Beklagten kommt ein Vergleich auf 3,7 Urteile, ohne Anwalt dagegen auf je zwei Urteile ein Vergleich.

Tabelle 7.14
Prozeßausgang und Anwaltsbeteiligung

Anwaltsvertretung	Es wurden erledigt insgesamt	durch Vergleich	Urteil	auf sonst. Weise
Kläger mit Anwalt	n = 488	10 %	38 %	57 %
Bekl. mit Anwalt	n = 253	15 %	55 %	31 %
Kl. ohne Anwalt	n = 80	10 %	15 %	75 %
Bekl. ohne Anwalt	n = 313	6 %	12 %	82 %
	n = 568			

Noch etwas deutlicher wird der leicht negative Zusammenhang zwischen Anwaltsvertretung und Vergleichsabschluß, wenn man darauf abstellt, ob nur eine Partei oder beide Parteien durch Anwälte vertreten sind. Dazu werden in der folgenden Tabelle 15 die Daten aus der Verhandlungsbeobachtung mitgeteilt.

Tabelle 7.15

Anwaltsvertretung bei erfolgreichen Vergleichsverhandlungen

		Kläger mit Anwalt	Kläger ohne Anwalt
Beklagter	mit Anwalt	35	0
	ohne Anwalt	10	7
		45	7

Anwaltsvertretung bei erfolglosen Vergleichsverhandlungen

		Kläger mit Anwalt	Kläger ohne Anwalt
Beklagter	mit Anwalt	30	7
	ohne Anwalt	5	0
		35	7

Sind beide Parteien durch Anwälte vertreten, so ist die Erfolgsquote mit 38 % etwas ungünstiger als der Durchschnitt von 55 %. Erscheinen beide Parteien im Termin ohne Anwalt, so war, jedenfalls in unseren sieben einschlägigen Fällen, der Vergleichsversuch des Richters stets erfolgreich. Es ist aber unzulässig, aus diesen Zahlen auf einen ursächlichen Zusammenhang zwischen Anwaltsvertretung und dem Fehlschlagen von Vergleichsverhandlungen zu schließen, da die Anwaltsvertretung ihrerseits mit der Art des Konfliktes derart variieren könnte, daß die Parteien in schwierigeren Fällen, die weniger vergleichsgeeignet sind, eher einen Anwalt bemühen. Diesem Zusammenhang können wir an Hand unserer Daten nicht nachgehen.

7.5. Der Verlauf des Konflikts

7.5.1. Vor- und außergerichtlicher Verlauf

Diejenigen Streitigkeiten aus dem Universum aller potentiell gericht-
lich entscheidbaren Konflikte, die tatsächlich das Gericht erreichen, haben einen langen Selektionsprozeß hinter sich. Möglicherweise sind für den Ausgang eines Rechtsstreits durch Vergleich, Urteil oder auf sonstige Weise die Gründe, aus denen eine vorgerichtliche Konfliktregelung gescheitert ist und aus denen die Parteien den Weg zum Gericht gesucht haben, ebenso wichtig wie die im Verfahren beobachtbaren Merkmale der Parteien, ihres Streits und des Verfahrens selbst.

Der vor- und außergerichtliche Verlauf des Konflikts kommt während des Prozesses kaum zur Sprache. Aus den Interviews mit den Parteien wissen wir, daß fast die Hälfte nach der Manifestation des Konflikts vorgerichtlich den Kontakt zum Gegner gesucht hat. Dagegen lassen sich aus den Akten nur in etwa 10 % der Fälle vorgerichtliche Einigungsversuche erkennen. Dieser Prozentsatz ist unabhängig vom Ausgang des Prozesses (7 % bei V I; 9 % bei V II; 9 % bei HU; 10 % bei HS). Schlüsse auf die Vergleichsbereitschaft der Parteien kann der Richter daher aus Hinweisen in den Akten über vorgerichtliche Einigungsversuche nicht ziehen.

Bei unserer Voruntersuchung beim Landgericht hatten wir festgestellt, daß sich der Zeitraum zwischen der Manifestation des Konflikts und der Einleitung des Gerichtsverfahrens aus den Akten gut erheben läßt. So wird etwa in der Klageschrift regelmäßig die den Verzug auslösende Mahnung (oder beim Amtsgericht in Mietsachen ein Kündigungsschreiben) angeführt, aus der sich entnehmen läßt, wie lange der Streit - mindestens - geschwelt hat, bevor er zu Gericht kam. Entgegen unserer Erwartung[13] hat diese Variable jedoch wenig Erklärungskraft für die Art des Prozeßausgangs. Es besteht allenfalls eine sehr schwache Beziehung zwischen der vorprozessualen Dauer des Konflikts und der Art der Erledigung. Bei vorprozessualer Konfliktdauer, zwischen drei und zwölf Monaten ist die Beendigung des Rechtsstreits durch Vergleich um etwa 10 % häufiger. Dauerte der prozessuale Streit dagegen besonders kurz oder lang, verschwinden die Unterschiede völlig.

Tabelle 7.16

Dauer des Konflikts bis zur Klageerhebung
und Art der Erledigung

	davon erledigt durch		
	Urteil	Vergleich	auf sonstige Weise
extrem kurz	4 %	5 %	2 %
bis 2 Monate	22 %	23 %	19 %
3 - 4 Monate	40 %	49 %	45 %
5 - 6 Monate	55 %	64 %	62 %
7 - 12 Monate	76 %	86 %	78 %
über 12 Monate	87 %	90 %	88 %
extrem lang	94 %	95 %	90 %
nicht feststellbar	6 %	5 %	10 %
	n = 175	n = 55	n = 338

Zur Vorgeschichte kann man auch die Eröffnung des Prozesses durch Mahnverfahren oder Klage rechnen.

Tabelle 7.17
Prozeßeingang und Art der Erledigung

	insgesamt	davon erledigt durch streitiges Urteil	Vergleich	auf sonstige Weise
Mahnbescheid	n = 189	33 %	11 %	56 %
Vollstreckungsbescheid	n = 84	30 %	7 %	63 %
Klage	n = 286	29 %	9 %	62 %
einstweilige Verfügung	n = 2	50 %	--	50 %

Zusammenhänge zwischen Prozeßeingang und Art der Erledigung lassen sich nicht erkennen.

7.5.2. Der zeitliche Verlauf der Vergleichsverhandlung

Über den zweckmäßigen Zeitpunkt der Vergleichsbemühungen des Gerichts gehen die Ansichten auseinander. Die Annahme liegt nahe, daß die Vergleichsbereitschaft in dem Maße abnimmt, in dem die Parteien Mühen und Kosten investiert haben, um den Prozeß in Richtung auf ein Urteil voranzubringen. Damit dürften sich zugleich die Fronten zwischen ihnen verhärten, so daß sich vermuten läßt, daß die Chancen einer gütlichen Einigung mit der Dauer des Verfahrens schwinden. Dagegen hat sich in der rechtspolitischen Diskussion um die Einführung eines besonderen Güteverfahrens die Meinung durchgesetzt, daß eine weitgehende Aufklärung der Sach- und Rechtslage die beste Voraussetzung für einen Vergleich biete[14]. Eine dritte eher zynische Hypothese hat Rabelais in "Gargantua und Pantagruel" klassisch formuliert[15]. Dort belehrt Peter Schöps, der Prozeßschlichter, Stoffel, seinen in dieser Kunst erfolglosen Sohn:

> "Du gehst zu früh heran, gleich am Anfang, wenn sie noch unausgereift und grün sind. Ich aber schlichte sie alle: - warum nur ? Ich nehme mich ihrer erst an, wenn sie schön reif und mürbe sind ... Weißt Du denn nicht, daß man sprichwörtlich sagt, glücklich sei der Arzt, der erst gerufen wird, wenn die Krankheit im Abflauen

ist? Die Krankheit durchlief von selbst ihre Krisis und ging dem Ende zu, wiewohl der Arzt nicht eingriff. Desgleichen neigten meine Prozeßhähne von sich aus dazu, Schluß zu machen mit ihrem Streit, denn ihre Börsen waren leer; ganz von selber hörten sie mit Gerichtshändeln und Prozessieren auf. Es war kein Zaster mehr im Säckel, daß sie hätten ihren Rechtsstreit und Justizhandel weiter betreiben können ... Fehlte nur einer, der sozusagen als Mittelsmann auftrat, der als erster von einem Vergleich sprach, damit die eine wie die andere Partei von der verheerenden Schmach verschont blieb, daß man von ihr sagen konnte: Der hat zuerst klein beigegeben ...".

Mit Zahlen läßt sich diese "Erschöpfungstheorie" für den Zivilprozeß allerdings nicht belegen. Zwar werden, wie die Tabelle 1 zeigt, werden auch im weiteren Verlauf des Prozesses (und nicht zuletzt in der Berufungsinstanz, die nicht Gegenstand unserer Untersuchung war) noch viele Vergleiche geschlossen. Insgesamt verteilen sich die Vergleiche jedoch über alle Stadien des Verfahrens.

Gelegenheit zum Vergleichsabschluß gibt es grundsätzlich nur in der mündlichen Verhandlung. Die zum 1.7.1977 in Kraft getretene Beschleunigungsnovelle zur Zivilprozeßordnung hat formal gesehen durch die Konzentration der mündlichen Verhandlung auf einen oder wenige Termine die Zahl der Gelegenheiten zum Vergleichsabschluß verringert. Praktisch können aber die Vergleichschancen in einer einzigen "Hauptverhandlung" besser sein als in einer Vielzahl von "Durchrufterminen". Auch die früher einsetzende Aktivität des Richters durch Auflagen und Maßnahmen zur Terminsvorbereitung sowie die durch Ausschlußfristen erzwingbare intensivere schriftliche Prozeßvorbereitung seitens der Parteien haben vermutlich den Rhythmus des Prozesses und damit den Zeitpunkt und vielleicht auch die Häufigkeit des Vergleichsabschlusses verändert. Die Richtung dieser Veränderungen läßt sich jedoch kaum prognostizieren. Ob solche Veränderungen eingetreten sind, soll zunächst mit Hilfe der Zählkartenstatistik geprüft werden.

Tabelle 7.18

Zeitpunkt der in 1. Instanz abgeschlossenen Vergleiche beim Amtsgericht (beim Landgericht) in der Bundesrepublik Deutschland

	Vor streitiger Verhandlung	nach streitiger Verhandlung aber vor Beweisanordnung oder Beweiserhebung	nach streitiger Verhandlung nach Beweisanordnung oder Beweiserhebung
1970	39,9 % (14,6 %)	29,2 % (32,1 %)	30,9 % (53,4 %)
1971	37,9 % (15,8 %)	30,7 % (30,6 %)	31,4 % (53,4 %)
1972	36,1 % (16,5 %)	32,0 % (31,0 %)	31,9 % (52,4 %)
1973	35,9 % (17,5 %)	32,2 % (33,1 %)	31,9 % (49,4 %)
1974	36,5 % (16,9 %)	32,5 % (34,8 %)	31,0 % (48,3 %)
1975	34,1 % (14,3 %)	35,1 % (37,0 %)	30,8 % (48,1 %)
1976	30,1 % (14,4 %)	36,4 % (36,6 %)	33,5 % (49,0 %)
1977	27,1 % (14,2 %)	36,7 % (35,1 %)	36,2 % (50,8 %)
1978	27,2 % (16,3 %)	36,8 % (35,9 %)	36,0 % (47,8 %)
1979	26,3 % (16,6 %)	38,2 % (35,9 %)	35,5 % (47,5 %)
1980	25,8 % (16,4 %)	35,0 % (36,8 %)	39,2 % (46,8 %)

Tatsächlich sind die Verschiebungen wenig eindrucksvoll. Der Anteil der Vergleiche ist seit 1970 fast konstant geblieben (vgl. Tab. 7.1). Auffällig ist allenfalls beim Amtsgegericht die Abnahme der Vergleiche vor streitiger Verhandlung und eine entsprechende Zunahme nach Beweisanordnung oder Beweisaufnahme. Sie erklärt sich möglicherweise durch höhere Anwaltsvertretung beim Amtsgericht, denn die Werte haben sich, jedenfalls auf der Klägerseite, denen im Anwaltsprozeß vor dem Landgericht angenähert, oder damit, daß die Beweisanordnung seit der Beschleunigungsnovelle vielfach bereits mit der Terminsvorbereitung des Gerichts ergeht. Der letzte Umstand müßte allerdings auch im Landgerichtsprozeß wirken. Dort haben sich die Zahlen aber nicht verändert.

Die eigenen Daten zeigen zunächst, daß die Masse der Vergleiche, nämlich 78 %, im ersten Termin geschlossen werden. Dagegen ergehen nach diesem Termin nur 53 % der streitigen Urteile.

Tabelle 7.19

Prozeßausgang und Zahl der Verhandlungstermine

Von den Vergleichen wurden geschlossen im

1. Termin	2. Termin	3. Termin	4. - 6. Termin
78 %	16 %	4 %	3 %

Von den Urteilen ergingen auf den

1. Termin	2. Termin	3. Termin	4. - 6. Termin
53 %	30 %	13 %	3 %

Die Aktenanalyse hat gezeigt, daß gerade auch bei streitigem Sachverhalt die Mehrzahl der Vergleiche, nämlich 72 %, vor Durchführung einer Beweisaufnahme geschlossen wird.

Tabelle 7.20

Zeitpunkt des Vergleichsabschlusses V II; (n = 240)

Vor Beweisaufnahme	59 %	(= 72% der mit Vergleich erledigten Fälle bei streitigem Sachverhalt)
nach Beweisaufnahme	23 %	
keine Beweisaufnahme erforderlich	19 %	

Noch etwas genauer konnte der Zeitpunkt der Vergleichsverhandlung bei der Prozeßbeobachtung ermittelt werden.

Tabelle 7.21

Zeitpunkt der Vergleichsverhandlung

	erfolglos	erfolgreich	insges.
Zu Beginn des Termins	13	12	25
Nach Erörterung der Sach- und Rechtslage	24	25	49
Nach Beweisaufnahme	6	4	10
Wiederholt	3	3	9
		n = 93	

Danach schließen sich die Vergleichsverhandlungen in mehr als der Hälfte der Fälle an eine Erörterung der Sach- und Rechtslage an. Gleich zu Beginn des Termins wird in der Regel nur über den Vergleich gesprochen, wenn auf beiden Seiten Anwälte ohne Begleitung ihrer Mandanten auftreten. Es besteht der Eindruck, daß nach durchgeführter Beweisaufnahme der Vergleich erschwert ist, da sich die Erfolgschancen nunmehr oft für eine Partei verdichtet und diese vergleichsunwillig gemacht haben. Ein Rezept für den besten Zeitpunkt von Vergleichsbemühungen läßt sich jedoch aus unseren Daten nicht ableiten. § 279 ZPO, demzufolge sich das Gericht in jeder Lage des Verfahrens um einen Vergleich bemühen soll, verdient danach, beim Wort genommen zu werden.

7.6. Der Einfluß des Gerichts auf dem Abschluß von Vergleichen

7.6.1. Die Abhängigkeit des Vergleichs von der Person des Richters

Der relative Anteil der Vergleiche ist von Richter zu Richter und von Kammer zu Kammer sehr unterschiedlich. Neben der Art des Rechtsstreits ist die Person des Richters die wichtigste Variable zur Erklärung des Prozeßausgang durch Vergleich oder Urteil. Als Faustregel kann man annehmen, daß die insoweit erfolgreichsten Richter mehr als doppelt so viele Vergleiche erzielen, wie die relativ erfolglosen und immer noch etwa die Hälfte mehr als der Durchschnitt.
Als Meßzahl für den unterschiedlichen Vergleichserfolg (Vergleichsquote) kommen in Betracht:

- der Anteil der Vergleiche an der Gesamtzahl der Erledigungen (Vergleichsquote I)
- das Verhältnis von Vergleichen zu streitigen Urteilen (Vergleichsquote II).

Aus einer internen Statistik des Landgerichts Bochum ergab sich 1976 für eine Kammer ein Verhältnis von 0,76 Vergleichen je Urteil, während bei einer anderen Kammer diese Vergleichsquote II nur 0,23 erreichte. Im Durchschnitt wurden dagegen (ohne Kammern für Handelssachen) je Urteil 0,49

Vergleiche erzielt. Bei der Aktenanalyse die im Rahmen der Voruntersuchung stattfand, stellte sich heraus, daß der rechtshängig gewordene Konfliktstoff bei den beiden in der Statistik mit extremen Vergleichsquoten vertretenen Kammern praktisch gleich war. Auch die Summe von Vergleichen und Urteilen differierte bei den Kammern nur unerheblich. Um so bedeutsamer erscheinen die großen Differenzen bei der Vergleichsquote.

Tabelle 7.22.

	Kammer A	Kammer B
Vergleichsquote I	25,6 %	17,1 %
Vergleichsquote II	95,0 %	48,9 %
Vergleiche und Urteile	54,4 %	52,1 %
	n = 136	n = 142

Da das Landgericht mit drei Richtern besetzt ist, könnten sich in der Kammer vertretene unterschiedliche Persönlichkeitseigenschaften der Richter gegenseitig ausgleichen. Praktisch wird ein solcher Ausgleich jedoch nur in geringem Ausmaß stattfinden, da der Vorsitzende allein die Verhandlung leitet.Immerhin ist zu erwarten, daß sich beim Amtsgericht die einzelne Richterpersönlichkeit noch stärker durchsetzt.

Unsere Hauptuntersuchung erstreckt sich auf alle neun Zivilprozeßabteilungen des Amtsgerichts Bochum. Während des Untersuchungszeitraums hat die Besetzung des Gerichts nur in einer Abteilung, hier Abteilung I genannt, gewechselt.
Der Gechäftsverteilungsplan des Amtsgerichts verteilt alle Eingänge nur nach den Anfangsbuchstaben des Namens der beklagten Partei, so daß schon von daher eine gleichartige Verteilung des Konfliktstoffes auf die verschiedenen Abteilungen zu erwarten war. Unsere eigenen Daten bestätigen, daß diese Erwartung zutrifft.

Beim Amtsgericht liegt der Anteil der qualifizierten Erledigungen allgemein niedriger als beim Landgericht, entsprechend niedriger liegt auch die Vergleichsquote.

Tabelle 7.23.

Unterschiedliche Vergleichsquoten bei Landgericht und Amtsgericht

	Zählkartenstatistik 1979 Bundesdurchschnitt Landgericht	Amtsgericht	Eigene Daten (Amtsgericht Bochum 1979)
Vergleichsquote I	19,0 %	10,0 %	9,5 %
Vergleichsquote II	59,6 %	36,0 %	31,0 %
Qualifizierte Erledigungen (Vergleiche u.streit.Urteile)	50,9 %	39,6 %	40,5 %

Die unterschiedlichen Vergleichserfolge der einzelnen Richter sind beim Amtsgericht eher noch stärker ausgeprägt als beim Landgericht. Das Verhältnis der Vergleiche zu den streitigen Urteilen (Vergleichsquote II) beträgt bei Richter F 33 %, bei Richter D 31 % und bei Richter B immerhin noch 30 %. Auch bei der Vergleichsquote I liegen diese drei Richter vorne. Am ende der Skala dagegen liegen Richter A und G mit 15 % bzw. 16 %. Bei ihnen entfallen also auf je 100 streitige Urteile nur etwa halb so viele Vergleiche wie bei der Spitzengruppe. Bei der Vergleichsquote I liegen C und G mit 6 % am Ende. Diese Zahlen sind zunächst der internen Erledigungsstatistik des Amtsgerichts entnommen. In unseren eigenen Daten sind die Unterschiede sogar noch größer. Am erfolgreichsten sind hier D mit 53 %, F mit 50 % und B mit 43 %. Bei der Spitzengruppe handelt es sich also, wenn auch in etwas anderer Reihenfolge, um dieselben Richter wie bei der Amtsgerichtsstatistik. D und F rangieren auch bei der Vergleichsquote I ganz oben; vor B schiebt sich hier jedoch noch Richter H. Am Ende der Skala liegen bei uns nach der Vergleichsquote II E und G mit je 19%

und Richter C mit 20 %. Bei E ist jedoch die Vergleichsquote I etwas höher. Bei einem Vergleich der eigenen Zahlen mit denen der Amtsgerichtsstatistik kann man unter Berücksichtigung der niedrigen Fallzahlen sagen, daß es gelungen ist, mit Richter B, D und F einerseits sowie C und G andererseits übereinstimmende Extremgruppen zu identifizieren.

Tabelle 7.24

Art der Erledigung des Rechtsstreits durch verschiedene Richter

	Statistik des Amtsgerichts für Sept. 78 - Oktober 79				Eigene Erhebung			
I	Vergl. Quote	Vergl. Quote II	Qualifizierte Erledigungen	n	Vergl. Quote I	Vergl. Quote II	Qualifizierte Erledigungen	n
Richter A	7 %	15 %	49 %	869	8 %	25 %	40 %	75
Richter B	11 %	30 %	50 §	687	10 %	43 %	34 %	62
Richter C	6 %	20 %	37 %	988	5 %	20 %	29 %	58
Richter D	9 %	31 %	39 %	918	15 %	53 %	28 %	68
Richter E	7 %	25 %	36 %	683	8 %	19 %	40 %	77
Richter F	10 %	33 %	40 %	886	13 %	50 %	39 %	76
Richter G	6 %	16 %	45 %	877	6 %	19 %	37 %	67
Richter H	7 %	21 %	40 %	969	12 %	38 %	42 %	69
wechselnde Richter					19 %	50 %	47 %	32

7.6.2. Prozeßvorbereitung und Vergleich

Worauf beruht der unterschiedliche Vergleichserfolg der Richter? Zunächst stellt sich die Frage, ob die Richter tatsächlich in jedem Prozeß einen Vermittlungsversuch unternehmen, wie es § 279 ZPO vorschreibt. Diese Frage läßt sich eindeutig verneinen. In 443 Verhandlungsterminen konnten die Prozeßbeobachter 94mal eine Vergleichsverhandlung beobachten. Vermutlich werden die Richter ihre Vergleichsbemühungen auf die Fälle konzentrieren, in denen sie auf einen Vergleich hoffen, in anderen dagegen auf voraussichtlich vergebliche Vergleichsanstrengungen verzichten. Mit ihrer Prognose liegen sie nicht schlecht, denn der Vergleichsversuch war immerhin in 52 Fällen (55 %) erfolgreich. Hinzu kommen noch zwei "versteckte Vergleiche", d.h. eine einvernehmliche Prozeßbeendigung, die nicht als Vergleich protokolliert wurde, sondern zur Klagerücknahme oder zum Anerkenntnis führte.

Die Vergleichsstrategie der Richter dürfte schon bei der Prozeßvorbereitung einsetzen. Vermutlich gewinnen Richter bei der Durchsicht der Akten einen Eindruck, ob Vergleichsbemühungen sinnvoll und aussichtsreich erscheinen. Ist das der Fall, so könnten sie der Anordnung eines frühen ersten Termins den Vorzug vor einem schriftlichen Vorverfahren geben und das persönliche Erscheinen der Parteien zur mündlichen Verhandlung anordnen. Nach § 276 Abs. 2 ZPO bestimmt der Vorsitzende entweder einen frühen ersten Termin zur mündlichen Verhandlung (§ 275) oder er veranlaßt ein schriftliches Vorverfahren. Das Gesetz bezeichnet in § 272 Abs. 1 ZPO den umfassend vorbereiteten Haupttermin als die Regel, gibt aber sonst keine Maßstäbe für die Wahl der Verfahrensart. In der Kommentarliteratur wird der frühe erste Termin vor allem für solche Prozesse empfohlen, die vordringlich als Eilsachen zu behandeln sind oder in denen ein kurzfristig verfügbarer Termin bei weitgehend klarer Sach- und Rechtslage voraussichtlich zu abschließender Verhandlung und zu Entscheidungsreife gebracht werden kann. Es findet sich aber auch der Hinweis, daß sich der frühe erste Termin anbietet, wenn eine Sache zum Güteversuch geeignet erscheint[15).]

Unsere Daten geben keine klaren Hinweise, daß die Richter die Anberaumung eines frühen ersten Termins erfolgreich als Vergleichsstrategie einsetzen. Weniger als die Hälfte der Vergleiche wird in Verfahren mit einem frühen ersten Termin abgeschlossen (47 %), die andere Hälfte (53 %) nach schriftlicher Vorbereitung im Haupttermin. Streitige Urteile dagegen ergehen zu 60 % nach schriftlichem Vorverfahren.

Ausdrücklich stellt das Gesetz selbst in § 279 Abs. 2 ZPO die Anordnung des persönlichen Erscheinens als Vergleichsstrategie zur Verfügung. Das persönliche Erscheinen kann aber auch nach § 141 Abs. 1 zur Aufklärung des Sachverhalts angeordnet werden. Die Unterscheidung ist rechtlich nicht ohne Bedeutung, weil nur nach § 141 ZPO gegen die nicht erschienene Partei wie gegen einen im Vernehmungstermin nicht erschienenen Zeugen ein Ordnungsgeld festgesetzt werden kann (§ 141 Abs. 3 ZPO). Bei der Durchsicht der Akten haben wir festgestellt, daß in der Ladungsverfügung zwischen beiden Möglichkeiten nicht immer unterschieden wird. Gewöhnlich wird formularmäßig unter Hinweis auf § 141 ZPO geladen. Eine Ladung unter Bezugnahme auf § 279 ZPO haben wir in keinem Fall gefunden. Daraus darf man aber wohl nicht schließen, daß die Richter die Anordnung des persönlichen Erscheinens nicht als Vergleichsstrategie einsetzen. Es könnte sich bei der Ladung nach § 141 ZPO um bloße, durch vorhandene Formulare gestützte Routine handeln. Doch ist nicht ausgeschlossen, daß die Richter die Ankündigung eines Vergleichsversuchs auch gezielt vermeiden.

Tabelle 7.25

Anordnung des persönlichen Erscheinens und Art der Erledigung

	Vergleich (V I; n = 55)		Vergleich (V II; n = 240)		Urteil (n = 175)	
Angeordnet ist das pers. Erscheinen						
des Klägers	(-)	- %	(5)	2 %	(3)	2 %
des Beklagten	(4)	7 %	(22)	9 %	(19)	11 %
beider	(17)	31 %	(72)	30 %	(27)	16 %

Für 30 % der Prozesse, die mit einem Vergleich abgeschlossen wurden, hatte der Richter das persönliche Erscheinen beider Parteien angeordnet; wenn es dagegen zum Urteil kam, ging diese Anordnung nur in 16 % aller Fälle voraus. Hatte der Richter das Erscheinen nur einer Partei angeordnet, unterschied sich der Ausgang kaum. Unsere Daten lassen sich bei der Größe der Auswahleinheit nicht hinreichend untergliedern um festzustellen, ob tatsächlich ein früher erster Termin oder die Anwesenheit der Parteien dem Abschluß eines Vergleichs förderlich sind oder ob sich letztlich nur die Prognose des Richters über die Vergleichseignung des Prozesses, die in einer entsprechenden Prozeßvorbereitung ihren Ausdruck findet, bestätigt. Tatsächlich waren die Parteien im Termin häufiger anwesend, als vom Richter angeordnet. Dies gilt für die Anwesenheit beider Parteien, noch stärker aber für die Anwesenheit allein des Beklagten, was sich auch daraus erklärt, daß als Beklagter weitaus häufiger eine Naturalpartei auftritt, für die das persönliche Erscheinen in erster Linie in Betracht kommt. Bei der Verhandlungsbeobachtung konnte folgendes festgestellt werden:

Tabelle 7.26

Anwesenheit der Parteien bei erfolgreichen Vergleichsversuchen

		Kläger	
		anwesend	nicht anwesend
Beklagter	anwesend	19	14
	nicht anwesend	4	15
		23	29

Anwesenheit der Parteien bei erfolglosen Vergleichsversuchen

		Kläger	
		anwesend	nicht anwesend
Beklagter	anwesend	10	10
	nicht anwesend	7	15
		17	25

7.6.3. Beobachtungen im Verhandlungstermin

Damit es zu Vergleichsverhandlungen kommen kann, muß einer der Beteiligten die Initiative ergreifen. Nach dem Gesetz (§ 279 ZPO) ist das die Sache des Richters. Damit wird dem Richter ein wichtiger Schritt auf dem Weg zur Vermittlung übertragen, denn die Parteien könnten eine Vergleichsinitiative des Gegners als Schwächezeichen interpretieren. Tatsächlich werden die Vergleichsverhandlungen ganz überwiegend vom Gericht eingeleitet, und zwar in 85 von 94 Fällen (90 %). Immerhin in sechs Fällen kommt die Vergleichsinitiative vom Anwalt des Beklagten und drei Mal vom Klägeranwalt. Acht von neun dieser Parteiinitiativen sind erfolgreich, während die Richter nur in 40 von 85 Fällen Erfolg haben.

Wir hatten gehofft, bei der Prozeßbeobachtung einen gewissen Rhythmus im Ablauf von Vergleichsverhandlungen herauszufinden, den wir zuvor in einem "Phasenmodell" des Vergleichs konzeptualisiert hatten[16]. Tatsächlich hat sich gezeigt, daß die Vergleichsverhandlungen vor Gericht wie die mündlichen Gerichtsverhandlungen überhaupt in so raschem Tempo ablaufen, daß die Beobachter außerstande waren, die vermuteten Phasen des Vergleichsgesprächs zu identifizieren. Wir waren überrascht, wie wenig Zeit die Richter auf das Vergleichsgespräch verwenden.

Tabelle 7.27

Dauer des Vergleichsgesprächs (n = 94)

	bis 5 Minuten	bis 15 Minuten	bis 30 Minuten	bis 45 Minuten	bis 60 Minuten	bis 75 Minuten
insgesamt	65	22	5	-	1	1
davon erfolgreich	32	17	4	-	1	1

Die Mehrzahl der Vergleichsgespräche ist in weniger als fünf Minuten erledigt. Die beiden längsten Vergleichsverhandlungen betrafen Mietsachen, ebenso zwei der fünf Fälle, die bis zu 30 Minuten dauerten. Aber auch in Mietsachen (n = 38) waren 56 % der Vergleichsgespräche in fünf Minuten abgeschlossen. Das angegebene Zeitmaß ist eher zu hoch gegriffen, weil in fast der Hälfte der Fälle (42 %) die Vergleichsverhandlung jedenfalls aus der Sicht der Beobachter nicht deutlich von der streitigen Verhandlung abgegrenzt war. In der Zeit, die der Richter sich für den Vergleichsversuch nimmt, könnte ein wichtiger Hinweis auf die Art seiner Vergleichsbemühungen gefunden werden. Eine einverständliche Konfliktregelung setzt Lernprozesse bei den Streitenden voraus und fordert damit Zeit. Die Gerichtsverhandlung vollzieht sich jedoch in so außerordentlichem Tempo, daß schon aus diesem Grunde kaum Befriedungsvergleiche zu erwarten sind. Allerdings ist der individuelle Verhandlungsstil der Richter insoweit durchaus unterschiedlich. Da die Zahl der beobachteten Vergleichsverhandlungen je Richter zu klein ist, wird hier als Indikator für den Verhandlungsstil die Dauer der ersten mündlichen Verhandlung gewählt.

Tabelle 7.28
Richter/Tatsächliche Dauer der 1. Verhandlung (n = 403)

		Tatsächliche Dauer (% cum)					
Richter		bis 5	bis 15	bis 30	bis 45	bis 1 h	über 1 h
A	n = 56	38	76	96	100	100	102
B	n = 49	27	70	83	88	97	99
C	n = 39	72	87	97	99	99	99
D	n = 54	39	80	86	95	99	101
E	n = 57	53	74	84	91	100	100
F	n = 61	33	66	78	86	93	103
G	n = 48	64	83	98	102	102	110
H	n = 53	55	81	92	96	100	100

Am ausführlichsten verhandeln zwei Richter, die mit ihrer Vergleichsquote in der Spitzengruppe liegen (F und B). Sie erledigen höchstens ein Drittel der Termine in fünf Minuten und lassen sich für ein weiteres Drittel über eine Viertelstunde Zeit. Das Gegenstück bilden zwei Richter mit einer besonders niedrigen Vergleichsquote. Sie erledigen zwei Drittel ihrer Termine in fünf Minuten und verwenden nur auf

15 % der Termine mehr als 15 Minuten. Bei den beiden letzteren handelt es sich anscheinend um vergleichsabgeneigte, entscheidungsorientierte Richter. Dagegen zögern wir, die beiden erstgenannten dem befriedungsorientierten Typ (vgl. Kap. 1.2.3.) zuzurechnen. Dazu scheint uns die absolute Dauer der Verhandlungen noch immer zu gering zu sein. Davon abgesehen muß ein nicht entscheidungsorientierter Verhandlungsstil nicht unbedingt auf eine befriedungsorientierte Einstellung des Richters hindeuten. Er könnte gelegentlich auch der Ausdruck bloßer Entscheidungsschwäche sein. Bei dem Richter, der in unserer Auswahl die höchste Vergleichsquote erzielt hat, dauern die Verhandlungen durchschnittlich lange. Dieser Richter entspricht dem von uns sogenannten erledigungsorientierten Richtertyp. Er erhielt von den Beobachtern mit 59 % die beste Beurteilung für sehr gute Terminsvorbereitung. Er machte regelmäßig inhaltliche Vergleichsvorschläge und brachte die meisten Argumente für den Abschluß eines Vergleichs ein.

Tabelle 7.29

Richter/Terminsvorbereitung

Vorbereitung (absolut/Zeilenprozente)

Richter	sehr gut	informiert	wenig informiert	nicht beobachtb.	
A	17 31 %	27 49 %	2 4 %	9 10 %	55 100 %
B	13 30 %	27 61 %	3 7 %	1 2 %	44 100 %
C	15 38 %	13 33 %	1 3 %	10 26 %	9 100 %
D	32 59 %	20 32 %	0 0 %	2 4 %	54 100 %
E	15 26 %	32 56 %	0 0 %	10 18 %	57 100 %
F	8 15 %	39 72 %	0 0 %	7 13 %	54 100 %
G	6 12 %	22 46 %	0 0 %	20 42 %	48 100 %
H	10 20 %	33 66 %	2 4 %	5 12 %	50 100 %

Nicht allein die kurze Dauer der Vergleichsverhandlung zeigt, daß die Vergleichsbemühungen der Richter nicht auf eine befriedungsorientierte Vermittlung gerichtet sind. Auch die Argumentation, mit der die Richter die Parteien zum Vergleich zu bringen versuchen, bestätigt diesen Eindruck. Technisch-rationale Überlegungen stehen hier ganz im Vordergrund. Nur in acht von 94 Fällen konnte beobachtet werden, daß die Richter auf der Beziehungsebene argumentierten. Das am häufigsten benutzte Argument war dagegen der Hinweis auf die durch den Vergleich zu ersparenden Prozeßkosten. In fast jedem dritten Fall kam das Prozeßkostenargument zur Sprache, gefolgt von dem Hinweis auf die Unsicherheit der Beweislage in jedem vierten Fall. In jedem fünften Fall wurde mit der Prozeßdauer, der Unsicherheit der Rechtslage oder gerade umgekehrt mit der Vorhersehbarkeit einer bestimmten Entscheidung argumentiert. In 86 der 94 Verhandlungen benutzte der Richter mehrere Argumente, so daß sich der Erfolg bestimmter Argumente nicht isolieren läßt. Die Beobachter haben auch notiert, mit welchen Argumenten die Parteien sich gegen einen Vergleichsschluß gewehrt haben.

Tabelle 7.30
Argumente der Parteien für die Ablehnung eines Vergleichs

	Kläger	Beklagter	insgesamt
Argumente zur Sach- und Rechtslage	7	2	9
Rücksicht auf Dritte	6	4	10
sonstige Argumente	6	5	11
Ausdrückliche Weigerung ohne Begründung	8	7	25

Aus diesen sehr kleinen Zahlen läßt sich nur entnehmen, daß die Vergleichsbemühungen des Richters bei einer nicht unerheblichen Anzahl von Fällen so schwach waren, daß die Parteien sich nicht veranlaßt sahen, Gründe für ihre Weigerung anzugeben.

Eine Vermittlungsbemühung von erheblicher Tragweite stellt der inhaltliche Vergleichsvorschlag des Richters dar. Aus der Sicht der Parteien kann ein solcher Vorschlag wie die Ankündigung des Urteils erscheinen, das der Richter nach dem derzeitigen Verhandlungsstand erlassen würde. Fast in der Hälfte aller Fälle, in denen es überhaupt zu einer Vergleichsverhandlung kommt, wird den Parteien ein solcher

Vorschlag gemacht. Dieser Vorschlag führt in mehr als drei von vier Fällen zum Erfolg.

Es gibt wohl Prozeßparteien, die von vornherein ihre durch Klage oder Abweisungsantrag markierte Position nur aus strategischen Gründen, nicht zuletzt im Hinblick auf einen Vergleich, aufgebaut haben und damit auf Konzessionen eingestellt sind. Nach dem Ergebnis der Parteibefragung rechnen von vornherein 10 % der Kläger nur mit einem Teilerfolg und 11 % der Beklagten sogar mit einer Niederlage im Prozeß. Selbst diese Parteien werden es aber vorziehen, beim Nachgeben jedenfalls noch das Gesicht zu wahren. Erst recht der Mehrzahl der zunächst auf einen vollen Prozeßerfolg hoffenden Parteien müssen Brücken zum Rückzug gebaut werden, damit ein Vergleich zustande kommen kann. Das kann geschehen, indem das Gericht einen bestimmten Vergleich nicht nur vorschlägt, sondern auch bei der schriftlichen Formulierung des Vergleichs ausdrücklich den Hinweis aufnimmt, daß die Parteien den Vergleich auf Vorschlag des Gerichts geschlossen haben. Diesen Hinweis haben wir bei der Aktenuntersuchung bei 37 % aller Vergleiche (n = 240) gefunden. Wie tragfähig diese Brücke ist, können wir allerdings nicht näher bestimmen.

In 35 % aller Fälle wird ein Widerrufsvorbehalt vereinbart, der den Parteien gestattet, den definitiven Vergleichsabschluß noch hinauszuzögern. Daneben hat der Widerrufsvorbehalt aber auch die Bedeutung, daß der Prozeßbevollmächtigte bei der im Termin nicht anwesenden Partei oder bei Dritten, die dem Vergleich zustimmen müßten, rückfragen kann. Der Widerrufsvergleich scheint einen endgültigen Vergleichsabschluß zu begünstigen. Es wurden nur sechs von 83 unter Vorbehalt geschlossenen Vergleichen (7 %) widerrufen. Die Widerrufsfälle sind auch unter dem Aspekt von Interesse, ob das dann ergehende streitige Urteil inhaltlich dem zumeist vom Gericht selbst vorgeschlagenen Vergleich folgt. Tatsächlich entsprach das Urteil in fünf von sechs Fällen dem widerrufenen Vergleich. Nur in einem Fall wich die Entscheidung ab.

Da bei der Prozeßbeobachtung die Vergleichsvorschläge des Richters inhaltlich nicht erfaßt wurden und daher nicht mit einem später ergehenden Urteil verglichen werden konnten, kam der in der Literatur vielfach beschworene Rollenkonflikt des Richters[17)] nur in der eben beschriebenen Situation des widerrufenen Vergleichs in den Blick. Obwohl die Datenmenge für quantitative Aussagen nicht hinreicht, besteht doch der Eindruck, daß die Richter den Konflikt durch eine Orientierung der Vergleichsvorschläge an der Sach- und Rechtslage vermeiden. Dabei folgen die Richter einer von ihnen auch explizit formulierten Faustregel: Eindeutiges wird entsprechend behandelt; zweifelhaftes wird geteilt.

Verhaltensweisen, die Beobachter als "Vergleichsdruck" auf eine oder beide Parteien empfanden, wurden bei 44 % der Vergleichsverhandlungen notiert. Ebenso häufig notierten die Beobachter intensive oder wiederholte Vergleichsbemühungen. Der Vergleichsdruck blieb überwiegend erfolglos, nämlich in 29 von 41 Fällen. Die hier Vergleichsdruck genannten besonderen Einwirkungsversuche richteten sich etwas häufiger gegen den Kläger. In elf Fällen war zu beobachten, daß auch der eigene Anwalt seine Partei zum Vergleich drängte, und zwar fünfmal den Kläger und sechsmal den Beklagten. 14mal scheiterte der Vergleich an der Weigerung des Kägers, 21mal an der Weigerung des Beklagten.

Die Prozeßkosten haben in jedem Fall neben der Hauptsache erhebliches Gewicht. Es kommt vor, daß die Parteien sich in der Hauptsache einigen können, der Vergleich dann aber an den Kosten scheitert. Dazu kann es freilich nur kommen, wenn die Parteien überhaupt eine Vorstellung von der Größenordnung der Kosten haben und verstehen, worauf sie sich bei der Kostenregelung einlassen. Es bestehen mindestens Zweifel, ob dieses Verständnis vorausgesetzt werden kann, wenn die Verteilung der Kosten nach Quoten oder entsprechend § 98 ZPO durch "Aufhebung" verteilt werden. Bei den beobachteten Vergleichsabschlüssen konnten wir feststellen, daß immerhin in sieben Fällen (16 %) über die auf die Parteien zukommenden Kosten in bestimmten Geldbeträgen geredet wurde. Der Verdacht ist jedoch nicht von der Hand zu weisen, daß in den anderen Fällen den Parteien die Tragweite der Kostenregelung durch eine Verteilung nach Quoten oder die Verweisung auf die gesetzliche Regelung von Richtern ebenso wie von Rechtsanwälten eher verschleiert wurde.

7.7. Gründe und Inhalt des Vergleichs

7.7.1. Vergleichsgründe

Es ist soeben dargestellt worden, mit welchen Argumenten in der mündlichen Verhandlung von den Beteiligten die Zweckmäßigkeit eines Vergleichs erörtert wird. Welche Motive die Parteien tatsächlich bewegen, läßt sich jedoch nicht unmittelbar beobachten. Wir haben daher versucht, bei der Aktenanalyse eine Reihe von Umständen festzuhalten, die aus der Sicht des Beobachters als Vergleichsgründe in Betracht kommen:

a) Eine Partei kann meinen, daß sie durch den Vergleich ein besseres Ergebnis erzielt als durch ein Urteil.
b) Eine Partei kann den Vergleich im Sinne der sog. Minimax-Strategie abschließen, um das Risiko des vollen Verlustes auszuschalten.
c) Eine Partei kann einen Vergleich schließen, um Konfliktkosten zu sparen. Als ersparte Konfliktkosten kommen in Betracht:
   - Geld
   - Zeit
   - psychische Belastung durch den laufenden Prozeß.
d) Eine Partei kann den Vergleich aus normativen Gründen schließen, z. B. weil sie die Verpflichtung zur gütlichen Einigung empfindet.

Zu a):
Der Vergleich zur Abwendung einer Niederlage liegt dann nahe, wenn eine Partei annehmen muß, daß die Schwäche ihrer eigenen Position im weiteren Verlauf des Verfahrens aufgedeckt werden könnte. Von Interesse sind hier die Fälle, in denen ein Vergleich geschlossen wurde, obwohl sich aus den Akten überhaupt keine oder nur eine juristisch irrelevante Verteidigung, z. B. der Hinweis auf die eigene Zahlungsunfä-

higkeit, ergab. Solche Fälle waren in der Vergleichsauswahl V II mit 21 % etwa doppelt so häufig vertreten wie im Durchschnitt aller Fälle der Hauptauswahl. Daraus läßt sich schließen, daß eine nicht unerhebliche Anzahl von Vergleichen nur die offene Niederlage einer Partei verdeckt, wie wir es besonders in Mietprozessen und Prozessen mit Einzelkaufleuten oder Handwerkern beobachtet haben.

Zu b):
Der Wunsch zur Ausschaltung des Prozeßrisikos kann der entscheidende Vergleichsgrund sein, wenn sich die Entscheidung des Gerichts nicht prognostizieren läßt, weil entweder der Sachverhalt oder die Rechtslage unklar erscheinen. Sieht man zunächst darauf, ob Sachverhalt und Rechtslage überhaupt streitig sind, so ergeben sich zwischen den mit Vergleich und Urteil abgeschlossenen Prozessen kaum Unterschiede:

Tabelle 7.31

	Vergleich n = 240	Urteil n = 175
Sachverhalt streitig	72 %	76 %
Sachverhalt unstreitig	28 %	24 %
Rechtslage nicht eindeutig	39 %	38 %
Rechtslage eindeutig	61 %	62 %

zu c):
aa) Ein wichtiges Vergleichsmotiv wird in der Ersparnis von Konfliktkosten vermutet. In Betracht kommt zunächst eine Reduzierung der in Geld anfallenden Prozeßkosten, die sich aus Gerichtsgebühren, den Auslagen des Gerichts für Zustel-

lungen und Beweisaufnahmen sowie den Gebühren und Auslagen der Rechtsanwälte zusammensetzen.

Seit der Kostenrechtsnovelle vom 20.8.1975 sind die Möglichkeiten zur Einsparung von Kosten durch einen Vergleich ungünstiger geworden, weil die Rechtsanwälte auch ohne streitige Verhandlung nunmehr für die Erörterung der Sache, auch im Rahmen eines Versuchs zur gütlichen Beilegung, eine besondere Gebühr (Erörterungegebühr) erhalten. Da vermutet wird, daß vor dem Abschluß eines Prozeßvergleichs eine Erörterung im Termin stattfand[18], wird diese Gebühr praktisch stets neben der Vergleichsgebühr erhoben. Kostenmäßig ist ein Vergleich bei Anwaltsbeteiligung nur dann günstiger, wenn er vor Beweisanordnung oder Beweisaufnahme geschlossen wird. Dann spart der Vergleich jedenfalls die sonst nach Nr. 1026 des Kostenverzeichnisses zu § 11 GKG fällige doppelte Urteilsgebühr des Gerichts, die etwa die Vergleichsgebühr eines Anwalts aufwiegt. Die Beweisgebühr wird fällig, soweit der Anwalt die Partei in einem Beweisaufnahmeverfahren vertreten hat (§ 31 BRAGO), d.h., praktisch fast mit jeder Beweisanordnung, denn für eine "Vertretung" genügen schon so minimale Betätigungen wie die Weitergabe der Beweisanordnung an die Partei oder die Einzahlung eines Zeugengebührenvorschusses[19]. Ein Vergleich nach Beweisaufnahme ist daher die teuerste Lösung.

Die je nach Prozeßausgang unterschiedlichen Kosten lassen sich vergleichen, wenn man die Gesamtkosten des Prozesses und den Streitwert zueinander in Beziehung setzt.

Tabelle 7.34
Streitwert - Kosten - Relation

Die Gesamtkosten betrugen bei Vergl. n = 240	%	% cum	bei streitigem Urteil n = 175 %	% cum	bei sonstiger Erledigung %	% cum
bis 25 %	22%	22%	10%	10%	71%	71%
25-50%	36%	58%	32%	42%	21%	92%
50-75%	21%	79%	27%	69%	5%	97%
75-100%	12%	91%	13%	83%	2%	99%
über 100% des Streitwerts	9%	100%	18%	100%	1%	100%

Diese Zahlen zeigen, daß der Vergleich insgesamt etwas kostengünstiger ausfällt als das Urteil. Der Vorsprung ist jedoch nicht imponierend. Die Zahlen in der vorstehenden Tabelle sind natürlich nur vergleichbar, wenn die Streitwerte und die Häufigkeit der Anwaltsvertretung von der Art der Erledigung unabhängig sind. Diese Voraussetzung ist, wie oben unter 7.3. dargestellt, nur hinsichtlich des Streitwerts voll erfüllt. Die Anwaltsvertretung liegt dagegen bei den Prozessen, die sich ohne Vergleich oder Urteil erledigen, erheblich niedriger, niedriger liegen daher auch die Kosten. Bei streitigen Urteilen dagegen ist die Anwaltsvertretung geringfügig höher als beim Vergleich. Daraus erklären sich mindestens zum Teil die durchschnittlich etwas höheren (relativen) Kosten des Urteils. Insgesamt kann man aber doch feststellen, daß der Vergleich nur geringe Möglichkeiten zur Kostenersparnis bietet.

Solche Möglichkeiten ergeben sich eigentlich nur bei den Kosten der Beweisaufnahme durch Sachverständige. Ein Sachverständigengutachten kommt immerhin in 10-20 % aller Fälle in Betracht. Gespart werden kann ferner an den Kosten einer möglichen Berufung. Die Kosten der Berufungsinstanz sind in der vorstehenden Tabelle nicht berücksichtigt.

Zu den Kosten des Rechtsstreits gehören außer den in Geld erwachsenden Auslagen und Gebühren eine Vielzahl immaterieller Belastungen. Hinreichend messen läßt sich davon nur die Prozeßdauer. Ihr ist in der juristischen Literatur und vor allem in der Rechtstatsachenforschung noch mehr Aufmerksamkeit gewidmet worden als den Geldkosten[20].

Es ist zu erwarten, daß ein Vergleich schneller zur Beendigung eines Rechtsstreits führt als ein streitiges Urteil; denn zum Urteil bedarf es umfangreicherer Vorbereitungen, insbesondere muß ihm oft eine Beweisaufnahme vorausgehen. Deshalb ist es beinahe erstaunlich, daß der Zeitvorteil in der Prozeßwirklichkeit nicht größer ist. Er beträgt über die Dauer eines Jahres, in dem über 95 % aller Prozesse zu Ende kommen, etwa zwei Monate. Wegen der Einzelheiten kann auf die Tabelle 35 verwiesen werden.

Tabelle 7.35

Prozeßdauer bei Urteil und Vergleich

Dauer in Monaten	Amtsgericht Bochum Vergleich n = 240		Urteil n = 175		Zählkartenstatistik 1979 Vergleiche n = 85.744		Urteile n = 238.857	
	%	% cum	%	% cum	%	% cum	%	% cum
1	2	2	-	-				
2	8	10	5	5				
3	14	25	5	5				
1 bis 3 Monate	25	25	11	11	44,4	44,4	27,5	27,5
4	15	40	16	27				
5	20	59	11	38				
6	15	74	12	50				
4 bis 6 Monate	49	74	30	50	33,3	77,7	37,0	64,5
7	10	84	17	67				
8	6	90	11	78				
9	3	93	5	83				
10	2	95	5	89				
11	1	95	3	92				
12	1	96	2	94				
6 bis 12 Monate	22	96	44	94	16,8	94,5	25,4	89,9
über 12 Monate	4	100	6	100	5,5	100,0	10,1	100,0

7.7.2. Der Inhalt des Vergleichs

Nach der juristischen Definition verlangt ein Prozeßvergleich beiderseitiges Nachgeben der Parteien. Das Nachgeben kann freilich sehr geringfügig ausfallen, so daß das praktische Ergebnis durchaus nach Gewinn oder Verlust nur einer Partei aussehen kann. Beim Urteil ist die Kostenentscheidung ein guter Indikator für den Ausgang, weil gemäß §§ 91, 92 ZPO die Kosten akribisch nach dem Maß des Obsiegens oder Unterliegens verteilt werden. Beim Vergleich liegen die Dinge etwas anders. Nach § 98 ZPO sind die Kosten des Vergleichs selbst und ebenso die Kosten des durch den Vergleich erledigten Rechtsstreits als gegeneinander aufgehoben anzusehen, wenn die Parteien es nicht anders vereinbaren. Aufhebung der Kosten bedeutet nach § 92 Abs. 1 Satz 2 ZPO, daß jede Partei ihre eigenen außergerichtlichen Kosten trägt, während die Gerichtskosten geteilt werden. Die "Aufhebung" der Kosten wird nicht selten auch vereinbart. Sie führt, ganz gleich ob als gesetzliche oder vereinbarte Folge des Vergleichs, zu einem anderen Ergebnis als die hälftige Teilung der Prozeßkosten, wenn die außergerichtlichen Kosten der Parteien differieren, etwa weil eine Partei mit, die andere aber ohne Anwalt auftrat. In keinem Fall ist sicher, ob die Kostenverteilung das Ergebnis des Vergleichs richtig wiedergibt, denn § 98 ZPO nimmt auf den Vergleichsinhalt überhaupt keine Rücksicht. Wird die Kostenregelung ausgehandelt, so kann ein Nachgeben in der Hauptsache durch ein Entgegenkommen im Kostenpunkt kompensiert werden und umgekehrt. Rechtsschutzversicherungen wehren sich dagegen, daß so auf ihre Kosten Vergleiche geschlossen werden, indem sie Vergleichskosten nur nach dem im Vergleich erzielten Verhältnis von Obsiegen und Unterliegen erstatten[21)]. Aber auch Anwälte und Parteien scheinen Wert darauf zu legen, daß die Kostenregelung Sieg und Niederlage widerspiegelt. Daher kann auch beim Vergleich die Kostenverteilung als ein, wenn auch grobes, Maß für den Erfolg in der Hauptsache genommen werden.

Tabelle 7.36

Kostenlast der Parteien bei Vergleich und Urteil

Kläger	Vergleich	Urteil	Beklagter
keine Kosten	15%	44%	alle Kosten
1 bis 25 %	6%	5%	75 bis 99%
26 bis 33 %	6%	4%	67 bis 74%
34 bis 50 %	6%	4%	50 bis 66%
Kosten gegeneinander aufgeh.	56%	6%	Kosten gegeneinander aufgeh.
51 bis 67 %	4%	4%	33 bis 49%
68 bis 90 %	5%	3%	1 bis 32%
alle Kosten	2%	30%	keine Kosten
	n = 240	n = 175	

Erwartungsgemäß findet sich beim Vergleich die Belastung einer Partei mit allen Prozeßkosten mit 17 % weitaus seltener als beim Urteil, wo die Kostenentscheidung in 74 % aller Fälle den vollen Erfolg einer Partei anzeigt. In 56 % der Fälle werden beim Vergleich die Kosten gegeneinander aufgehoben, während diese Kostenregelung nur bei 6 % der Urteile anzutreffen ist. Erklärungsbedürftig bleibt eigentlich nur, daß es überhaupt Fälle gibt, in denen beim Vergleich eine Partei alle Kosten übernimmt. Aber die Erklärung fällt nicht schwer, wird doch der Vergleich nicht selten nur zur Abwendung einer Niederlage geschlossen. Im übrigen erscheint es bemerkenswert, daß der schon beim Urteil beobachtete Erfolgsabstand zwischen Klägern und Beklagten gewahrt bleibt. Soweit die Kosten nicht gegeneinander aufgehoben werden, ist die Kostenregelung für den Kläger überwiegend günstiger als für den Beklagten.

Als Vorzug des Vergleichs wird die Möglichkeit angesehen, eine Regelung zu treffen, die nicht auf dem schmalen Grat zwischen Klageantrag und Klageabweisung liegt, sondern durch

Einbeziehung von Streitpunkten, die nicht Verfahrensgegenstand sind und vielleicht als solche auch gar nicht faßbar wären, entweder eine Dauerbeziehung auf eine neue Grundlage stellt oder umgekehrt eine Art Generalabrechnung zwischen den Parteien herbeiführt, die weitere Prozesse ersparen kann. Eine Dauerbeziehung bestand in etwa der Hälfte aller Fälle, in denen ein Vergleich geschlossen wurde. Davon konnte immerhin wiederum in fast 40 % der Fälle die Erhaltung der Beziehung erreicht werden. Für die restlichen 60 %, hauptsächlich Mietsachen, besiegelte der Vergleich allerdings die Trennung der Parteien. Damit fällt das Ergebnis nicht so krass aus wie in Arbeitsgerichtsprozessen, wo der Vergleich praktisch immer die Beendigung des Arbeitsverhältnisses zum Inhalt hat[22].

Tabelle 7.37

Inhalt des Vergleichs bei Dauerbeziehungen (n=240)

Erhaltung einer Dauerbeziehung	19 %
Auflösung einer Dauerbeziehung	31 %
Regelung der Folgen einer bereits gelösten Dauerbeziehung	5 %
Keine Dauerbeziehung vorhanden	45 %

Auch die Einbeziehung von Streitpunkten, die nicht Verfahrensgegenstand sind, ist nur von untergeordneter Bedeutung. Wir fanden solche Regelungen bei 14 von 240 Vergleichen (6 %). Die Codierer konnten zwölf andere Vergleiche indentifizieren, in denen nach ihrer Meinung die Einbeziehung anderer Streitpunkte nahe gelegen hätte. Auch damit bestätigt sich der Eindruck, daß der Vergleich eher dazu benutzt wird, das akute Gerichtsverfahren aus der Welt zu schaffen, als den Streit zwischen den Parteien umfassend zu regeln.

7.8. Diskussion der Ergebnisse

Das Untersuchungsdesign, wie es uns weitgehend durch die nur beschränkte Zugänglichkeit des Feldes aufgenötigt wurde, leidet unter zwei Defiziten, nämlich daran, daß die Beteiligten nicht schon während der laufenden Verfahren befragt werden konnten und daß auch Akteneinsicht erst nachträglich möglich war. Der Versuch zur Konstruktion eines konsistent operationalisierbaren Hypothesensatzes war angesichts dieser Restriktionen nicht durchzuhalten. Die in der Untersuchung überprüften und in diesem Bericht dargestellten Hypothesen sind somit stets nur von beschränkter Reichweite. Versucht man dennoch, ex post ein allgemeines Modell zur Erklärung der Prozeßerledigung durch Vergleich zu formulieren, auch wenn es nicht voll durch die erhobenen Daten abgedeckt ist, so bieten sich zwei Hypothesen an:

1. Das Zustandekommen eines Prozeßvergleichs ist von Art und Intensität der Vergleichsbemühungen des Richters abhängig.

   a) Art und Intensität hängen ihrerseits ab von der normativen Einstellung der Richter zum Vergleich mit der Folge, daß einzelne Richter unter sonst gleichen Bedingungen doppelt so viele Vergleiche erzielen wie andere. Eine positive normative Einstellung führt zu häufigerem Vergleichserfolg,

      aa) weil sie intensivere Vergleichsbemühungen zur Folge hat

      bb) weil - das ist freilich vorerst reine Spekulation - sie Ausfluß einer Persönlichkeitsstruktur ist, die über einen konsensfördernden Verhandlungsstil verfügt.

   b) Art und Intensität der Vergleichsbemühungen hängen ab von der Gesamtbelastung des Richters mit der Folge, daß weniger belastete Richter mehr Vergleiche erzielen als stärker belastete.

2. Das Zustandekommen eines Prozeßvergleichs ist abhängig von der Parteienkonstellation und dem Gegenstand des Streits, die ihrerseits stark kovariieren.

a) Am häufigsten schließen Privatpersonen Vergleiche.

b) Weniger häufig vergleichen sich natürliche Personen in Prozessen, die ihren Beruf oder ihr Gewerbe betreffen.

c) Am seltensten schließen korporative Akteure Vergleiche vor Gericht.

d) Besonders häufig sind Vergleiche in Wohnungsmietsachen.

e) Besonders selten sind Vergleiche in Verkehrsunfallsachen.

Für eine qualitative Interpretation der Ergebnisse unserer Untersuchung bewährt sich besonders der verhandlungstheoretische Ansatz[23)]. Die auffällige Häufung von Vergleichen in Wohnungsmietsachen hat einen doppelten Grund. Der Konflikt kann fast immer als Gewinnspiel thematisiert werden, als Situation also, aus der beide Teile durch eine Einigung ihren Vorteil ziehen können. Die Parteien sind jedoch auf Grund ihrer persönlichen Fähigkeiten selten in der Lage, allein zu einer Einigung zu gelangen, so daß erst die Verhandlungshilfe der Anwälte oder des Richters zur Einigung führt. In Wohnungsmietsachen, ganz gleich ob es um eine Mietzinsklage, um Räumung oder um Mieterhöhung geht, hat der Mieter den status quo für sich[24)]. Er ist im Besitz der Wohnung und kann nicht ohne weiteres vor die Tür gesetzt werden. Der Vermieter, der Mieterhöhung oder Räumung begehrt, kann sich zwar auf Rechtsvorschriften berufen. Die Rechtslage wird jedoch durch unbestimmte Rechtsbegriffe oft so unscharf definiert, daß angesichts der verhältnismäßig hohen Streitwerte ein erhebliches Prozeßrisiko besteht. In dieser Situation haben beide etwas anzubieten. Der Mieter kann sich zur Herausgabe der Wohnung bereitfinden und sich dafür Räumungsfristen, eine Umzugskostenentschädigung und die Befreiung von den Prozeßkosten einhandeln[25)]. Im Mieterhöhungsverfahren kann er dem Vermieter einen Mietzins konzedieren, der zwar hinter dessen Forderung zurückbleibt, dafür aber nunmehr gesichert ist. In Mietsachen reicht selbst die von den Parteien vielfach in Anspruch genommene Unterstützung durch Rechtsanwälte anscheinend nicht aus, um den naheliegenden Kompromiß zu finden. Es besteht der Eindruck, daß die Rechtsanwälte Verhandlungslösungen zwar nicht abgeneigt sind, daß sie jedoch erst die Gerichtsverhandlung als geeignetes Verhandlungsforum ansehen. Dafür dürften zwei Gründe maßgeblich sein. Erstens ist es bequeme Routine, durch Einleitung des Gerichtsverfahrens eine Verhandlungssituation zu erzwingen, anstatt die Parteien und ihre Vertreter vor- oder außergerichtlich an einen Tisch zu bringen. Zweitens drängt die gesetzliche Gebührenregelung die Anwälte vor Gericht. Sie erhalten zwar kaum geringere Gebühren, wenn sie außergerichtlich bei einem Vergleich helfen, und diese sind in der Regel sogar schneller verdient. Es scheint aber schwierig zu sein, die Höhe dieser Gebühren gegenüber dem Mandanten zu legitimieren[26)]. Daher verlagern Rechtsanwälte ihre Vergleichsaktivitäten jedenfalls in Mietsachen vor das Gericht, wo zusätzlich die Verhandlungshilfe des Richters den Vergleichsabschluß erleichtert.

Es paßt in dieses Bild, daß Privatleute an Vergleichen besonders häufig beteiligt sind. Obwohl ihr Streit Verhandlungslösungen zugänglich ist, fehlen ihnen doch häufig der notwendige Informationsstand und das Verhandlungsgeschick, um die Lösung selbst auszuhandeln. Erst die Verhandlungshilfe eines Dritten, nämlich des Richters und ggfs. der Anwälte, führt dann zum Vergleich. So erklärt es sich, daß in Mietsachen als Partei auftretende Organisationen, Wohnungsbaugesellschaften etwa, in keinem Fall an einem Vergleich beteiligt waren. Abgesehen davon, daß bei ihnen die einem Kompromiß besonders zugängliche Kündigung wegen Eigenbedarfs entfällt, sind sie auf Grund ihres besseren Informationsstandes und ihres Verhandlungsgeschicks in der Lage, Verhandlungsmöglichkeiten ohne Hilfe Dritter auszuschöpfen.

Diese Annahme wird sehr deutlich durch die Art der Erledigung von Verkehrsunfallprozessen bestätigt. Man darf sich nicht dadurch täuschen lassen, daß hier die Anzahl gerichtlicher Vergleiche verhältnismäßig gering ist. Auch die Zahl der Urteile liegt niedrig. Die Masse der Verkehrsunfallprozesse wird auch nach Klageerhebung noch außergerichtlich geregelt, weil die stets beteiligten Versicherungen keine Verhandlungshilfe benötigen, während der private Kläger fast immer einen Rechtsanwalt bemüht, der ihm seine Verhandlungskompetenz zur Verfügung stellt. Oft gelingt es, die Versicherung durch die Klageerhebung noch einmal zur Wiederaufnahme der Verhandlungen zu bewegen. Es entfallen auch die Gründe, die in anderen Konstellationen die Rechtsanwälte veranlassen, mit der Verhandlung bis zum Gerichtstermin zu warten. Es bedarf keiner besonderen Bemühungen, um die Versicherung als Gegner an den Verhandlungstisch zu bekommen. Die Verhandlungen mit der Versicherung erfolgen schriftlich oder fernmündlich und sind für den Rechtsanwalt ebenso wie ein Gerichtsverfahren Routine. Darüber hinaus übernimmt die Versicherung im außergerichtlichen Vergleichsfall problemlos die Rechtsanwaltsgebühren [27].

Nimmt man die Daten der Verhandlungsbeobachtung hinzu, so zeigt sich allerdings, daß es nicht angeht, die Tätigkeit des Richters als Vermittlung, sei es im Sinne von Verhandlungshilfe, sei es im Sinne von Versöhnungshilfe, zu charakterisieren. Die verschiedenen Phasen der Vermittlung, die wir nach unserem Modell erwartet hatten, sind nur sehr wenig ausgeprägt. Eine kompetitive Phase ist in der mündlichen Verhandlung kaum zu beobachten. Die Fixierung der Streitpunkte und die Betonung der Differenzen ist mit der schriftlichen Prozeßvorbereitung weitgehend abgetan. Obwohl Richter, wenn man sie nach geeigneten Vergleichsstrategien fragt, antworten, man müsse die Parteien sich aussprechen lassen, sie müßten zunächst "aneinander hochgehen" oder "Dampf ablassen"[28], wird doch in der Verhandlung eine solche Phase der Expressivität oder gar Aggressivität als störend geradezu unterdrückt. Die integrative Phase beschränkt sich regelmäßig auf eine kurze Erörterung des Sach- und Streitstandes und gelegentlich eine Beweisaufnahme. Die distributive Phase findet praktisch nicht statt. Sie wird durch den Vergleichsvorschlag des Richters ersetzt. In der Mehrzahl der Fälle ist die Ungewißheit des Ausgangs das überragende psychologische Moment der Vergleichsverhandlung[29]. Sie wird von den Richtern, zum Teil mit Unterstützung der Anwälte, durch Betonung der Unsicherheit der Rechtslage und der Schwierigkeiten des Beweises hochstilisiert und durch Hinweise auf die bis zur Entscheidung noch zu investierenden Kosten, in geeigneten Fällen auch auf die Möglichkeiten einer Berufung, den Parteien als Risiko bewußt gemacht. Damit gewinnt die Urteilskompetenz des Richters solches Gewicht, daß sein Vergleichsvorschlag nur auf geringen Widerstand stößt, zumal die Parteien mindestens subjektiv befürchten können, das Gericht werde seine Verfahrensherrschaft benutzen, um solchen Widerstand als "uneinsichtig" oder "streitsüchtig" zu sanktionieren. Tatsächlich wirkt die Ankündigung notwendiger Beweisaufnahmen, insbesondere auch die Anforderung von Auslagenvorschüssen, aber auch die Anordnung des persönlichen Erscheinens oder auch nur eine Vertagung auf den Prozeßbeobachter gelegentlich, als seien diese Maßnahmen als Sanktion für eine ungebührliche Inanspruchnahme des Gerichts gemeint.

Privatpersonen erliegen solchem Vergleichsdruck leichter als Parteien, für die der Prozeß Teil ihrer beruflichen Betätigung ist. Die Ungewißheit des Prozeßausgangs, die beim Privaten vielfach den Übergang auf Konsensstrategien auslöst, kann von den routinierten Prozeßparteien die regelmäßig mit den im Prozeß erscheinenden juristischen Personen identisch sind, leichter ausgehalten werden, weil sie das Risiko auf mehrere Prozesse verteilen können, über größere materielle Ressourcen verfügen[30)] und sich nicht durch Beziehungsprobleme irritieren lassen.

Daß die Beziehungsprobleme kaum erwähnt und erst recht nicht bearbeitet werden, bedarf allein schon im Hinblick auf die Kürze der Verhandlungen keiner Hervorhebung mehr. Die Befriedungswirkung des Vergleichs ist unter diesen Umständen prekär. Es ist uns aus verschiedenen Gründen nicht gelungen, im Interviewteil unserer Untersuchung der Befriedungswirkung nachzugehen. Die Tatsache, daß nur ein Viertel der 31 befragten Parteien, die einen Vergleich geschlossen hatten, angeben konnten, daß der Prozeß durch eine Einigung abgeschlossen worden sei, stimmt insoweit skeptisch. Dagegen kommt eine neuere amerikanische Untersuchung für eine besondere

Form des mit dem Prozeß verbundenen Güteverfahrens zu dem Ergebnis, daß ein Vergleich viel eher freiwillig erfüllt werde als ein Urteil[31]. Dieser Zusammenhang, der für die normative Einschätzung des Prozeßvergleichs von großer Bedeutung ist, bedarf weiterer Untersuchungen.

Wenn man am Ende nach Rezepten fragt, mit deren Hilfe Richter ihre Vergleichsfrequenz steigern könnten, so weisen unsere Beobachtungsergebnisse in unterschiedliche Richtungen, je nach dem, ob man den heute vorherrschenden Schlichtungscharakter der Vergleichsverhandlung bejaht, oder ob man statt dessen den Befriedungsvergleich gefördert wissen möchte. Für den ersteren Fall läßt sich mit einiger Sicherheit angeben, daß der Vergleichserfolg eine Funktion der Intensität der Vergleichsbemühungen des Richters ist. Alle üblichen Strategien scheinen grundsätzlich geeignet, einen Vergleich herbeizuführen, wenn auch je nach Art des Rechtsstreits und der Parteikonstellation in unterschiedlichem Maße. Es kommt nur darauf an, daß der Richter sich ernstlich und nachhaltig darum bemüht, woran er sich vielfach durch die Vorstellung gehindert sieht, daß das Hinwirken auf den Vergleich nicht eigentlich seine Aufgabe sei.

Ganz andere Vergleichsstrategien wären angezeigt, wenn man auf den Vergleichsdruck, den die Schlichtung nun einmal stets mit sich bringt, verzichten und den Parteien statt dessen Verhandlungs- und Versöhnungshilfe leisten wollte. Dann müßte man zu den vielfach beschriebenen Vermittlungstechniken greifen, die sich in erster Linie einer strukturierten Kommunikation bedienen[32]. Notwendig wäre dazu in erster Linie eine erhebliche Ausdehnung der mündlichen Verhandlung. Ob solche Vermittlungsstrategie in Gerichtsverfahren erfolgreich wäre, läßt sich nicht beurteilen, denn sie wurde jedenfalls in unserem Beobachtungsfeld nicht ernsthaft versucht.

7.9. Zusammenfassung

Das Ergebnis unserer Untersuchung läßt sich folgendermaßen zusammenfassen:

- Vergleiche sind überdurchschnittlich häufig in Wohnungsmietsachen aller Art, sehr selten dagegen in Verkehrsunfallprozessen. In Verkehrsunfallsachen ergehen jedoch deshalb nicht mehr streitige Urteile; vielmehr wird ein grosser Teil außergerichtlich verglichen.
- Private vergleichen sich vor Gericht häufiger juristische Personen dagegen verhältnismäßig selten. Natürliche Personen als Partei in Prozessen, die Beruf oder Gewerbe betreffen, liegen mit ihrer Vergleichsfreudigkeit zwischen diesen beiden Extremen.
- Die Höhe des Streitwerts hat allenfalls sehr geringen Einfluß auf den Ausgang des Prozesses durch Vergleich oder Urteil.
- Bei Beteiligung von Rechtsanwälten ist der Vergleich geringfügig seltener.
- Bei sonst gleichen Randbedingungen erzielen einzelne Richter an demselben Gericht bis zu 100% mehr Vergleiche als andere.
- Die Richter unternehmen nicht, wie es § 279 ZPO vorsieht, in jedem Rechtsstreit einen ernsthaften Vermittlungsversuch.
- Die Anregung zu Vergleichsgesprächen geht ganz überwiegend vom Gericht aus.
- Die Vergleichsverhandlung wird nicht deutlich von der streitigen Verhandlung getrennt. Die Möglichkeit einer besonderen Güteverhandlung nach § 279 Abs. 1 S. 2 ZPO wird nicht genutzt.
- Ein Vergleich wird von den Parteien nicht mit wechselseitigen Angeboten und sukzessivem Nachgeben ausgehandelt, sondern an die Stelle des Aushandelns tritt ein Vorschlag des Gerichts.
- Um die Parteien zur Annahme des Vergleichsvorschlags zu bewegen, argumentieren die Richter weniger normativ als vielmehr opportunistisch, indem sie die Vorteile und Nachteile eines Kompromisses darstellen. Sie verweisen dazu insbesondere auf die Dauer des Prozesses und dessen Kosten,

auf das Beweisrisiko, die Unsicherheit der Rechtslage oder umgekehrt auf die Vorhersehbarkeit einer bestimmten Entscheidung.

- Ein streitiger Sachverhalt gibt besonders häufig den Hintergrund von Vergleichen ab.
- Vergleichsverhandlungen dauern - wie die mündliche Verhandlung überhaupt - sehr kurz. Sie sind meistens in weniger als fünf Minuten erledigt.
- Richter und Rechtsanwälte vermeiden es, Beziehungsprobleme anzusprechen.
- Die Einräumung eines Widerrufsvorbehalts scheint eine nützliche Strategie zur Förderung des Vergleichs zu sein.
- Die beim Vergleichsabschluß anwesenden Parteien scheinen nicht immer voll über die Tragweite einer Kostenregelung informiert zu sein, die die Kosten nach Quoten oder in Anlehnung an § 98 ZPO verteilt.
- Der Vergleich liquidiert, insbesondere in Räumungsprozessen, etwas häufiger eine Dauerbeziehung als daß er künftige Dauerkontakte regelt.
- Bei einem Vergleich sind die Prozesse um etwa zwei Monate schneller erledigt als bei einem streitigen Urteil.
- Die gesamten Gerichts- und Anwaltskosten eines Vergleichs liegen nur geringfügig niedriger als die des streitigen Urteils.
- Wie beim streitigen Urteil ist auch beim Vergleich der Kläger erfolgreicher als der Beklagte.
- Insbesondere bei Mietprozessen besteht der Eindruck, daß der beklagte Mieter nicht selten Rechtspositionen ohne hinreichenden Grund oder vollen Ausgleich aufgibt.
- Die Parteien scheinen den Unterschied zwischen Vergleich und Urteil kaum zu begreifen. Sie erleben auch den Vergleich als Sieg oder Niederlage.

Anmerkungen

1) Statistisches Bundesamt Fachserie 10: Rechtspflege, Reihe 2.1.: Zivilgerichte.

2) Erhard Blankenburg, Harald von Kempski, Bernhard Lebrun, Hellmut Morasch, Heinrich Schumacher, Die Rechtspflegestatistiken. Analyse der Benutzerinteressen und Vorschläge für eine neue Konzeption, Berlin 1977.

3) Unter konfliktsoziologischen Aspekten haben wir früher die Vermutung geäußert, daß Vergleiche bei der Kammer für Handelssachen häufiger sein müßten, Klaus F. Röhl, Der Vergleich im Zivilprozeß - Eine Alternative zum Urteil?, Jahrbuch für Rechtssoziologie und Rechtstheorie Bd. 6, 1980, S. 279 - 316, S. 294.

4) Vgl. Georg Holch, Prozeßverschleppung durch den Einzelrichter?, Zeitschrift für Rechtspolitik 13, 1980, S. 38 f.

5) Auf regionale Unterschiede in der Vergleichsquote weisen auch Elmar Steinbach/Rolf Kniffka, Strukturen des amtsgerichtlichen Zivilprozesses, 1982, S. 118 hin. Sie konstatieren ein Nord-Süd-Gefälle und meinen, es scheine "sich also zu bewahrheiten, daß es in manchen Teilen Deutschlands unbeugsamere Menschen" gebe.

6) A.a.O. (Anm. 3) S. 293

7) Erhard Blankenburg, Siegfried Schönholz, Zur Soziologie des Arbeitsgerichtsverfahrens, Neuwied/Darmstadt 1979, S. 102 ff.

8) Für die Bedeutung fester Rechtsgrundsätze gerade auch in Familiensachen vgl. Robert A. Mnookin, Lewis Kornhauser, Bargaining in the Shadow of the Law: The Case of Divorce, The Yale Law Journal 88, 1979, S. 950 - 997.

9) Als Rechtstatsachenforschung zum früheren Armenrecht vgl. Stefan Franke, Zur Reform des Armenrechts, Berlin 1980.

10) Dazu Klaus F. Röhl, Die Suche nach typischen Zivilprozessen , ein Projekt der Rechtstatsachenforschung, Schleswig-Holsteinische Anzeigen 1971, S. 45 - 47.

11) Erhard Blankenburg, Hellmut Morasch, Viola Blankenburg, Der lange Weg in die Berufung, in: Tatsachenforschung in der Justiz, hrsg. von Rolf Bender, Tübingen 1974, S. 81 - 104, 86.

12) A.A.O. (Anm. 3) S. 288.

13) Wir haben damit die von Blankenburg u.a. im Zusammenhang mit einer Untersuchung der Berufungsgründe formulierte Hypothese, daß mit der Länge des vorprozessualen Konflikts die Hartnäckigkeit der Parteien steige, nicht bestätigt gefunden. (Blankenburg u.a. a.a.O. wie Anm. 11, S. 92).

14) Bericht der Kommission für das Zivilprozeßrecht, hrsg. vom Bundesministerium der Justiz, Bonn 1977, S.95 f.

15) Baumbach/Lauterbach-Hartmann, Zivilprozeßordnung, 40.Aufl. 1982, § 272 Anm. 3) B.

16) A.a.O. (Anm. 3) S. 304 ff.; vgl. auch oben Kap. 1 S.

17) Torstein Eckhoff, Die Rolle des Vermittelnden, des Richtenden und des Anordnenden bei der Lösung von Konflikten, in: Studien und Materialien zur Rechtssoziologie (Sonderheft 11/1967 der Kölner Zeitschrift für Sorziologie und Sozialpsychologie) S. 243 - 270, 257; Walther Gottwald, Streitbeilegung ohne Urteil, Tübingen 1981, S. 67 ff.; John C. Ruhnka, Steven Weller, Small Claims Court, Williamsburg/Virginia 1979, S. 139 ff. Rolf Stürner, Die Aufgabe des Richters, Schiedsrichters und Rechtsanwalts bei der gütlichen Streitbeilegung, Juristische Rundschau 1979, S. 133 - 138, 135.

18) OLG Hamm, Monatsschrift für Deutsches Recht 1977, S.238.

19) OLG Hamm, Anwaltsblatt 1961, S. 20; OLG Köln, Juristisches Büro 1978, S. 710; OLG Schleswig, Versicherungsrecht 1974, S. 890.

20) Dazu insbesondere: Gottfried Baumgärtel, Peter Mes, Rechtstatsachen zur Dauer des Zivilprozesses (erste Instanz, Köln, Berlin, Bonn, München 1972; Gottfried Baumgärtel, Gerhard Hohmann, Rechtstatsachen zur Dauer des Zivilprozesses (zweite Instanz), Köln, Berlin, Bonn, München 1972.

21) Allgemeine Bedingungen für die Rechtsschutzversicherung (ARB) § 2 Abs. 3 a; dazu BGH Versicherungsrecht 1977, S. 809.

22) Erhard Blankenburg, Siegfried Schönholz, Zur Soziologie des Arbeitsgerichtsverfahrens, Neuwied/Darmstadt 1979, S. 102 ff.

23) A.a.O. (Anm. 3) S. 299 ff.

24) Zur Bedeutung der Ausgangslage für den Rechtsstreit vgl. Klaus F. Röhl, Der Gebrauch von Recht zur Änderung des status quo, Zeitschrift für Rechtssoziologie 2, 1981, S. 7 - 17.

25) Vgl. dazu Hartmut Erich Hilden, Rechtstatsachen im Räumungsrechtsstreit, Frankfurt a.M. 1976, der resümiert, soziale Schutzrechte des Mieters verwandelten sich in der Praxis nicht selten zur Handelsware (S. 74).

26) Günter Bandisch, Zur Vermittlertätigkeit von Rechtsanwälten, in: Alternativen in der Ziviljustiz, hrsg. von Erhard Blankenburg, Walther Gottwald, Dieter Strempel, Köln 1982, S. 41 - 45, 42; den Gesichtspunkt der Legitimierbarkeit der Kostenforderung hat Bandisch in seinem mündlichen Vortrag betont.

27) Ebd. S. 43.

28) Bernhard Giese, Ansätze zur Tatsachenforschung und Rechtssoziologie des Prozeßvergleichs, in: Günter Bierbrauer u.a., Zugang zum Recht, Bielefeld 1978, S. 117 - 140, S. XXX.

29) Zur Ungewißheit als Motor des Gerichtsverfahrens Niklas Luhmann, Legitimation durch Verfahren, 2. Aufl. Berlin/ Neuwied 1979, S. 116.

30) Dazu Marc Galanter, Why the Haves Come Out Ahead: Speculations on the Limits of Legal Change, Law and Society Review 9, 1974, S. 95 - 155.

31) Craig A. McEwen, Richard J. Maiman, Small Claims Mediation in Maine: An Empirical Assessment, Maine Law Review 33, 1981, S. 237 - 268, 261.

32) Dazu Klaus F. Röhl, Beraten, Vermitteln, Schlichten und Richten, Schleswig-Holsteinische Anzeigen 1979, S. 134 - 141.

Rolf Schulz-Rackoll

8. Der Wohnungs-Mietprozeß

8.1. Einleitung

Wohnung, Haus und Garten sind für den erwerbstätigen Teil der Bevölkerung der wichtigste Aufenthaltsort während der Freizeit, für die Nichterwerbstätigen stellen sie den dominierenden Lebensort dar[1]. Noch immer verfügt jedoch nicht jeder Haushalt in der Bundesrepublik über eine eigene Wohnung[2]. Die Bedingungen und Verhältnisse, unter denen der einzelne wohnt, lassen seinen gesellschaftlichen Standort erkennen und definieren neben Ausbildung, Beruf und Einkommen seinen sozialen Status mit. Insbesondere Personen, die zur Miete[3] wohnen und über ein geringes Haushaltseinkommen verfügen, sind davon betroffen, daß ihre Wohnungen teilweise zu klein, unzureichend ausgestattet, in schlechter Wohnlage gelegen oder zu teuer sind[4] und zahlreichen Beschränkungen der Wohnungsnutzung durch Formularmietverträge[5] unterliegen. Der Mieter hat kein Dauerwohnrecht, sondern muß stets mit einer Kündigung und den daraus resultierenden Problemen rechnen. So geht die Bundesregierung davon aus, daß in den letzten Jahren jährlich mindestens 100 000 Haushalte umgezogen sind, nachdem ihnen vorher vom Vermieter gekündigt worden war[6]. Die Zahl der Urteile und Vergleiche auf Räumung, die die Justizstatistik ausweist, steigt ständig an und betrug 1979 insgesamt 67 856 [7]. Diese Angaben vermitteln einen ersten Einblick in die gesellschaftliche Relevanz des Problemfeldes und der Konflikte, die daraus erwachsen können.

Die Analyse der Entstehung und des Verlaufs von Mietkonflikten sowie die Erforschung der Bedingungen, unter denen die Parteien den Zugang zu den rechtlichen Instanzen finden, geraten zunehmend in das Blickfeld. Die Untersuchung verschiedener Institutionen der Rechtsberatung in der Bundesrepublik hat u.a. ergeben, daß der Anteil derjenigen Personen, die diese Organisationen in Anspruch nehmen, um sich in Wohnungsproblemen beraten zu lassen, verhältnismäßig hoch ist. Eine repräsentative Befragung der deutschen Bevölkerung West-Berlins hat sich mit den Problemen beschäftigt, wie häufig in verschiedenen Konfliktkonstellationen Gerichte mobilisiert werden, wie häufig direkte und informelle Einigungsversuche gemacht werden und mit welcher Wahrscheinlichkeit die Betroffenen nachgeben oder resignieren, ohne irgendetwas zu unternehmen[9)]. Die Relevanz des außergerichtlichen Konfliktgeschehens wird schlaglichtartig deutlich, wenn man sich vergegenwärtigt, daß lediglich 3 % der Befragten tatsächlich einen Mietprozeß geführt haben[10)].

Zur Analyse gerichtlich ausgetragener Mietkonflikte liegen mehrere empirische Untersuchungen[11)] vor, in anderen Arbeiten[12)] sind solche Daten miterhoben worden. Insgesamt ist die Datenlage jedoch aus verschiedenen Gründen wenig befriedigend. So liegen den Untersuchungen einerseits Prozesse zugrunde, die vor grundlegenden gesetzlichen Änderungen (Wohnraumkündigungsschutzgesetzgebung, ZPO-Novelle) stattgefunden haben[13)], während andererseits nur bestimmte Bereiche der Mietstreitigkeiten erfaßt werden[14)] oder die Zahl der zugrundegelegten Fälle zu gering ist[15)]. Diese Gründe sind ausschlaggebend dafür, daß die Daten unserer eigenen Untersuchung mit anderen nicht ohne weiteres vergleichbar sind. Lediglich die im Auftrag der Bundesregierung ermittelten Daten[16)] können neben den Zahlen der Justizstatistik[17)] zum Vergleich herangezogen werden. Sie vermitteln ein repräsentatives Bild der durchgeführten Prozesse in den Bereichen Mieterhöhung und ordentliche Kündigung, der Häufigkeit von Kündigungs- und Mieterhöhungsbegehren und sonstiger Kenntnisse des Mieter - Vermieterverhältnisses im Zusammenhang mit Kündigungen und Mieterhöhungen.

Die gesellschaftliche Relevanz der Beziehungen zwischen Vermieter und Mieter einerseits, der weitgehende Mangel aussagekräftiger Daten über Entstehung, Verlauf und Abschluß von Mietprozessen andererseits haben dazu geführt, parallel zur Hauptuntersuchung eine Sonderauswertung sämtlicher Mietprozesse aus unserer Auswahl vorzunehmen. Mit Hilfe eines halbstandardisierten Aktenanalysebogens wurden insgesamt 118 Verfahren ausgewertet. Die Schwerpunkte der zusätzlichen Erhebung liegen beim Prozeßstoff und beim Prozeßverlauf. So wurden insbesondere Streitgegenstand und Beweisaufnahme über standardisierte Items detailliert erhoben. Der Prozeßerfolg wurde durch Verknüpfung mehrerer Indikatoren ermittelt. Offene Items sorgten für einen möglichst geringen Informationsverlust in kritischen Bereichen (z.B. Hinweise auf ökonomische und interpersonale Probleme).

Die folgende Darstellung wird in ihrem ersten Teil zunächst die Besonderheiten des Mietprozesses beschreiben, sich dabei aber auf die Daten beschränken, die sich signifikant von denen der übrigen Prozesse unterscheiden. Vor diesem Hintergrund wird dann im zweiten Teil versucht, die sozialen Funktionen der Mietjustiz zu bestimmen und empirisch auszufüllen. Auf dieser Grundlage wird im dritten Teil der Frage nach dem Verhältnis von sozialer Machtposition und Prozeßerfolg nachgegangen und die Ursachen für den ganz überwiegenden Prozeßerfolg des Vermieters aufzuzeigen versucht. Der vierte Teil der Untersuchung beschäftigt sich mit dem Mietverhältnis als Sozialbeziehung und geht dem unterschiedlichen Prozeßverhalten und Ergebnis von Organisationen und Privatpersonen nach.

8.2. Die Besonderheiten des Mietprozesses

In den 567 Fällen unserer Gesamtauswahl, in denen eine Aktenanalyse durchgeführt wurde, waren n = 118 Fälle vertreten, deren Gegenstand die Überlassung von Wohnraum gegen Entgelt bildete. Nicht enthalten in dieser Auswahl sind somit diejenigen Verfahren, in denen z. B. Geschäftsräume vermietet wurden, oder Prozesse zwischen Mietern untereinander, in denen z. B. Schadensersatzansprüche aus unerlaubter Handlung geltend gemacht wurden. Diese Beschränkung ist im wesentlichen aus zwei Gründen vorgenommen worden: Zum einen sollte das Verhältnis zwischen Vermieter und Mieter und die Behandlung ihrer Konflikte durch die Justiz den zentralen Gegenstand dieser Teiluntersuchung bilden, zum anderen blieb damit die Homogenität der vor Gericht ausgetragenen Konflikte erhalten, die sich insbesondere in speziellen rechtlichen Regelungen für die Wohnraummiete äußert.

Aus dem vorliegenden Material ergab sich eine weitere Einschränkung. In unserer Auswahl sind Mieter nur in fünf Prozessen, das entspricht 4 % der Fälle, als Kläger in Erscheinung getreten. Aus verfahrensspezifischen Besonderheiten resultiert, daß in Mietprozessen regelmäßig dem Vermieter die Klagelast obliegt[18]. Andererseits erscheint eine Auswertung von nur fünf Prozessen wenig sinnvoll, so daß im folgenden nur die Fälle in die Untersuchung einbezogen werden, in denen der Vermieter als Kläger auftritt.

8.2.1. Grunddaten

Der Parteienstatus und die Parteienbeziehung, die in der Gesamtauswahl durch zwei voneinander getrennte Variablen ermittelt wurden, sind im Rahmen der Sonderauswertung gemeinsam mit folgenden Ausprägungen erhoben worden:
- Privatperson, im selben Haus wohnend
- Privatperson, nicht im selben Haus wohnend
- juristische Person
- Sonstige.

Die Kategorie "Privatperson im selben Haus wohnend" umfaßt sowohl die Wohnungsnachbarschaft als auch die Grundstücksnachbarschaft. Die Ausprägungen betreffen nur die Klägerseite. Auf der Beklagtenseite finden wir auf Grund der vorgenommenen Einschränkungen nur private Wohnungsmieter.

Tabelle 8.1.

Status des Klägers (n = 113)

Privatperson, im selben Haus wohnend	30 %
Privatperson, nicht im selben Haus wohnend	38 %
Juristische Person	28 %
Sonstige	4 %

Hervorzuheben ist der hohe Anteil von Klagen, die von Wohnungs- bzw. Grundstücksnachbarn eingeleitet werden (übrige Prozesse: 3 %, n = 429). Dieser Personenkreis zählt überwiegend zur Gruppe der Kleinvermieter, deren soziale Distanz zum Mieter verhältnismäßig gering ist. Je nachdem, wie die

Sozialbeziehungen im Einzelfall ausgestaltet sind, können sie einen hohen Grad von Komplexität und persönlicher Vertrautheit erreichen. Bisher wird in der Literatur jedoch die Meinung vertreten[19], daß in einem solchen Fall eine Anrufung rechtlicher Instanzen wenig wahrscheinlich sei. Der Komplexitätsgrad der Sozialbeziehungen läßt sich letztlich jedoch nicht durch eine Analyse von Gerichtsakten ermitteln, hierzu bedarf es einer Parteienbefragung. Der Anteil von juristischen Personen auf der Klägerseite (28 %) unterscheidet sich dagegen nur unwesentlich von denen der übrigen Prozesse (29 %).

Neben der anwaltlichen Vertretung, zu der auch die Vertretung durch Rechtsbeistände und den Mieterverein gerechnet wurde, ist im Rahmen der Sonderauswertung zusätzlich eine Vertretung durch Firmenangestellte codiert worden. Da große Wohnungsbaugesellschaften eine eigene Rechtsabteilung besitzen, verfügen ihre Angestellten über detaillierte Rechtskenntnisse, die insbesondere in der komplizierten Materie des Mietrechts von erheblichem Vorteil sind. Eine Zuordnung zur Ausprägung "ohne Vertretung" erscheint daher wenig sinnvoll.

Es ergibt sich folgende Verteilung:

Tabelle 8.2.

Prozeßvertretung (n = 113)

		Kläger (Vermieter)			
		Anwalt	Angest.	ohne Vertr.	insges.
Beklagter (Mieter)	Anwalt	35 %	3 %	1 %	39 %
	ohne Vertr.	50 %	10 %	2 %	62 %
	insgesamt	85 %	13 %	3 %	101 %

Bei einem Vergleich dieser Tabelle mit den übrigen Prozessen fällt hinsichtlich der Prozeßvertretung des Klägers auf, daß der Mieter häufiger vor Gericht ohne Vertretung ist (Beklagte in übrigen Prozessen 55 %). Die Tatsache hat zu den entsprechenden Abweichungen in den Zellen 11 und 21 geführt. Faßt man die Ausprägungen "Anwalt" und "Angestellte" zusammen, so ergibt sich, daß der Kläger in 98 % der Fälle rechtskundig vertreten ist, der Beklagte dagegen nur in 39 % der Fälle.

Die Erhebung der Variablen "Art des Rechtsstreits" hat im Rahmen der Sonderauswertung einen breiten Raum eingenommen, da insbesondere über diejenigen Verfahren, die weder die Räumung von Wohnraum noch eine Zustimmung zur Mieterhöhung zum Gegenstand haben, kaum Informationen vorliegen. Darüber hinaus sind auch die Kündigungsgründe und Einzelheiten des Mieterhöhungsverfahrens erhoben worden. Die Variable ist mit folgenden Ausprägungen erhoben worden:

- Räumung der Wohnung (einschließlich wichtigster Kündigungsgrund)
- Mieterhöhung
- Schönheitsreparatur
- Reparaturen
- Nebenkostenabrechnung
- Kaution
- Zahlung rückständiger Miete
- Sonstiges.

Die Auswertung der Aktenanalysebögen machte die Vorläufigkeit dieser Kategorisierung deutlich. Alle Ausprägungen außer "Räumung", "Zahlung" und "Mieterhöhung" waren so gering besetzt, daß eine besondere Auswertung nicht zweckmäßig erschien. Daher wurden "Schönheitsreparaturen" den "Reparaturen" zugeordnet und alle übrigen Merkmale unter "Sonstiges" zusammengefaßt. Bei mehreren geltend gemachten Ansprüchen ist derjenige codiert worden, der auf Grund des klägerischen Vorbringens als wichtigster Streitgegenstand angesehen werden mußte.
Danach ergibt sich folgende Verteilung:

Tabelle 8.3.

Art des Rechtsstreits (n = 113)	
Räumung	48 %
Zahlung rückständiger Miete	17 %
Mieterhöhung	14 %
Reparaturen	8 %
Sonstiges	13 %

Die Auswertung zeigt, daß vor dem Amtsgericht in Mietsachen neben Räumungsklagen, die knapp die Hälfte der Streitgegenstände ausmachen, und Mieterhöhungsklagen im wesentlichen Ansprüche auf Zahlung rückständiger Miete und Reparaturen geltend gemacht werden.

Für die Variable "Erledigung des Verfahrens" ergibt sich folgende Verteilung:

Tabelle 8.4.

Art der Erledigung (n = 113)	
Streitiges Urteil	21 %
Vergleich	17 %
Versäumnisurteil	31 %
Klagerücknahme	15 %
Ruhen des Verfahrens	5 %
Erledigungserklärung	7 %
Anerkenntnisurteil	4 %
Sonstiges	1 %

Der Vergleich dieser Daten mit denen der übrigen Prozesse ergibt Unterschiede bei den vier am häufigsten vorkommenden Erledigungsarten. Wir verzeichnen erheblich mehr Versäumnisurteile (übrige Prozesse: 18 %) und Vergleiche (übrige Prozesse: 9 %), jedoch erheblich weniger streitige Urteile (übrige Prozesse: 36 %) und eine geringere Zahl von Klagerücknahmen (übrige Prozesse: 23 %). Die Art der Erledigung gibt allerdings nur sehr bedingt Aufschluß über den Prozeßerfolg einer Partei. Lediglich bei Versäumnisurteilen kann mit großer Wahrscheinlichkeit davon ausgegangen werden, daß der Kläger sein Ziel erreicht hat. Weitere Aufschlüsse über den Prozeßerfolg vermag die Verteilung der Kostenlast zu geben.

Für die der Klägerseite zufallenden Kosten ergibt sich folgende Verteilung:

Tabelle 8.5.
Kostenlast der Klägerseite (n = 113)

0	71 %
bis 25 %	3 %
bis 33 %	2 %
bis 67 %	1 %
bis 90 %	3 %
100 %	8 %
gegeneinander aufgehoben	12 %

An diesem Ergebnis fällt zunächst auf, daß nur in 21 % der Fälle Quotenentscheidungen ergehen. Auch wenn noch bestimmte Korrekturen vorgenommen werden müssen, so läßt sich doch aus der Tabelle entnehmen, daß die Klagen nur in einem verhältnismäßig geringen Teil erfolglos geblieben sind. Die Polarisierung ist deswegen um so bemerkenswerter, als der Anteil der Erledigungsarten, in denen der Richter einen Entscheidungsspielraum im Rahmen der Kostenentscheidung hat (streitiges Urteil, Vergleich, Erledigung mit Kostenstreit), also nicht in seiner Kostenentscheidung gebunden ist, immerhin 41 % beträgt. Betrachtet man die Verteilung der Kostenlast im Zusammenhang mit der Erledigungsart, so fällt beispielsweise für den Fall der Klagerücknahme auf, daß der Kläger zwar gemäß § 269 Abs.3 ZPO die Kosten des Rechtsstreits zu tragen hat, damit aber noch nicht geklärt ist, ob er lediglich resigniert oder aber sein Prozeßziel erreicht hat. Auch ein Vergleich, bei dem die Kosten gegeneinander aufgehoben wurden, läßt sich nicht ohne weiteres als Prozeßausgang interpretieren, der für beide Parteien gleich günstig ist. Da die Prozeßparteien z.B. auch andere Streitpunkte in die Vergleichsregelung einbeziehen oder aber die Modalitäten einer Wohnungsräumung regeln können, müssen stets sämtliche durch den Vergleich geregelte Streitpunkte in die Bewertung einbezogen und als Einheit betrachtet werden. Denkbar ist durchaus ein Räumungsvergleich, in dem dem Kläger die Kosten auferlegt werden, um so die soziale Härte für den Beklagten zu mildern. Weder die Art der Erledigung oder die Verteilung der Kostenlast noch eine Verknüpfung beider Variablen lassen daher im Mietprozeß eine gültige Aussage über die Verteilung des Prozeßerfolgs zu.

Grundsätzlich bildet das angestrebte Ziel den Ausgangspunkt für die Feststellung des Prozeßerfolgs. Klagt ein Vermieter auf Räumung der Wohnung, auf Herausgabe der Schlüssel oder auf Unterlassung der Hundehaltung, so hat er sein Ziel durch die Inanspruchnahme des Gerichts dann erreicht, wenn die Wohnung geräumt, die Schlüssel herausgegeben oder der Hund aus der Wohnung entfernt wird. Verlangt er Zahlung rückständiger Miete oder die Zustimmung auf Mieterhöhung, so ist er dann erfolgreich, wenn der Mietrückstand gezahlt oder der Mieterhöhung zugestimmt wird. Zu seinem Ziel kann der Kläger jedoch auf unterschiedliche Weise kommen. So kann schon die Inanspruchnahme rechtlicher Instanzen dazu führen, daß der Beklagte den Anspruch erfüllt, der Erfolg des Klägers kann jedoch auch von einer rechtskräftigen richterlichen Entscheidung abhängig sein. Andererseits wiederum mag der Kläger auf Grund der Sach- und/oder Rechtslage ein weiteres Vorgehen als sinnlos erachten und das Gerichtsverfahren beenden, oder die richterliche Entscheidung fällt zu seinen Lasten aus. Dann hat er sein Prozeßziel nicht erreicht.

Die Schwierigkeit der Ermittlung des Prozeßerfolgs ist abhängig davon, ob der Rechtsstreit außergerichtlich oder durch richterliche Entscheidung erledigt wurde. Verhältnismäßig unproblematisch ist die Prüfung einer richterlichen Entscheidung nach Inhalt und Kosten z. B. bei Zahlungsklagen. Die Entscheidung wird als Einheit betrachtet, die Kostenregelung ist dabei ein wesentliches Indiz für den Prozeßerfolg. Bei Räumungsklagen wird im folgenden die Räumung der Wohnung ohne Rücksicht auf die Kostenentscheidung oder andere Ansprüche als entscheidendes Kriterium für den Prozeßerfolg angesehen, da sie das Hauptziel des Klagebegehrens darstellt. Sie hat auch bei Klagerücknahmen, Erledigungserklärungen usw. verhältnismäßig zuverlässig anhand des Inhalts der Schriftsätze, der Terminsprotokolle und der Adressenänderung festgestellt werden können. Durch Aktenstudium kann bei Zahlungsklagen, die sich außergerichtlich erledigen, ebenfalls häufig ermittelt werden, ob eine Zahlung erfolgt ist oder nicht (z.B. der Beklagte erhebt die Einrede der Verjährung). Da die Quotenentscheidungen nur einen verhältnismäßig geringen Prozentsatz ausmachen, erscheint es gerechtfertigt, nicht nach voll erfolgreich und teilweise erfolgreich zu unterscheiden. Danach ergibt sich insgesamt folgende Verteilung:

Tabelle 8.6

Prozeßerfolg (n = 113)

Erfolg des Vermieters/Klägers	77 %
Erfolg des Mieters/Beklagten	16 %
Gleich günstig für beide Parteien	1 %
Nicht feststellbar	6 %

Diese Daten sind mit denen der übrigen Prozesse [20] nur bedingt vergleichbar, da dort u.a. die Verfahren, in denen die Kosten gegeneinander aufgehoben wurden, als für beide gleich günstig eingeordnet werden. In der Tendenz ergeben sich jedoch keine allzu großen Veränderungen, wenn man dabei bedenkt, daß die herkömmliche Unterscheidung nach Kläger und Beklagten gleichbedeutend ist mit der hier getroffenen, über die Prozeßrolle hinausweisenden Unterscheidung nach Vermieter und Mieter.

Die Prozeßdauer wurde vom Eingang der Klageschrift bzw. des Mahngesuchs bis zum Datum der Entscheidung berechnet. Jeder begonnene Monat wurde als voller Monat gewertet. Danach ergibt sich folgende Verteilung:

Tabelle 8.7

Prozeßdauer (n = 113)

Bis zu 3 Monaten	47 %
3 bis 6 Monate	32 %
6 bis 9 Monate	14 %
9 bis 12 Monate	4 %
über 12 Monate	3 %

Ein Vergleich dieser Daten mit den Ergebnissen der übrigen Prozesse läßt erkennen, daß die Justiz in Prozessen, die die Miete von Wohnraum zum Gegenstand haben, den Rechtsstreit noch schneller beendet als im Durchschnitt aller vor dem Amtsgericht ausgetragenen Verfahren. So sind nach drei Monaten schon knapp 50 % aller Mietprozesse beendet. Ein Grund für dieses äußerst günstige Ergebnis ist sicher darin zu sehen, daß der Anteil der Versäumnisurteile, die in der Regel spätestens nach zwei Monaten erlassen werden, knapp 1/3 aller Erledigungen ausmacht. Auch sind Vergleiche, die 17 % aller Erledigungen ausmachen, häufig Räumungsvergleiche, die im ersten Termin geschlossen werden. Die in der Erledigungsstatistik erfreuliche Bilanz der Mietjustiz wird dadurch abgerundet, daß knapp 80 % aller Fälle nach sechs Monaten abgeschlossen sind und nur 3 % länger als ein Jahr dauern.

Mit der Erhebung der Variablen "Manifeste Konfliktursache" ist der Versuch unternommen worden, sich in einem ersten Schritt vom unmittelbaren Prozeßgeschehen zu lösen und auf einem höheren Abstraktionsniveau gemeinsame Ursachen unterschiedlicher Konflikte zu ermitteln. Diese schwierige Aufgabe ist nur teilweise gelungen, da die Merkmalsausprägungen noch zu sehr an bestimmten Streitgegenständen orientiert waren (vgl. Tab. 3.21). Dieser Mangel ist möglicherweise eine der Ursachen dafür, daß die Residualkategorie etwa 20 % aller Codierungen auf sich vereinigt. Trotz dieser Probleme kann man jedoch davon ausgehen, daß die Codierungen, wenn sie vorgenommen wurden, hinreichend aussagekräftig sind.

Tabelle 9.7

Manifeste Konfliktursache (n = 113)

Zahlungsunfähigkeit	33 %
Mängel	4 %
Vertragsprobleme	27 %
Abrechnungsstreit	13 %
Sonstiges	23 %

Diese Verteilung unterscheidet sich in allen Punkten von den Daten der übrigen Prozesse. Während die Abweichungen bei vier Ausprägungen nur wenige Prozentpunkte nach oben oder unten betragen, ist bei der Ausprägung "Zahlungsunfähigkeit" eine Differenz von 18 % festzustellen. Die manifeste Konfliktursache liegt also in einem Drittel aller Fälle darin, daß der Mieter nicht in der Lage ist, den Mietzins, die Nebenkosten o.a. zu zahlen. Gleichzeitig fällt auf, daß in mehr als einem Viertel aller Fälle vertragliche Regelungen den Ausgangspunkt der gerichtlichen Auseinandersetzung bilden. Insgesamt vermitteln die Daten einen ersten, guten Einblick in die Hintergründe des Mietprozesses.

Die nicht-standardisierte Variable "Hinweise auf Beziehungsprobleme" sollte Anhaltspunkte für eine Beschreibung der den Gerichtsverfahren zugrunde liegenden Konflikte ergeben. Die soziale Problematik und die Komplexität des Geschehens werden zwar im Prozeß auf das juristisch Notwendige reduziert, die teilweise gestörten Beziehungen der Parteien zueinander sind jedoch an verschiedenen Stellen in den Akten sichtbar. Diese Variable wurde gesondert ausgewertet und vercodet. Dafür sind folgende Kategorien verwendet worden:
- emotionale Argumentation in Schriftsätzen
- mißlungene Absprachen
- vorgerichtliche Vorkommnisse
- außergewöhnliche juristische Schritte
- unterschiedliche Wertvorstellungen
- enge persönliche Beziehungen
- Sonstiges.

Mußte auf Anruf eines Mitmieters die Polizei die Ruhe im Haus wieder herstellen, erwirkte der Mieter eine einstweilige Verfügung auf Herausgabe der Schlüssel zu der gemieteten Wohnung oder störte den im Haus wohnenden Vermieter die mehrfach nicht durchgeführte Treppenhausreinigung, so signalisieren alle diese Ereignisse, wenn sie in Schriftsätzen dargestellt sind, interpersonale Probleme, die zumindest einen Teil des Hintergrundes für den jeweiligen Rechtsstreit ausmachen. Bei der Codierung der Variablen ergaben sich teilweise Überschneidungen, da die einzelnen Kategorien sich als noch nicht genügend trennscharf herausstellten. Es wurde jeweils das wichtigste Merkmal codiert, trafen jedoch zwei Merkmale auf die Akte zu, so sind beide notiert worden. Die Kategorie "enge persönliche Beziehung" war dabei so gering besetzt, daß sie der Kategorie "Sonstiges" zugeordnet wurde. Insgesamt fanden sich in 59 % der Fälle (n = 67) Hinweise auf Probleme interpersonaler Natur, die die Entstehung des Rechtsstreits maßgeblich beeinflußt haben können (Mehrfachcodierungen vorhanden):

Tabelle 8.9.

Hinweise auf interpersonale Probleme (n=84)

Mißlunge Absprachen	27 %
Emotionale Argumentation in Schriftsätzen	22 %
Unterschiedliche Wertvorstellungen	21 %
Vorgerichtliche Vorkommnisse	21 %
Außergewöhnliche juristische Schritte	18 %
Sonstiges	9 %

8.3. Soziale Funktionen der Mietjustiz

8.3.1. Inanspruchnahme der Justiz durch die Mietparteien - die Interessenlage der Parteien

Die Regelung des Mietrechts betonen den ökonomischen Aspekt des Haus- und Wohnungseigentums und spiegeln damit die Realität zutreffend wider. Privatpersonen und Wohnungsgesellschaften vermieten Wohnraum in erster Linie deswegen, um mindestens auf längere Sicht eine angemessene, d.h. über dem Kapitalmarktzins liegende Rendite zu erwirtschaften. Sie sind dabei darauf angewiesen, daß die vertraglich vereinbarten Leistungen von den Mietern auch tatsächlich erbracht werden. Mietzins und Nebenkosten sind regelmäßig pünktlich zu zahlen, vereinbarte Reparaturen müssen auf Kosten des Mieters vorgenommen und die angemieteten Räume bei Auszug in einem ordnungsgemäßen Zustand verlassen werden. Erbringt der Mieter diese, in der Regel in Formularmietverträgen vereinbarten Leistungen nicht, kann der Vermieter zu ihrer Durchsetzung staatliche Hilfe in Anspruch nehmen und in bestimmten Fällen die Räumung verlangen.

Die Erhaltung der Wirtschaftlichkeit des Hausbesitzes verlangt darüber hinaus ein in die Zukunft gerichtetes Verhalten. Eine regelmäßige Anpassung des Mietzinses an die veränderten Verhältnisse kann daher im Interesse des Vermieters ebenso geboten sein wie möglicherweise eine Kündigung gem. § 564b Abs. 2 Ziffer 3. Der Gesetzgeber hat diesen Möglichkeiten allerdings im Rahmen der Wohnraumkündigungsschutzgesetzgebung Grenzen gezogen.

Unabhängig von den ihm eingeräumten Möglichkeiten, in Verfolgung seiner ökonomischen Interessen die Lebensverhältnisse des Mieters zu beeinträchtigen, kann der Vermieter darüber hinaus über die Hausordnung auch seine Vorstellungen vom erwünschten Verhalten des Mieters in der Wohnung und dem Zusammenleben der Mieter im Hause durchsetzen. Er vermag so Verhaltensmaßstäbe zu setzen, die bei Verstößen durch den Mieter Sanktionen bis hin zur Kündigung nach sich ziehen können, ein Problem, das verstärkt dann auftreten kann, wenn beide Vertragsparteien im selben Hause wohnen. Das Vermieterinteresse läßt sich also in drei Punkten zusammenfassen:

a) Durchsetzung der vertraglich abgesicherten Verwertung des Eigentums,

b) langfristige Erhaltung der Wirtschaftlichkeit des Eigentums,
c) Durchsetzung von Verhaltensmaßstäben hinsichtlich der Wohnungsnutzung und der Form des möglichen Zusammenlebens.

Es besteht die begründete Vermutung, daß sich diese unterschiedlichen Interessen vielfältig vermischen, so daß die Ermittlung der Konfliktursache schon auf der Ebene der rechtlich durchsetzbaren Interessen großen Schwierigkeiten unterliegt.

Im ökonomischen Bereich läßt sich der Begründung des 2. Wohnraumkündigungsschutzgesetzes der wesentliche Gedanke des Gesetzgebers entnehmen: Erhaltung der Wohnung zu einem angemessenen Preis. Der Mieter soll die Wohnung nur verlassen müssen, wenn überwiegende Interessen des Vermieters dies verlangen, seine Miete soll die ortsübliche Miete für vergleichbaren Wohnraum nicht übersteigen. Im übrigen ist er an die vertraglich vereinbarten Zahlungen gebunden, kann jedoch auch Forderungen stellen, soweit die rechtlichen Regelungen dies zulassen (Rückzahlung der Kaution, Erstattung von Reparaturkosten). Die Möglichkeit der Mietminderung, der Klage auf Vornahme einer Handlung (z.B. von Reparaturen) oder die Feststellungsklage geben dem Mieter die Möglichkeit, aktiver seine Rechte wahrzunehmen und seine Interessen durchzusetzen.

Ebenso steht im interpersonalen Bereich die Reaktion auf Verhaltensanforderungen im Vordergrund. Der Mieter ist bestrebt, die Wohnung in <u>seinem</u> Sinne vertragsgemäß zu nutzen und die Beziehungen zu den Mitmietern nach seinen Wertvorstellungen zu regeln, hat jedoch auch seinerseits ein Interesse an der Einhaltung der vertraglichen Verpflichtungen durch den Vermieter und die anderen Mieter.

Das Mieterinteresse läßt sich somit in zwei Punkten zusammenfassen:
a) Schutz der ökonomischen Belange, insbesondere Erhaltung der Wohnung zu einem angemessenen Preis,
b) Schutz der freien Entfaltung der Persönlichkeit.

8.3.2. Empirische Verteilung

Der staatliche Zwangsapparat kann nur dann mit Erfolg in Anspruch genommen werden, wenn eine oder mehrere der dargestellten Interessen als verletzt behauptet wird. Wichtig ist jedoch, daß die behauptete Rechtsverletzung keineswegs die Ursache des Konflikts sein muß, sondern z.B. nur den Endpunkt eines lange schwelenden Konflikts darstellen kann. Berücksichtigt man die Interessen, die in den Klageschriften des Vermieters als verletzt behauptet werden, so ergibt sich für unsere Auswahl folgende Verteilung:

Tabelle 8.10.
Soziale Funktion der Mietjustiz (Interessen des Vermieters)

Bereitstellung von Ressourcen zur Durchsetzung der vertraglich abgesicherten Eigentumsverwertung	82	(73%)	
Bereitstellung von Ressourcen zur langfristen Erhaltung der Wirtschaftlichkeit des Eigentums	16	(14%)	87%
Bereitstellung von Ressourcen zur Durchsetzung von Ordnungs- und Wertvorstellungen	15	(13%)	
	113	(100%)	

Das Amtsgericht als Eingangsinstanz für jeden Mietprozeß wird von dem Vermieter in mehr als 7 von 10 Fällen dazu benutzt, vertraglich vereinbarte Zahlungen beizutreiben und gegebenenfalls den Mieter wegen Verletzung seiner Zahlungspflichten zur Räumung seiner Wohnung zu zwingen. Anspruchsgrundlage für die Forderungen sind im wesentlichen die §§ 535 und 556, 554. Auch in weiteren 14 % der Fälle ist der ökonomische Aspekt für die Einreichung der Klage maßgebend. Ganz überwiegend werden dabei Mieterhöhungen nach dem Miethöhegesetz eingeklagt. Differenzen über Ordnungs- und Wertvorstellungen, die im täglichen Zusammenleben eine erhebliche Rolle spielen, in das Gesetz jedoch im wesentlichen nur in Gestalt verschiedener Kündigungsgründe Eingang gefunden haben, bilden immerhin in 13 % der Fälle den Grund für die Klage. Diese Zahlen geben jedoch noch keine Auskunft über den wichtigen Zusammenhang zwischen der Inanspruchnahme des Gerichts und dem Prozeßerfolg sowie auf eine der entscheidenden Fragen, nämlich den Bestimmungsfaktoren dafür, daß der Vermieter in der ganz überwiegenden Zahl von Fällen (77 %) als Sieger den Gerichtssaal verläßt, die Verrechtlichung des Konflikts somit für ihn ein erfolgversprechendes Mittel zur Konfliktlösung darstellt.

8.4. Soziale Machtposition und Prozeßerfolg

Das Mietverhältnis ist als eine Sozialbeziehung mit ungleicher Machtverteilung gekennzeichnet worden, die von den divergierenden Interessen der Vertragsparteien geprägt ist, auf der einen Seite Durchsetzung einer angemessenen Rendite, auf der anderen Seite Sicherung der Wohnungsnutzung und Schutz der ungerechtfertigten Beeinträchtigung im Verhaltensbereich. Die Möglichkeiten und Druckmittel, die den Vermietern in der Praxis zur Durchsetzung ihrer Interessen zur Verfügung stehen, z.B. die Drohung mit einer Kündigung, verfehlen, so steht zu vermuten, im Vorfeld der Justiz oft ihre Wirkung nicht, so daß eine Inanspruchnahme der Justiz für sie oft entbehrlich ist. Diese soziale Ungleichheit setzt sich insofern im Gerichtsverfahren fort, als nur 3 % der Vermieter nicht durch Anwälte, Firmenangestellte und sonstigen Personen im Prozeß vertreten werden, während der Anteil der Mieter, die nicht vertreten werden, 61 % beträgt, eine Tatsache, die besonders deshalb von großer, wenn nicht sogar von ausschlaggebender Bedeutung ist, weil das Mietrecht eine äußerst komplizierte und durch zahlreiche Gesetze geregelte Materie darstellt, so daß sachkundige Vertretung vonnöten ist.

8.4.1. Prozeßerfolg und Art der Erledigung

Die Überprüfung der Hypothese, der Prozeßerfolg variiere in Abhängigkeit von der Erledigung des Verfahrens, wird von zwei Vermutungen bestimmt, die auf unterschiedlichen Ebenen angesiedelt sind. Zum einen spricht die soziale Machtstellung, im Prozeß verstärkt durch anwaltliche oder sonstige Vertretung in nahezu jedem Prozeß, für die Annahme, unabhängig von der Erledigungsart sei der Vermieter stets erfolgreicher als der Mieter, während andererseits die Hartnäckigkeit und Intensität, mit der regelmäßig im Falle eines Urteils oder Vergleichs gestritten wird, zu der Annahme berechtigt, daß bei diesen qualifizierten Erledigungen die Wahrscheinlichkeit eines Mietererfolgs größer ist als in anderen Fällen.

Tabelle 8.11.

Prozeßerfolg und Erledigung (n = 105)

	Urteil	Vergleich	VU	Rücknahme	Sonstige
Entscheidung günstiger für Vermieter	18 75 %	16 89 %	34 97 %	8 57 %	11 79 %
Entscheidung günstiger für Mieter	6 25 %	2 11 %	1 3 %	6 43 %	3 21 %
insgesamt	24	18	35	14	14

$X^2 = 13,26$ X^2 $0,05; 4 = 9,49$

Prozeßerfolg und Art der Erledigung sind voneinander abhängig. Der Vermieter ist im Prozeß unabhängig von der Erledigungsart stets erfolgreicher als der Mieter, jedoch in unterschiedlichem Maße: nicht überraschend am häufigsten bei Versäumnisurteilen, überraschend der Anteil bei den Klagerücknahmen, die, anders als die gesetzliche Kostenregelung nahelegt, nicht notwendig einen Verlust des Klägers anzeig-

ten. Die Erfolge des Mieters resultieren hierbei aus der Zahlung rückständiger Miete mit der Rechtsfolge der Unwirksamkeit der Kündigung (§ 554 Abs. 2 Nr. 2 BGB), aus dem "Informationsirrtum" von Anwälten oder aus der Geltendmachung der Verjährungseinrede. Der größere Anteil von Erfolgen des Vermieters bei Vergleichen im Gegensatz zu Urteilen läßt sich teilweise durch einen größeren Anteil von Räumungsvergleichen erklären. Speziell bei Räumungsvergleichen konnten wir in Verhandlungsbeobachtung und Aktenanalyse eine Tendenz zur Entrechtlichung des Mietrechtskonflikts feststellen, bei der regelmäßig den Mieter begünstigende Schutzgesetze nicht zur Anwendung gebracht wurden. Obwohl der Richter in mehreren Fällen explizit zu erkennen gab, daß er die Klage auf Räumung abweisen müsse, weil sie unschlüssig sei, endeten Verhandlungen mit einem Vergleich, der für die Beklagten neben dem Verlust der Wohnung auch noch z. T. erhebliche Kosten beinhaltete. Hier kann nur der Schluß gezogen werden, daß der soziale Druck durch Vermieter und/oder Nachbarn stärker sein mußte als das richterlich bescheinigte Recht auf Verbleib in der Wohnung. Vermutlich gibt es hier eine erhebliche Dunkelziffer von Fällen, in denen Kündigungen willkürlich ausgesprochen und ohne Suche nach Schutz durch das Gesetz akzeptiert werden.
Im folgenden sollen drei derartige Fälle geschildert werden:

1. Die Klägerin verlangt Räumung und Herausgabe der Wohnung nach fristloser Kündigung. Sie hatte dem Beklagten ursprünglich die Hundehaltung gestattet, wollte die Erlaubnis später wieder zurückziehen, was jedoch nicht möglich war. In einer langwierigen Vergleichsverhandlung (55 + 22 Min., dazwischen lag eine kurze Pause) hatte der Richter zum Ausdruck gebracht, daß er die Klage für unbegründet halte und abweisen werde. Die Beziehung ist nach Aussagen beider Parteien unerträglich, zumal sie nebeneinander wohnen. Das wird besonders während des Vergleichsgesprächs deutlich, bei dem die Klägerin glaubt, jede jemals vorgekommene Unregelmäßigkeit mit einbringen zu müssen, um so die 'Berechtigung' ihrer Forderung nachzuweisen (verspätete Mietzahlung, Hundehaare in der Waschküche, durch den Hund verursachte Feuchtigkeit im Bad). Darüber hinaus zieht sie die moralische Integrität des Beklagten in Frage, indem sie unbedingt sein Geschäft zur Sprache bringen möchte und generell seine Zahlungsfähigkeit in Zweifel zieht.

Es kommt zu folgendem Vergleich:

1. Räumung der Wohnung bis zum ....

2. B ist zum vorherigen Auszug berechtigt, die Anzeige muß dann spätestens einen Monat vorher erfolgen.

3. B verpflichtet sich, den Teppichboden chemisch reinigen zu lassen.

4. Als Ausgleich für eine evtl. anfallende Maklergebühr trägt die Klägerin die Renovierungskosten des Schlafzimmers und der beiden Kinderzimmer.

5. Die übrigen Renovierungskosten trägt B zu 2/5.

6. Die Kosten werden gegeneinander aufgehoben.

2. Der Richter erklärt dem beklagten türkischen Gastarbeiter gleich zu Beginn der Verhandlung, daß er die Kündigung des Klägers für unwirksam halte. Er, der Beklagte, könne die Abweisung der Klage beantragen. Zu bedenken sei aber, daß der Kläger auf anderem Wege versuchen werde, den Beklagten zum Auszug zu bewegen. Daraufhin äußert der Beklagte die Ansicht, der Kläger verursache zu diesem Zweck Baulärm am Abend und an den Wochenenden.

Es wird folgender Vergleich geschlossen:

Der Beklagte verpflichtet sich, bis zum ... aus der von ihm gemieteten Wohnung auszuziehen und dem Hauseigentümer in der Zwischenzeit Zutritt zur Wohnung für geplante Umbauten zu gewähren.

3. Klage auf Räumung und Herausgabe einer Wohnung. Trotz Abmahnung wird ein Kaninchen in der Wohnung gehalten. Der 5-jährige Sohn fährt in der Wohnung Roller ... und überhaupt! Die Beklagte berichtet während der Verhandlung, daß das Verhältnis zur Klägerin ursprünglich sehr gut war. Die Klägerin sei des öfteren zu ihnen nach oben gekommen; da diese aber sehr viel rede, habe sie sich irgendwann zurückgezogen, seitdem habe sich das Verhältnis rapide verschlechtert.

Folgender Vergleich wird geschlossen:

1. Die Beklagte räumt ihre 3-Zimmer-Wohnung.

2. Räumungsfrist bis zum ....

3. Die Klägerin trägt DM 200,-- der Umzugskosten.

4. Die Klägerin trägt die Gerichtskosten; die außergerichtlichen Kosten werden gegeneinander aufgehoben.

8.4.2. Prozeßerfolg und Parteienstatus

Wohnungsbaugesellschaften haben zumeist eine eigene Rechtsabteilung, verfügen über mehr und bessere Informationen als Privatpersonen, erheben nur selten in streitigen Fällen Klage, kurz: sie sind Vielfachprozessierer und haben aus den eben genannten und anderen Gründen mehr Erfolg im Prozeß als Privatvermieter. Dieser Annahme steht die Vermutung gegenüber, die anwaltliche Vertretung fast aller Privatvermieter gleiche die genannten Vorteile aus, Prozeßerfolg und Parteienstatus seien daher nicht voneinander abhängig.

Tabelle 8.12.

Prozeßerfolg und Parteienstatus des Vermieters (n = 105)

	Privatperson	Juristische Person
Entscheidung günstiger für Vermieter	61 84 %	26 81 %
Entscheidung günstiger für Mieter	12 16 %	6 19 %
insgesamt	73	32
	$X^2 = 0,08$	$X^2_{0,05;\,1} = 3,84$

Prozeßerfolg und Parteienstatus sind eindeutig voneinander unabhängig, was andererseits heißt: für den Mieter ist es im Prozeß fast gleichgültig, ob er einem Privatvermieter oder einer Wohnungsbaugesellschaft gegenübersteht. Seine Aussichten, den Prozeß zu gewinnen, sind in beiden Fällen mäßig.

8.4.3. Prozeßerfolg und Vertretung des Mieters

Wenn ein Mieter im Gerichtsverfahren durch einen Rechtsanwalt oder durch den Mieterverein vertreten wird, dann gewinnt er häufiger den Prozeß als ohne Vertretung. Diese Annahme erscheint plausibel, da die Prozeßvertretung als Indikator für die Konfliktstärke einer Partei gelten kann und damit das bestehende Ungleichgewicht im Verfahren ausgeglichen wird.

Tabelle 8.13.

Prozeßerfolg und Vertretung des Mieters (n = 105)

	Vertretung	ohne Vertretung
Entscheidung günstiger für Vermieter	34 81 %	53 84 %
Entscheidung günstiger für Mieter	8 19 %	10 16 %
insgesamt	42	63

$X^2 = 0,18 \qquad x^2_{0,05;\ 1} = 3,84$

Die oben aufgestellte Annahme ist nicht bestätigt worden. Der Mieter gewinnt nicht signifikant häufiger, wenn er im Prozeß rechtskundig vertreten wird. Er schneidet zwar tendenziell besser ab (19 % zu 16 %), insgesamt sind die Erfolgsaussichten jedoch in beiden Fällen gering. Da der Prozeßerfolg weder vom Parteienstatus noch von der Vertretung des Mieters abhängig ist, liegt die Vermutung nahe, daß er durch ein Merkmal bestimmt wird, das nicht personengebunden ist, sondern die Struktur des Verfahrens bestimmt, nämlich durch das Klageziel, den Streitgegenstand.

8.4.4. Prozeßerfolg und Klageziel

Ob ein Zusammenhang zwischen diesen beiden Variablen besteht, zeigt uns die folgende Verteilung:

Tabelle 8.14.1.
Prozeßerfolg und Klageziel (n = 105)

	Durchsetzung der vertraglich abgesicherten Verwertung	Langfristige Erhaltung der Wirtschaftlichkeit	Durchsetzung von Ordnungs- und Wertvorstellungen
Entscheidung günstiger für für Vermieter	71 90 %	7 64 %	9 60 %
Entscheidung günstiger für Mieter	8 10 %	4 36 %	6 40 %
insgesamt	79	11	15

$x^2 = 6{,}69 \quad x^2\ 0{,}05;\ 2 = 5{,}99$

Das Ziel, das der Vermieter mit seiner Klage verfolgt, hat einen Einfluß auf den Prozeßerfolg. Macht er vertraglich abegesicherte Zahlungsverpflichtungen des Mieters geltend, klagt er auf Räumung wegen Zahlungsverzugs oder auf Kostenerstattung für durchgeführte Reparaturen, so hat er in 90 % aller Klagen Erfolg, klagt er dagegen auf Erhöhung der Miete oder z.B. auf Räumung wegen schuldhafter Vertragspflichtverletzung, so ist er nur in 64 % bzw. 60 % der Fälle erfolgreich. Den geringen Erfolg des Vermieters in den beiden zuletzt genannten Bereichen kann man u.a. darauf zurückführen, daß hier die Änderungen durch die Wohnraumkündigungsschutzgesetzgebung in Gerichtsverfahren eine erhebliche Rolle spielen. Der Nachweis eines berechtigten Interesses bzw. die Einhaltung der formellen und materiellen Voraussetzungen einer Mieterhöhung gelingt den Vermietern häufig nicht. Räumungsklagen wegen Zahlungsverzugs oder Nichtzahlung von Miete und Nebenkosten haben dagegen oft ökonomische Ursachen (33 % Zahlungsunfähigkeit) und führen zu einer überaus großen Zahl von Versäumnisurteilen.

Tabelle 8.14.2.

Versäumnisurteil und Klageziel

	Versäumnisurteil
Durchsetzung der vertraglich abgesicherten Verwertung	31 89 %
Langfristige Erhaltung der Wirtschaftlichkeit	-- 0 %
Durchsetzung von Ordnungs- und Wertvorstellungen	4 11 %
insgesamt	35

In 89 % aller Versäumnisurteile geht es um die Durchsetzung vertraglich abgesicherter Verwertungsrechte, die Erfolgsquote des Vermieters beträgt hier 97 %. Der Anteil der Versäumnisurteile an allen Erledigungen beläuft sich für dieses Klageziel auf 38 %. Diese Daten erklären einen wesentlichen Teil des Unterschieds.

8.5. Das Mietverhältnis als Sozialbeziehung

Die Beziehungen zwischen Mieter und Vermieter können sehr verschieden aussehen, je nachdem, ob der Vermieter in demselben oder dem Nachbarhaus wohnt und persönlichen Kontakt zu seinen Mietern pflegt, ob es sich um eine andere Privatperson handelt, die dem Mieter zwar in der Regel zumindest flüchtig bekannt ist, zu der er aber nur selten Kontakt aufnimmt, oder ob es sich um eine Wohnungsbaugesellschaft mit zahlreichen anonymen Mietverhältnissen handelt, zu der sich ein zwischenmenschlicher Kontakt nicht herstellen läßt. Da die Eigentumsstruktur auf dem Wohnungsmarkt nur schwer überschaubar ist, lassen sich keine exakten Angaben über die Verteilung machen. Man geht davon aus, daß sich von den etwa 15,3 Mio. Mietwohnungen ca. 9,0 Mio. im Besitz von privaten Haushalten und ca. 6,3 Mio. im Besitz von Wohnungsbaugesellschaften befinden[21]. Beschränkt man die Bestimmung der Wohnungsnachbarschaft auf Mietwohnungen in Gebäuden mit bis zu drei Wohneinheiten - was sicher zu eng ist -, so beträgt ihr Anteil 34 % aller Mietwohnungen[22]; es befinden sich danach also 5,2 Mio. Wohnungen im Besitz von Kleinvermietern. Sicher ist jedoch, daß die unterschiedliche Komplexität der Sozialbeziehungen, die sich aus der unterschiedlichen sozialen Distanz ergibt, Einfluß auf die Austragung mietrechtlicher Konflikte haben muß. Dieser Frage soll im folgenden hinsichtlich der gerichtlichen Austragung solcher Streitigkeiten nachgegangen werden.

8.5.1. Parteienstatus und Klageziel

Die soziale Nähe, die sich aus der Wohnungsnachbarschaft ergibt, kann, wenn persönliche Kontakte bestehen, eine hohe Komplexität der Sozialbeziehungen zur Folge haben. Aber auch in anderen Fällen führt sie zu einer größeren Wahrscheinlichkeit von Störungen im interpersonalen Bereich. Der Vermieter als Wohnungsnachbar kann unmittelbar von dem zu starken Lärm in der Wohnung, der in seinen Augen ungenügenden Treppenreinigung oder den im Hausflur spielenden Kindern betroffen sein. Die Vermutung liegt daher nahe, daß er häufiger versucht, seine Ordnungs- und Wertvorstellungen durchzusetzen als andere Privatpersonen oder Wohnungsbaugesellschaften.

Tabelle 8.15.
Parteienstatus und Klageziel (n = 109)

	Wohnungsnachbar	andere Privatpersonen	Juristische Personen
Durchsetzung der vertraglich abgesicherten Eigentumsverwertung; langfristige Erhaltung der Wirtschaftlichkeit	27 79 %	36 84 %	31 97 %
Durchsetzung von Ordnungs- und Wertvorstellungen	7 21 %	7 16 %	1 3 %
insgesamt	34	43	32

$x^2 = 4,70$ x^2 0,05; 2 = 5,99

Die Tabelle zeigt zwar, daß private Vermieter häufiger versuchen, Ordnungs- und Wertvorstellungen gerichtlich durchzusetzen als juristische Personen (21 % zu 3 %), aber ein signifikanter Unterschied ergibt sich nicht in Abhängigkeit von der Intensität der Sozialbeziehung zwischen Mieter und Vermieter. Eine Erklärung hierfür mag sein, daß die Beeinträchtigungen oft nicht so schwerwiegend sind, wie das Interesse an der Beendigung des Mietverhältnisses ist oder daß die Mieter auf Grund der Kündigung ausziehen, ohne sie gerichtlich überprüfen zu lassen. Darüber hinaus bietet sich für den Vermieter auch dann eine Ausweichmöglichkeit, wenn der Mieter sich in Zahlungsverzug befindet, oder er versucht es zunächst mit einer drastischen Mieterhöhung.

8.5.2. Parteienstatus und Art der Erledigung

Wegen der Komplexität der Sozialbeziehung bei Wohnungsnachbarn liegt die Vermutung nahe, daß die Vertragsparteien, wenn schon der Streit gerichtlich entschieden werden muß, hartnäckig streiten und eine qualifizierte Erledigung daher wahrscheinlicher ist als eine andere Erledigung des Verfahrens.

Tabelle 8.16.

Parteienstatus und Art der Erledigung (n = 109)

	Wohnungsnachbar	andere Privatpersonen	Juristische Personen
Urteil, Vergleich	20 59 %	17 40 %	3 10 %
Sonstige Erledigung	14 41 %	26 60 %	29 90 %
insgesamt	34	43	32

Die Verteilung bestätigt die Hartnäckigkeit der gerichtlichen Auseinandersetzung zwischen Wohnungsnachbarn. 59 % aller Verfahren enden mit Urteil oder Vergleich, in allen

Mietprozessen sind es nur 38 %, während juristische Personen lediglich in 10 % aller Prozesse zu einem Urteil kommen, dagegen in 56 % der Fälle das Verfahren mit einem Versäumnisurteil abschließen.

8.5.3. Parteienstatus und Vertretung des Mieters

Besteht ein Zusammenhang zwischen Parteienstatus und Art der Erledigung dergestalt, daß Wohnungsnachbarn hartnäckiger streiten und daher häufiger zu Urteil und Vergleich kommen, so kann man begründet vermuten, daß beide Seiten im Prozeß vertreten sind.

Tabelle 8.17.
Parteienstatus und Vertretung des Mieters (n = 108)

	Wohnungsnachbarn	andere Privatpersonen	Juristische Personen
Vertretung	22 67 %	15 35 %	5 16 %
ohne Vertretung	11 33 %	28 65 %	27 84 %
insgesamt	33	43	32

Die Tabelle bestätigt eine große Abhängigkeit zwischen Parteienstatus und Vertretung des Mieters. Durchschnittlich sind 39 % aller Mieter im Prozeß vertreten, bei Wohnungsnachbarschaft dagegen in 67 % und bei juristischen Personen nur in 16 % der Fälle. Neben der unterschiedlichen Intensität des Konflikts mag dabei auch eine Rolle spielen, daß juristische Personen vor Einleitung eines Gerichtsverfahrens ihre Fälle selektieren und im wesentlichen andere Ziele mit der Klage verfolgen als eigene Wert- und Lebensauffassungen durchzusetzen, wie umgekehrt das Bestreiten moralischer Integrität, das Klagen wegen divergierender Lebensvorstellungen regelmäßig begleitet, ein hinreichend starker Angriff auf das Self-Esteem des Mieters ist, um eine verstärkte Inanspruchnahme durchsetzungsfähiger Koalitionspartner (Rechtsanwälte, Mieterverein) zu begründen.

Anmerkungen

1) Über 50 % der Deutschen verbringen jeden Abend und über 70 % jedes Wochenendes zu Hause. Vgl. Michael Adritzky/ Gert Selle (Hrsg.), Lernbereich Wohnen, Band 1, Reinbek bei Hamburg 1979, S. 13.

2) Die 1%-Wohnungsstichprobe 1978 hat ergeben, daß einer Zahl von 24,3 Mio. Haushalten nur 23,4 Mio. Wohnungen gegenüberstehen.Hiervon stehen knapp 700 000 leer und etwa 200 000 dienen als Zweitwohnungen, vgl. hierzu ausführlich Rudi Ulbrich, Die Wohnungsversorgung im Spiegel der Statistik, in: Joachim Brech (Hrsg.), Wohnen zur Miete, Weinheim 1981, S. 16-31 (16f.).

3) Der Anteil der Mietwohnungen betrug 1978 63 % (Lothar Herberger und Mitarbeiter, Bestand der Struktur der Gebäude und Wohnungen, in: Wirtschaft und Statistik 1980, S. 283-291, 286), in Großstädten sogar mehr als 80 % (Rudi Ulbrich, a.a.O., Anm. 2, S. 18).

4) Der Anteil der mit Wohnraum unterversorgten Hauptmiethaushalte belief sich 1978 auf etwa 15 %, über kein Bad verfügten 13 % der vermieteten Wohnungen, und 39 % hatten keine Zentralheizung (Rudi Ulbrich, a.a.O., Anm. 2, S. 19 f.).

5) Gedacht ist dabei u.a. an die Vorschriften der Hausordnung, die regelmäßig Bestandteil des Mietvertrages sind und zahlreiche Verhaltensmaßregeln verbindlich festlegen.

6) Bericht der Bundesregierung über die Auswirkungen des zweiten Wohnraumkündigungsschutzgesetzes, Bundestags-Drucksache 8/2610, S. 7.

7) Statistisches Bundesamt (Hrsg.), Rechtspflege, Reihe 2.1., Zivilgerichte 1979, S. 28.

8) So vermittelte Udo Reifner (Unentgeltliche Rechtsberatung in Berlin, in: Rechtsbedürfnisse und Rechtshilfe, Jahrbuch für Rechtssoziologie und Rechtstheorie, Bd. 6, 1978, S. 43 ff.), am Sozialamt Berlin einen Anteil von 29 %, und Josef Falke (Zugang zum Recht: Eine Fallstudie über die öffentliche Rechtsauskunft- und Vergleichsstelle in Hamburg, in Jahrbuch a.a.O., S. 21) kam auf 17 %.

9) Erhard Blankenburg, Mobilisierung von Recht, in: Zeitschrift für Rechtssoziologie, Heft 1, 1980, S. 33-64 (45 ff.).

10) ebd.

11) Hartmut Koch, Das Gerichtsverfahren als Konfliktlösungsprozeß. Diss. Darmstadt 1975; Hartmut E. Hilden, Rechtstatsachen im Räumungsrechtsstreit, Frankfurt 1976, Bundesregierung, a.a.O. (Anm.6).

12) Erhard Blankenburg u.a., Tatsachen zur Reform der Zivilgerichtsbarkeit, Tübingen 1974; Rolf Bender/Rolf Schumacher, Erfolgsbarrieren vor Gericht. Tübingen 1980.

13) Blankenburg u.a., a.a.O. (Anm. 12), untersuchen Prozesse aus dem Jahre 1969, Koch a.a.O. (Anm. 11) legt seiner Analyse Verfahren der Jahre 1969 und 1970 zugrunde, Bender/Schumacher, a.a.O. (Anm. 12), analysieren Akten des Jahres 1971, und Hilden a.a.O. (Anm. 11) schließlich vergleicht Prozesse des Jahres 1967 mit denen des Jahres 1971.

14) Blankenburg u.a., a.a.O. (Anm. 12) untersuchen nur Räumungsprozesse; Hilden a.a.O. (Anm. 11) analysiert ebenfalls Räumungsprozesse, stützt sich dabei jedoch entgegen seiner Zielsetzung in weniger als 50 % der Fälle auf Prozesse, in denen die Sozialklausel (§ 556a) oder das Wohnraumkündigungsschutzgesetz zumindest potentiell anwendbar ist. Vollständig erhoben sind lediglich die Daten zur Zahl der Klagen und zur Art der Erledigung, während der Erfolg der Klage, die Zahl der Fälle, in denen sich der Beklagte auf § 556a beruft, sowie die Kündigungsgründe nur unvollständig ermittelt wurden; Koch a.a.O. (Anm. 11) hat nur solche Prozesse in seine Untersuchung aufgenommen, die sich inhaltlich auf Geldforderung und Besitzstörungsansprüche beziehen, also keine Räumungsklagen, und die durch streitiges Urteil oder gerichtlich protokollierten Vergleich enden. Außerdem beträgt die Ausfallquote bei seiner Befragung 56 %.

15) Die Stichprobe von Blankenburg u.a., a.a.O. (Anm. 12) enthält nur 46 Fälle.

16) Im Rahmen dieser Untersuchung wurde zum einen eine Umfrage über Erfahrungen und Einstellungen zum 2. WKSchG bei 11423 Haushalten sowie einiger Sondergruppen repräsentativ ausgesuchter Mieter und zum anderen eine Auswertung von Akten über 5007 Gerichtsverfahren wegen einer Mieterhöhung gemäß § 2 Abs. 2 MHG oder wegen einer Kündigung, auf die die Wohnraumkündigungsvorschriften Anwendung finden, an 102 repräsentativ ausgewählten Amtsgerichten im gesamten Bundesgebiet durchgeführt. Sie umfaßt alle im Jahre 1976 begonnenen und bis März 1978 abgeschlossenen Verfahren.

17) Zu diesen Mängeln vgl. Erhard Blankenburg u.a., Die Rechtspflegestatistiken, Berlin 1978.

18) Vgl. hierzu Klaus F. Röhl, Der Gebrauch von Recht zur Änderung des status quo, Zeitschrift für Rechtssoziologie, Heft 1, 1981.

19) Vgl. Erhard Blankenburg/Siegfried Schönholz, Zur Soziologie des Arbeitsgerichtsverfahrens, Neuwied und Darmstadt 1979, S. 78.

20) Vergleiche mit anderen Untersuchungen z. B. der von Bender/Schumacher a.a.O. (Anm.12) verbieten sich aus den oben unter 9.1. genannten Gründen.

21) Renate Petzinger, Marlo Riege, Die neue Wohnungsnot, Hamburg 1981, S. 84 f.

22) Lothar Herberger und Mitarbeiter. a.a.O. (Anm. 3), S. 287.

E R H E B U N G S I N S T R U M E N T E

1. Standardisierter Beobachtungsbogen

2. Aktenanalysebogen

3. Fragebogen Parteieninterview mit Anlagen

4. Unternehmensfragebogen

Bereich	Sp.		Cd.	1	2	3	4	5	6	7	8	9
TERMIN	1	laufende Nummer										
	2											
	3											
	4	........../...........										
	5	Richter d.beobacht.Termins										
	6	....										
	7	Art des Termins		f.l.T.mB.	f.l.T.cB.	HT m.B.	HT o.B.	Bew.T.	Erörter.T.	Ortsterm.		
	8	Angesetzte Dauer (Min.)		bis 5	6-15	16-30	31-45	46-60	61-75	76-90	91 u.m.	offen
	9	Tatsächliche Dauer (Min.)		bis 5	6-15	16-30	31-45	46-60	61-75	76-90	91-105	106 u.m.
KONFLIKT	10	Konflikttyp (jur.)		Kauf/Darl.	Bau	Werk/D.V.	Verkehr	sonst.Del.	Miete	Erbe	Nachbar	Sonstige
	X		X	1	2	3	4	5	6	7	8	9
	11	beruflich bedingt		bei Kl.	bei Bekl.	beide	nein	n.beob.				
	12	Klägerstatus		Privat	f.Ber.	Selbst.	F/klein	F/groß	Vers.	öff.Hand	Bank	sonstige
	13	Beklagtenstatus		Privat	f.Ber.	Selbst.	F/klein	F/groß	Vers.	öff.Hand	Bank	sonstige
	14	Parteienbeziehung		soz.Dauer	jur.Dauer	wdh.Bez.	Abw.Dauer	einmalig	Zufall	n.beob.		
	15	Kläger/Anwesenheit		persönl.	F-Inh.	F-Angest.	n.ersch.					
	16	Klägeranw./Anwesenheit		persönl.	Term.V.	entfällt						
	17	Klägeranw./Verspätung		n.versp.	vor d.T.	bis 5	6-15	16 u.m.	n.ersch.	entfällt		
	18	Beklagter/Anwesenheit		persönl.	F-Inh.	F-Angest.	n.ersch.					
	19	Beklagtenanw./Anwesenheit		persönl.	Term.V.	entfällt						

VERHANDLUNGSVERLAUF

Nr.	Merkmal		1	2	3	4	5	6	7	8	9	Nr.
20	Beklagtenanw./Verspätung		n.versp.	vor d.T.	bis 5	6-15	16 u.m.	n.ersch.	entfällt			20
21	beteil.Zuschauer (Zahl)		1	2	3	4	5	6	7 u.m.	n.beob.	entfällt	21
22	Sachverständiger		ja	nein								22
23	Dolmetscher		ja	nein	entfällt							23
24	Zeugen (Zahl)		1	2	3	4	5	6	7	8 u.m.	entfällt	24
25	davon beteiligt		1	2	3	4	5	6	7 u.m.	niemand	entfällt	25
26	Vor-/Nachgespräch		Richt.bet.	Anw.beteil.	nein	entfällt						26
27	Verh.beginn deutl.erkennb.		ja	nein	entfällt							27
28	Begrüßung der Parteien		ja	nein	entfällt							28
29	Platzzuweisung d.Richter		ja	nein	entfällt							29
30	Erläuterung d.Verfahrens		ja	nein	entfällt							30
			1	2	3	4	5	6	7	8	9	
31	Erläuterung Aktivitätsrecht		ja	nein	entfällt							31
32	Einführung in Streitstand		ja	nein	entfällt							32
33	Erörterung Sachverhalt		ja	nein								33
34	Erörterung Verfahrensrecht		ja	nein								34
35	Erörterung mater.Recht		ja	nein								35
36	ausführl.Parteindarst.erb.		v.Richter	v.eig.Anw.	v.Gegens.	n.erbet.	entfällt					36
37	Parteiendarst.unterbrochen		nein	unwesentl.	häufig	entfällt						37
38	Beziehungsprobl.themat.von		nein	K	KA	B	BA	Z	mehrere			38
39	dabei unterstützt von		entfällt	Richter	eig.Anw.	eig.A/ Ri	Gegner	Gegen-Anw.	Gegens/Ri	allen	niemand	39

VERHANDLUNGSVERLAUF

lauf.Nr. ..../.........	Sp.	Cd.	1	2	3	4	5	6	7	8	9	
Parteienvortr.protokolliert	41		nein	im wes.	z.Teil	entfällt			Beobachtungsbogen 2.3			41
Anträge	42		mündlich	u.B.a.A.	entfällt							42
Ri: Vorbereitung	43		s.gut vorb.	inform.	weng.inf.	n.beob.						43
Ri:komp.Verhalten (not.)	44		ja	nein	entfällt							44
Ri:Verhaltenssicherung	45		wenig	intensiv	nein	entfällt						45
KA:Vorbereitung	46		s.gut vorb.	inform.	wenig	n.beob.	entfällt					46
BA:Vorbereitung	47		s.gut vorb.	inform.	wenig	n.beob.	entfällt					47
K:Verhaltenssicherheit	48		irritiert	n.irrit.	gewandt	n.beob.	entfällt					48
K:Emotionalität	49		ja	nein	entfällt							49
B:Verhaltenssicherheit	50		irritiert	n.irrit.	gewandt	n.beob.	entfällt					50
			1	2	3	4	5	6	7	8	9	
B:Emotionalität	51		ja	nein	entfällt							51
Ergebnis des Termins	52		Vertag.	Bew.beschl.	Anerk.U.	Vergleich	Rückn/Erl.	Vers.U.	streit.U.	Verk.T.	Sonstige	52
Versteckter Vergleich (not.)	53		ja	nein	entfällt				Wenn keine Vergleichsbemühung dann letzte Eintragung:			53
Vergl.Initiative von	54		Ri	K	KA	B	BA	keine				54
Formulierter Vorschlag von	55		Ri	K	KA	B	BA	nein				55
Vergleichsdruck auf Kl.von	56		niemand	Ri	eigen.Anw.	eig.A/Ri	Gegner	Gegen-Anw.	Gegens/Ri	allen		56
Vergleichsdruck auf B. von	57		niemand	Ri	eigen.Anw.	eig.A/Ri	Gegner	Gegen-Anw.	Gegens/Ri	allen		57
Ri:intens.Vergleichsbemüh.	58		nein	ja	wiederh.							58
Ri:beziehungsor.Argumente	59		nein	ja	wiederh.	ausschl.						59
Ri:Vorhersehbark.d.Entsch.	60		nein	ja	wiederh.	ausschl.						60

V E R G L E I C H

Nr.	Variable		1	2	3	4	5	6	7	8	9	Nr.
61	Ri:unsichere Rechtslage		nein	ja	wiederh.	ausschl.						61
62	Ri:unsichere Beweislage		nein	ja	wiederh.	ausschl.						62
63	Ri:Prozeßdauer		nein	ja	wiederh.	ausschl.						63
64	Ri:Prozeßkosten		nein	ja	wiederh.	ausschl.						64
65	Ri:sonstige Vorteile		nein	ja	wiederh.	ausschl.						65
66	K: jur.Gegenargumente		nein	ja	wiederh.	ausschl.						66
67	K: Rücksicht auf Dritte		nein	ja	wiederh.	ausschl.						67
68	K: sonstige Gegenargumente		nein	ja	wiederh.	ausschl.						68
69	K: Weigerung ohne Begründ.		nein	ja	wiederh.	ausschl.						69
70	B: jur. Gegenargumente		nein	ja	wiederh.	ausschl.						70
			1	2	3	4	5	6	7	8	9	
71	B: Rücksicht auf Dritte		nein	ja	wiederh.	ausschl.						71
72	B: sonstige Gegenargumente		nein	ja	wiederh.	ausschl.						72
73	B: Weigerung ohne Begründ.		nein	ja	wiederh.	ausschl.						73
74	Kostenreglg./Verständlichk.		nach ZPO	nach Quote	nach Betr.	entfällt						74
75	Vergleichsverh.erk.abgegr.		ja	nein	entfällt							75
76	Zeitpunkt d.Vergleichsver.		zu Beginn	nach Erört.	nach Bew.	wiederh.						76
77	ausgepr.bargaining-phase		ja	nein								77
78	ausgepr.Formulierungsphase		ja	nein								78
79	Widerrufsvorbeh.vereinbart		nein	Betr. Ri	Betr.1 P.	Betr.2 P.						79
80	Dauer d.Vergleichsverh.		bis 5	6-15	16-30	31-45	46-60	61-75	76-90	91-105	106 u.m.	80

AKTENANALYSEBOGEN AMTSGERICHT

1. . KENNZEICHNUNG		Code	Sp.
CODIERER			
AZ .... C ..../79	laufende Nummer	☐☐☐	1-3
2. PROZESSBETEILIGTE			
2.1. PARTEIENSTATUS			
(1) Privat (m)	Klägerseite	☐	4
(2) Privat (w)			
(3) Eheleute; Privat(m) zus. mit Privat (w)			
(4) Selbst. Naturalpartei in Geschäftsprozessen			
(5) Gesellschaft des Privatrechts			
(6) öffentliche Hand			
(7) Idealverein			
(8) Sonstige: .... (notieren)	Beklagtenseite	☐	5
2.2. BRANCHE			
(0) entfällt, da privat	Klägerseite	☐	6
(1) Handel			
(2) Handwerk			
(3) Industrie			
(4) freier Beruf .... (notieren)			
(5) Sonstige Dienstleistung	Beklagtenseite	☐	7
(6) Bank			
(7) Versicherung			
(8) Vermieter			
(9) Sonstige: .... (notieren)			
2.3. WOHN- bzw. GESCHÄFTSSITZ			
(1) im AG-Bezirk	Klägerseite	☐	8
(2) im Umkreis von 50 km			
(3) in NRW			
(4) außerhalb NRW	Beklagtenseite	☐	9
2.4. ANWALTSVERTRETUNG			
(1) ja	Klägerseite	☐	10
(2) nein	Beklagtenseite	☐	11
2.5. ARMENRECHT			
(1) nicht beantragt	Klägerseite	☐	12
(2) beantragt, nicht bewilligt			
(3) bewilligt	Beklagtenseite	☐	13
3. PROZESSTOFF			

3.1. ART DES RECHTSSTREITS

(1) Kauf (ohne Finanzierung)
(2) finanzierter Kauf
(3) privates Darlehen
(4) sonstiges Darlehen
(5) Dienst- oder Werkvertrag (ohne Bausachen)
(6) Bau oder Architektenvertrag
(7) Verkehrsunfall
(8) Delikt gegen die Person
(9) sonstiges Delikt
(10) Erhöhung d. Wohnungsmiete
(11) Räumung der Wohnung oder Mietfortsetzung
(12) sonstige Wohnungsmiete

Code Sp.

(13) Sonstige Miete, Pacht
(14) Grundstücksangelegenheit (ohne Bau, Miete, Pacht)
(15) Erbsache
(16) Versicherungsvertrag
(17) Herausgabe bewegl. Sachen
(18) Sonstiges............................ 14/15
(notieren)

3.2. ART DER FORDERUNG

(1) Geldforderung
(2) Herausgabe von Räumen und bewegl. Sachen 16
(3) Sonstige Handlungen, Feststellungs-,Gestaltungsklagen

3.3. VORLEISTUNG DER KLÄGERSEITE

(1) nein
(2) Kläger hat Kaufgegenstand vorgeleistet (nur bei Kauf)
(3) Kläger hat Dienste vorgeleistet (Dienst-, Werkvertrag)
(4) Kläger hat Geld verliehen (Darlehen)
(5) Kläger hat Geld vorgeleistet (Kauf, WerkV, DienstV, nicht Darlehen) 17
(6) Kläger hat Geld gezahlt und beanstandet Gegenleistung

3.4. ANTRAG DER KLÄGERSEITE (OHNE KOSTEN, ZINSEN etc.)

3.5. ZUSAMMENFASSUNG DER KLAGEBEGRÜNDUNG

3.6. EINWENDUNGEN DER BEKLAGTENSEITE

3.7. VERÄNDERUNG DES STREITSTANDES IM PROZESS

(1) ja (2) nein 18

----

4. PROZESSVERLAUF	Code	Sp.
4.1. MAHNVERFAHREN (1) Mahnbescheid (2) Vollstreckungsbescheid (3) nein	☐	19
4.2. PROZESSVORBEREITUNG (1) früher erster Termin (2) schriftliches Vorverfahren (3) schriftliches Verfahren (4) einstw. Verfügung (5) entfällt	☐	20
4.3. ANORDNUNG PERS. ERSCHEINENS (1) nein (2) nur Kläger (3) nur Beklagter (4) beide	☐	21
4.4. ABSCHLIESSENDE ERLEDIGUNG (1) streitiges Urteil (2) VU gegen den Beklagten (3) VU gegen den Kläger (4) Anerkenntnisurteil gegen den Beklagten (5) Erledigung mit Kostenstreit (6) Erledigung ohne Kostenstreit (7) Klagerücknahme (8) Nichtzahlung des Kostenvorschusses (9) Nichtbetreiben, Ruhen, Aussetzung (10) Vergleich (11) Sonstige .... (notieren)	☐☐	22/2
4.5. WESENTLICHER INHALT VON URTEIL ODER VERGLEICH: ---------- ---------- ---------- ---------- ---------- ----------		
4.6. HINWEISE AUF AUSSERGERICHTLICHE EINIGUNG: (1) ja (2) nein ---------- ---------- ---------- ---------- ---------- ----------	☐	24
4.7. KOSTENLAST DER KLÄGERSEITE (1) 0 % (2) 1/4 (3) 1/3 (4) 1/2 (5) 2/3 (6) 3/4 (7) 100 % (8) gegeneinander aufgehoben (9) nicht feststellbar	☐	25

	Code	Sp.
4.8. BERUFUNG (1) der Klägerseite (3) nein (2) der Beklagtenseite		26
5. PROZESSÖKONOMIE		
5.1. SACHVERHALT (1) streitig (2) unstreitig		27
5.2. RECHTSLAGE (1) eindeutig (2) versch.Rechtsauffassungen vertretbar		28
5.3. BERUFUNG AUF AGB (1) Kläger (2) Beklagter (3) beide		29
5.4. PROZESSDAUER Eingang des Mahngesuchs/der Klage .... Datum der Erledigung .... = Dauer in Monaten		30/31
5.5. ZAHL DER TERMINE (OHNE VT)		32
5.6. GESAMTDAUER DER MÜNDLICHEN VERHANDLUNGEN (IN MINUTEN) (1) bis 5 (6) 61-75 (2) 6 - 15 (7) 76 - 90 (3) 16 - 30 (8) 91 - 105 (4) 31 - 45 (9) 106 u. mehr (5) 46 - 60 (0) nicht feststellbar, entfällt		33
5.7. ZAHL DER GELADENEN ZEUGEN		34
5.8. BLATTZAHL DER AKTE		35/36
5.9. ZAHL DER GUTACHTEN (EINSCHLIESSLICH PRIVATGUTACHTEN)		37
5.10. HÖCHSTER GEBÜHRENSTREITWERT absolut		38-41
(1) bis 100 (5) 1501 - 3000 (2) 101 - 500 (6) 3001 - 5000 (3) 501 - 1000 (7) über 5000 (4) 1001 - 1500 (8) nicht feststellbar Gruppe		42
5.11. KOSTEN Gerichtskosten .... außerger.Kosten Kläger .... außerger.Kosten Beklagter .... Summe ==============		43-46

Code Sp.

5.11. KOSTEN/STREITWERT-Relation

(1) Kosten bis 25 % des Streitwertes
(2) 26 - 75 % des Streitwertes
(3) 51 - 75 % des Streitwertes
(4) 76 -100 % des Streitwertes
(5) höher als Streitwert
(6) nicht feststellbar ☐ 47

6. KONFLIKT

6.1. LEBENSBEREICH BEI PRIVATPERSONEN

(1) entfällt (beiderseits Geschäftsprozeß)
(2) Wohnen
(3) Auto
(4) Warenkonsum
(5) Dienstleistungskonsum
(6) Versicherung
(7) nicht klassifizierbar ☐ 48

6.2. PARTEIENBEZIEHUNG

(1) Zufallskontakt
(2) einmaliger Kontakt
(3) einmaliger Vertrag mit längerer Abwicklungsdauer
(4) wiederholte Beziehungen
(5) juristisches Dauerschuldverhältnis
(6) Grundstücksnachbarschaft
(7) Wohnungsnachbarschaft
(8) Famili en beziehung
(9) sonstiges soziales Dauerverhältnis

....
(notieren)
(0) nicht feststellbar ☐ 49

6.3. MANIFESTE KONFLIKTURSACHEN

(1) Zahlungsunfähigkeit
(2) Sach- oder Leistungsmängel
(3) Vertragsprobleme
(4) Abrechnungsstreit
(5) Unfall
(6) Vors. Bereicherungsdelikt
(7) Delikt gegen die Person
(8) nicht feststellbar ☐ 50

6.4. ANHALTSPUNKTE FÜR BEZIEHUNGSPROBLEME ....

....
....
....
....
....
....
....
....

	Code	Sp.
6.5. VORGERICHTLICHE EINIGUNGSVERSUCHE		
6.6. ZUSAMMENHANG MIT ANDEREN PROZESSEN (1) OWiG/Strafverfahren bei Verkehrsunfällen (2) Strafverfahren bei sonstigen Delikten (3) weitere Prozesse unter denselben Parteien (4) sonstige	☐	51
6.7. DAUER DES KONFLIKTS BEI KLAGEERHEBUNG (1) bis 2 Monate (4) bis 12 Monate (2) bis 4 Monate (5) mehr als 12 Monate (3) bis 6 Monate (6) nicht feststellbar	☐	52
7. SONDERAUSWERTUNG NICHT ANWALTLICH VERTRETENE BEKLAGTE		
7.1. VERTEIDIGUNG DES BEKLAGTEN (0) entfällt (anw. vertreten) (1) keine Verteidigung (2) Einwendungen unklar (3) Einwendungen offensichtlich ungeeignet (4) Bestreiten des Sachverhalts (5) Verteidigung mit rechtlichen Argumenten (6) gleichzeitig (4) und (5)	☐	53
7.2. PROZEßFÖRDERUNG DES BEKLAGTEN (0) entfällt (anw. vertreten) (1) Verteidigungsmittel rechtzeitig vorgebracht (2) Verteidigungsmittel erst in mdl. Verh. vorgebracht (3) Wesentliche Ergänzung der Verteidigung in der mdl. Verhandlung (4) entfällt, da keine Verteidigung	☐	54
7.3. SCHRIFTGEWANDTHEIT DES BEKLAGTEN (0) entfällt (anw. vertreten) (1) keine Schriftsätze (2) handschriftliche Schriftsätze (3) Schriftsätze mit Maschine (4) Protokollerklärungen	☐	55
7.4. ZUSTELLUNG VON SCHRIFTSÄTZEN AN DEN BEKLAGTEN (0) entfällt (anw. vertreten) (1) Zustellung durch Übergabe (2) einmalige öff. Zustellung oder Zust. durch Niederlegung (3) mehrmalige öff. Zustellung oder Zust. durch Niederlegung	☐	56

	Code	Sp.
7.5.: RICHTERLICHES VERHALTEN GEGENÜBER NICHT ANW. VERTR. BEKL.		
7.5.1. HINWEIS AUF ARMENRECHT (0) entfällt (anw. vertreten) (1) entfällt, da kein Anlaß (2) Hinweis unterlassen (3) Hinweis erfolgt	☐	57
7.5.2. HINWEIS AUF RECHTSANTRAGSSTELLE (0) entfällt (anw. vertreten) (1) entfällt, da kein Anlaß (2) Hinweis unterlassen (3) Hinweis erfolgt	☐	58
7.5.3. PARTEIVORBRINGEN ALS VERSPÄTET ZURÜCKGEWIESEN (0) entfällt (anw. vertreten) (1) ja (2) nein	☐	59
7.5.4. REAKTION AUF EINGABEN AN DAS GERICHT (0) entfällt (anw. vertreten) (1) entfällt, da keine Eingabe (2) keine Reaktion auf Eingabe (3) Reaktion auf Eingabe	☐	60
ERLÄUTERUNG ZU (2) UND (3):		
8. SONDERAUSWERTUNG VERGLEICH		
8.1. ZEITPUNKT DES VERGLEICHSABSCHLUSSES (1) vor Beweisaufnahme (2) nach Beweisaufnahme (3) entfällt, da Sachverhalt unstreitig	☐	61
8.2. ANWESENHEIT DER PARTEIEN (1) Vergleichsabschluß in Anwe. der Klägerseite (2) Vergleichsabschluß in Anwe.der Beklagtenseite (3) beide Seiten anwesend (4) keine Seite anwesend	☐	62
8.3. VERGLEICHSPROTOKOLLIERUNG (1) Formel "auf Vorschlag des Gerichts" benutzt (2) nicht benutzt	☐	63
8.4. VEREINBARUNG EINES WIDERRUFSVORBEHALTS (1) ja (2) nein	☐	64

	Code	Sp.
8.5. AUSÜBUNG DES WIDERRUFSVORBEHALTS (1) entfällt, da nicht vereinbart (2) nicht ausgeübt (3) ausgeübt; Entscheidung weicht stark vom Vgl. ab. (4) ausgeübt; Entscheidung weicht kaum vom Vgl. ab Erläuterung zu (3) und (4)	☐	65
8.6. EINSCHÄTZUNG DER GRÜNDE FÜR DEN VERGLEICHSABSCHLUß		
8.6.1. BEWEISPROBLEME (1) Vgl. soll Beweisaufnahme ersparen (2) Beweisaufnahme hat Sachverhalt nicht klären können (3) trifft nicht zu	☐	66
8.6.2. RECHTSPROBLEME (1) Entscheidung erfordert Schätzurteil (2) Ungeklärte Rechtslage (3) trifft nicht zu	☐	67
8.6.3. DAUERBEZIEHUNGEN (1) Vgl. soll soz.Dauerbeziehung erhalten (2) Vgl. soll zerstrittene Dauerbeziehung beenden (3) trifft nicht zu, da keine Dauerbeziehung	☐	68
8.6.4. Generalabrechnung (1) Vgl. bezieht Streitpunkteein, die nicht Gegenstand des Verfahrens sind (2) trifft nicht zu	☐	69
Erläuterungen zu 8.6.		

1. Sie haben im letzten Jahr einen Rechtsstreit geführt.
   Bitte, erzählen Sie mir kurz, wie es dazu kam.
   → (Interviewer: bei Nachfrage den Namen des Prozeßgegners nennen; bitte nur Stichworte notieren!)

Interviewer: Wie erfolgt die Darstellung auf der Sachebene?

(1) der Sachverhalt wird knapp und präzise dargestellt

(2) umfassende und detaillierte Darstellung von Sachverhalt und Streitverlauf

(3) weitausholende Darstellung mit vielfältigen Interpretationen, bei der der Sachverhalt nicht klar erkennbar ist ☐

→ Interviewer: War in der Darstellung erkennbar, wie intensiv der Befragte von dem Konflikt betroffen war?

(1) keinerlei Hinweise

(2) Betroffenheit äußerte sich in Körpersignalen (Mimik, Gestik, Verkrampfung etc.) und/oder sachlicher Verbalisierung

(3) Betroffenheit äußerte sich in abwertenden Bemerkungen über Prozeßgegner, Richter, Anwälte etc. ☐

Besonderheiten

2. Können Sie mir sagen, wie lange das auslösende Ereignis schon zurücklag, als es zu der Klage kam?

   (1) weniger als eine Woche

   (2) eine Woche bis zu einem Monat

(3) ein bis drei Monate

(4) drei bis sechs Monate

(5) sechs bis zwölf Monate

(6) länger als ein Jahr

(0) keine Angabe, weiß nicht

3. Hatten Sie mit Ihrem späteren Prozeßgegner schon früher einmal Probleme, wenn ja, welcher Art waren diese Probleme? (nur Stichworte notieren!)

4. Können Sie mir sagen, mit wem Sie über den Streit gesprochen haben?

(1) mit Ehepartner/Lebensgefährten	ja/nein
(2) mit anderen Familienangehörigen (Eltern, Kinder)	ja/nein
(3) mit anderen Verwandten	ja/nein
(4) mit Freunden	ja/nein

(Mehrfachnennungen möglich)

5. Wissen Sie noch, was Sie unmittelbar unternommen haben, nachdem der Konflikt aufgetreten war?

(Mehrfachnennungen möglich)

(1) Kontaktaufnahme mit dem späteren Prozeßgegner

(2) Beratung mit Verwandten/Familie/Freunden

(3) Beratung mit Nachbarn/Arbeitskollegen

(4) Einholen von Informationen aus Büchern, Broschüren usw.

(5) Aufsuchen eines Rechtsanwaltes

(9) Sonstiges, notieren!

6. Hat Ihnen jemand geraten, die Angelegenheit mit dem Prozeßgegner außerhalb des Gerichtes zu regeln?

(1) ja

(2) nein

(0) entfällt

→ Wenn (1), weiter bei Frage 7; wenn (2), weiter bei Frage 8.

7. Warum hat man Ihnen geraten, das Problem mit dem Prozeßgegner außergerichtlich zu regeln?

(1) Juristische Argumente

(2) Dauer und Kosten eines Gerichtsverfahrens

(3) die Aussicht, mit Stundung oder Ratenzahlung den Streit beenden zu können

(4) bestehen private Beziehungen zum Prozeßgegner

(5) Rücksichtnahme auf Dritte

(9) Sonstiges, notieren!

(0) keine Angabe

→ Wenn Kläger: Frage 8a; wenn Beklagter: Frage 8b

8a Hat Ihnen jemand geraten, Klage zu erheben bzw. ein Mahngesuch zu stellen?

(1) ja

(2) nein

→ Wenn 1, weiter bei Frage 9; wenn 2, weiter bei Frage 10

8b Hat Ihnen jemand geraten, vor der gerichtlichen Klärung nichts weiter zu unternehmen?

(1) ja

(2) nein

→ Wenn 1, weiter bei Frage 9; wenn 2, weiter bei Frage 10

9. Welches Argument hat Sie am meisten davon überzeugt, daß es am besten sei, eine Lösung des Problems bei Gericht zu suchen, bzw. die gerichtliche Entscheidung abzuwarten?

(1) Ein erfolgreicher Prozeßausgang war absehbar

(2) Man war überzeugt, daß das Gericht den Sachverhalt am besten aufklären könne

(3) Eine gerichtliche Entscheidung ist für alle Beteiligten verbindlich

(9) Sonstiges ,notieren

10. Stellen Sie sich bitte einmal vor, Sie kämen heute noch einmal in genau die gleiche Lage wie damals. Was würden Sie heute tun?

(1) Ich würde nur außergerichtlich verhandeln

(2) Ich würde zunächst einmal mich mit dem Gegner zu einigen versuchen, notfalls aber vor Gericht gehen

(3) Ich würde unbedingt vor Gericht mein Recht suchen

→ Wenn 1 oder 2, weiter bei Frage 11, wenn 3 weiter bei Frage 12

11. Warum würden Sie heute einen Rat, sofort das Gericht zu bemühen, nicht befolgen?
(Nur Stichworte notieren)

→ Weiter bei Frage 13

12. Warum würden Sie heute einem Rat, außerhalb des Gerichtes mit dem Gegner zu verhandeln, nicht folgen?
(Nur Stichworte notieren)

13. Wie gut kannten Sie Ihren Prozeßgegner schon vor dem Ereignis, das dann schließlich zum Rechtsstreit führte?

(1) Der Prozeßgegner ist mit mir verwandt/ lebte im gleichen Haushalt wie ich

(2) Der Prozeßgegner war/ist mit mir befreundet

(3) Der Prozeßgegner wohnt (e) als Vermieter/ Mieter im gleichen Haus wie ich

(3) Der Prozeßgegner ist Nachbar

(4) Der Prozeßgegner ist Vermieter/Mieter, wohnt aber nicht im gleichen Haus

(5) Der Prozeßgegner war mir nur flüchtig bekannt

(6) Mit dem Prozeßgegner habe ich häufiger Geschäfte abgeschlossen

(7) Ich hatte nur einmal mit dem Prozeßgegner geschäftlich zu tun

(8) Ich habe meinen Gegner erst bei dem betreffenden Ereignis kennen g elernt. (Unfall, Körperverletzung usw.)

(9) Sonstiges, notieren

(0) Keine Angabe, entfällt,da juristische Person

☐

14. Wie würden Sie Ihr Verhältnis zu N.N. vor dem Rechtsstreit einschätzen?

(1) Ich hatte mit N.N. enge freundschaftliche Beziehungen

(2) Ich hatte mit N.N. gut nachbarschaftliche Beziehungen

(3) Ich hatte nur gelegentlich Kontakt mit N.N.

(4) Ich habe den Kontakt mit N.N. schon vor dem Rechtsstreit weitgehend vermieden

(5) Ich kannte N.N. vor dem Rechtsstreit nicht

(9) Sonstiges

(0) Keine Angaben, entfällt, da nur Geschäftskontakt

15. Hatten Sie in Ihrem Rechtsstreit gegen N.N. einen Rechtsanwalt?

(1) Ja

(2) Nein

→ Wenn(1),weiter bei Frage 16, wenn (2), weiter bei Frage 22

16. Warum haben Sie diesen Rechtsanwalt gewählt?

(1) Rechtsanwalt ist mit mir verwandt bzw. befreundet

(2) Rechtsanwalt wurde mir durch Verwandte/Bekannte empfohlen

(3) Rechtsanwalt war mir aus früheren Verfahren bekannt

(4) Anwalt wurde durch die Haftpflicht-/Rechtsschutzversicherung bestellt

(5) Anwalt wurde durch die Haftpflicht-/Rechtsschutzversicherung empfohlen

(6) Anwalt wurde mir durch einen Verband (ADAC, Mieterschutzbund, Verbraucherschutzorganisation usw.) empfohlen

(7) Die Wahl des Rechtsanwaltes war zufällig

(9) Sonstiges, notieren

(0) Keine Angabe

17. Wie oft haben Sie mit Ihrem Rechtsanwalt vor dem Ende des Prozesses gesprochen?

(1) überhaupt nicht

(2) nur einmal

(3) zwei bis drei mal

(4) vier mal und häufiger

(0) Keine Angabe

18. Haben Sie mit Ihrem Rechtsanwalt nach Ende des Prozesses noch einmal gesprochen?

(1) Ich habe nach dem Prozeßende nicht mehr mit dem Rechtsanwalt gesprochen

(2) Der Rechtsanwalt hat mich über den Prozeßausgang telefonisch informiert

(3) Ich habe mit dem Rechtsanwalt in dessen Kanzlei über den Prozeßausgang gesprochen

(4) Ich habe mit dem Rechtsanwalt gleich nach der (letzten) mündlichen Verhandlung im Gericht gesprochen

(5) Ich habe noch mehrmals mit dem Rechtsanwalt über den Prozeßausgang gesprochen

(9) Sonstiges, notieren

(0) Keine Angabe, entfällt

19. Ein Rechtsanwalt hat ja gegenüber seinen Klienten und gegenüber dem Gericht verschiedene Aufgaben.
→ Würden Sie bitte auf diesem Blatt (Interviewer: Anlage I) eintragen, für wie wichtig Sie diese Aufgabe im einzelnen halten?

20. Wie gut hat Ihr Rechtsanwalt diese Aufgaben Ihrer persönlichen Meinung nach erfüllt?
→ Bitte tragen Sie wiederum Ihre Meinung auf dem Beiblatt (Interviewer: Anlage II) ein.

21. Nimmt man alles zusammen, würden Sie sich heute noch einmal für den gleichen Rechtsanwalt entscheiden?

(1) Ja

(2) Nein ☐

(0) weiß ich nicht, keine Angabe

22. Haben Sie in den letzten 5 Jahren schon einmal einen Prozeß geführt?

(1) Ja ☐

(2) Nein

→ **Wenn (2), weiter bei Frage 25**

23. Können Sie mir bitte sagen, wie oft Sie in den letzten 5 Jahren an einem Zivilprozeß beteiligt waren?

(1) Ich war nicht in Zivilprozessen, sondern an sonstigen Prozessen beteiligt

(2) einmal

(3) zwei bis dreimal

(4) viermal und öfter ☐

(0) Weiß nicht, keine Angabe

24. Man kann ja nun in einem Zivilprozeß als Kläger und als Beklagter beteiligt sein. Würden Sie mir bitte sagen, wie oft Sie in Ihren früheren Prozessen als Kläger bzw. als Beklagter beteiligt waren?

als Kläger	mal
als Beklagter	mal

25. Waren Sie schon einmal in den letzten fünf Jahren als Zeuge/Sachverständiger vor Gericht geladen?

(1) Ja

(2) Nein

(0) weiß nicht, keine Angabe

26. Können Sie mir bitte sagen, wieviele Gerichtsverhandlungen in Ihrem Rechtsstreit stattgefunden haben?
→ (Interviewer: Anzahl notieren; ausdrücklich notieren, wenn Befragter angibt, die Anzahl der Termine nicht zu kennen).

27. An wievielen Gerichtsverhandlungen über Ihren Rechtsstreit haben Sie teilgenommen?

→ **Wenn Befragter an keiner Verhandlung teilgenommen hat, weiter bei Frage (30)**

28. Eine Gerichtsverhandlung soll ja einige Bedingungen erfüllen, damit der Prozeß so gerecht wie möglich entschieden werden kann. Bitte kreuzen Sie auf diesem Beiblatt
→ (Interviewer: Anlage III) an, für wie wichtig Sie einzelne Bedingungen im einzelnen halten?

29. Bitte geben Sie auf dem nächsten Blatt
→ (Interviewer: Anlage IV) an, in welcher Weise dies alles in der mündlichen Verhandlung bzw. in den mündlichen Verhandlungen, in denen Sie anwesend waren, beachtet wurde.

30. Würden Sie mir bitte sagen, wie Sie den Prozeßausgang einschätzen?

(1) Ich habe den Prozeß gewonnen

(2) Ich habe den Prozeß verloren

(3) Ich habe den Prozeß teils gewonnen, teils verloren

(4) Es kam zu einer Einigung im Gericht

(5) Es kam zu einer Einigung außerhalb des Gerichts

(0) Weiß ich nicht, keine Angabe

→ Interviewer: War erkennbar, welcher formale Prozeßausgang vorlag? (notieren!)

31. Können Sie mir bitte sagen, mit welchem Prozeßausgang Sie vor dem Abschluß des Prozesses gerechnet haben?

(1) Ich habe mit einem Prozeßerfolg gerechnet

(2) Ich habe von vornherein mit einer Niederlage gerechnet

(3) Ich habe mindestens mit einem Teilerfolg gerechnet

(4) Ich war über den Prozeßausgang im Ungewissen

(5) Das Gericht hat auf den Prozeßausgang keinen Einfluß mehr, da ich mich mit dem Prozeßgegner außergerichtlich geeinigt hatte

(9) Sonstiges, notieren!

(0) Keine Angabe

32. Sie haben ja nun Erfahrungen mit der Justiz gesammelt. Welche Aufgaben sollten die Gerichte Ihrer persönlichen Meinung nach, neben ihren Aufgaben in der Strafverfolgung, in erster Linie erfüllen? Bitte geben Sie auf diesem Blatt (Anlage V) an, für wie wichtig Sie die dort angegebenen Aufgaben der Gerichte halten!

33. Bitte geben Sie auf dem nun folgenden Blatt (Anlage VI) an, ob und wie die Gerichte im allgemeinen ihre Aufgaben erfüllen

34. Sind Sie nach Ihren Erfahrungen mit der Justiz

(1) Sehr zufrieden

(2) Im wesentlichen zufrieden

(3) Eher unzufrieden

(4) Äußerst unzufrieden

35. Kommen wir noch einmal zurück auf den Ausgang Ihres Rechtsstreites. Was, glauben Sie, war der Hauptgrund, daß der Prozeß so und nicht anders ausgegangen ist? Bitte nennen Sie nur den Ihrer Meinung nach wichtigsten Grund!

(1) Hauptsächlich war mein eigenes Verhalten entscheidend

(2) Nach Lage der Dinge konnte der Richter nicht anders entscheiden

(3) Der Richter hat die Schwierigkeit meiner Lage erfaßt und daher entsprechend entschieden

(4) Der Richter hat nur meinem Prozeßgegner geglaubt, so daß ich den Prozeß verloren habe

(5) Mein Rechtsanwalt hat mich so wirksam vertreten, daß ich den Prozeß gewonnen habe

(6) Der gegnerische Rechtsanwalt war mir bzw. meinem Rechtsanwalt überlegen

(7) Mein Rechtsanwalt hat mich im Prozeß nicht wirksam genug vertreten

(8) Es kam zu einer außergerichtlichen Einigung

(8) Es kam zu einer Einigung

(9) Keiner der genannten Gründe trifft zu, sondern

....

36. Haben Sie eine Versicherung, die die Prozeßkosten ganz oder teilweise gezahlt hat?

(1) Kfz-Haftpflichtversicherung hat den Prozeß bezahlt

(2) Eine andere Haftpflichtversicherung hat den Prozeß gezahlt

(3) Eine Rechtsschutzversicherung hat den Prozeß bezahlt

(4) Ich hatte keine Versicherung, die die Prozeßkosten bezahlt hat

→ Wenn keine Versicherung vorlag, weiter bei Frage (38)

37. Hat Sie die Tatsache einer Rechtsschutzversicherung ermutigt, die Angelegenheit vor Gericht auszutragen?

(1) Ja

(2) Nein

(0) Keine Angabe

→ Weiter bei bei Frage (39)

38. Haben Sie nach diesem Prozeß eine Rechtsschutzversicherung abgeschlossen, bzw. haben Sie vor, eine derartige Versicherung abzuschließen?

(1) Ja, ich habe nach dem Prozeß eine Rechtsschutzversicherung abgeschlossen

(2) Ja, ich erwäge eine Rechtsschutzversicherung abzuschließen

(3) Nein, ich will keine Rechtsschutzversicherung abschließen

(0) Weiß nicht, keine Angabe.

39. Können Sie mir ungefähr sagen, wie hoch die Gerichts- und Anwaltskosten waren, die Sie zahlen mußten?

(1) Ich mußte keine Kosten zahlen, weil ich den Prozeß gewonnen habe

(2) Die Kosten hat die Versicherung getragen

(3) Weniger als 100,-- DM

(4) 100,-- bis 500,-- DM

(5) 500,-- bis 1.000,-- DM

(6) 1.000,-- DM bis 2.000,-- DM

(7) über 2.000,-- DM

(0) Weiß nicht, keine Angabe

40. Können Sie mir bitte sagen, wieviel Sie die Angelegenheit mit allen folgenden Kosten (auch Autoreparaturen, Umzugskosten, etc.) gekostet hat

(1) Ich hatte keine Kosten

(2) Weniger als 500,-- DM

(3) 500,-- bis 1.000,-- DM

(4) 1.000,-- bis 2.000,-- DM

(5) 2.000,-- bis 3.000,-- DM

(6) 3.000,-- bis 5.000,-- DM

(7) Ober 5.000,-- DM

(0) Weiß nicht, keine Angabe

41. So ein Prozeß ist ja meistens sehr anstrengend und aufregend. Welcher der folgenden Auffas s ungen würden Sie am ehesten zustimmen?

→ Interviewer: Bitte Anlage VII vorlegen!

42. Können Sie mir bitte sagen, wie lange der Prozeß gedauert hat? (Zeitdauer in Monaten notieren)

43. Stehen Sie mit N.N. heute noch in Kontakt?

(1) Ja

(2) Nein

(0) Keine Angabe, entfällt, da juristische Person

→ Wenn (2) bzw. (0), weiter bei Frage 45

44. Können Sie mir sagen, welcher Art Ihr Kontakt zu N.N. ist?

(1) Ich bin mit N.N. verwandt bzw. befreundet

(2) Ich wohne mit N.N. im gleichen Haus bzw. N.N. wohnt in der Nachbarschaft

(3) Ich unterhalte mit N.N. geschäftliche Beziehungen (auch Mieter/Vermieter, sofern nicht im gleichen Haus wohnend)

(9) Sonstiges (notieren!)

45. Können Sie mir sagen, in welcher Weise sich Ihr Verhältnis zum damaligen Prozeßgegner verändert hat?

(1) Nach dem Rechtsstreit haben sich unsere Beziehungen verschlechtert

(2) Ich habe nach dem Rechtsstreit meine Beziehungen zu meinem damaligen Prozeßgegner abgsbrochen

(3) Ich habe zu meinem damaligen Prozeßgegner heute keinen Kontakt mehr, weil ich Ihn zuvor nicht kannte bzw. weil kein Anlaß bestand, Kontakt aufzunehmen

(4) mein Verhältnis zu meinem damaligen Prozeßgegner hat sich inzwischen verbessert

(5) Sonstiges(notieren!)

(0) Entfällt

46. Hat sich Ihr Verhältnis zu anderen Personen durch das Ereignis und seine Folgen verändert? (Stichwort notieren!)

47. Sieht man vom finanziellen Gewinn oder Verlust ab, sind Ihnen durch den Prozeß und seine Folgen sonstige Vor- und Nachteile entstanden?

Vorteile?

Nachteile:

Anlage I

Bitte geben Sie an, für wie wichtig Sie die einzelnen Aufgaben eines Rechtsanwaltes halten. Nennen Sie bitte für jeden Aufgabenbereich eine Zahl zwischen 1 und 6, wobei eine 1 bedeutet: die Aufgabe ist "sehr wichtig", während eine 6 bedeutet: die Aufgabe ist "völlig unwichtig".
Wenn Sie der Meinung sind, daß ein bestimmter Gesichtspunkt nicht zu den Aufgaben eines Rechtsanwaltes gehört, notieren Sie bitte "völlig unwichtig".

Es gehört zu den Aufgaben eines Rechtsanwaltes,

- den Klienten in Rechtsfragen ausführlich zu beraten,

1 2 3 4 5 6

- das Interesse des Klienten gegenüber dem Gericht und dem Prozeßgegner durchzusetzen,

1 2 3 4 5 6

- den Klienten über seine Erfolgsaussichten zu informieren,

1 2 3 4 5 6

- den Klienten ausführlich über den Stand des Verfahrens zu informieren,

1 2 3 4 5 6

- den Klienten auch in allgemeinen Fragen ausführlich zu beraten,

1 2 3 4 5 6

- vor Gericht sicher aufzutreten,

1 2 3 4 5 6

- den Klienten auf Probleme hinzuweisen, die er als Laie nicht sofort erkannt hat,

1 2 3 4 5 6

- sich um eine gütliche außergerichtliche Einigung zu bemühen,

1 2 3 4 5 6

- sich um eine gütliche Einigung selbst dann zu bemühen, wenn es schon zum Prozeß gekommen ist,

1 2 3 4 5 6

- in der Lage zu sein, sich auch einem Laien gegenüber verständlich auszudrücken,

1 2 3 4 5 6

- sich zu jeder Zeit gründlich mit dem Anliegen des Klienten zu befassen,

1 2 3 4 5 6

- auch bei niedrigem Honorar sich voll einzusetzen.

1 2 3 4 5 6

Anlage II

Bitte geben Sie nun an, in welcher Weise Ihr Rechtsanwalt in dem betreffenden Prozeß die einzelnen Aufgaben erfüllt hat. Bitte geben Sie wiederum Zahlen von 1 bis 6 an, wobei eine 1 bedeutet: der Rechtsanwalt hat die Aufgabe "sehr gut" erfüllt, eine 6 bedeutet: der Rechtsanwalt hat die Aufgabe "ungenügend" erfüllt.
Wenn Sie der Meinung sind, daß ein bestimmter Gesichtspunkt nicht zu den Aufgaben eines Rechtsanwaltes gehört, vergeben Sie bitte eine 0 (=entfällt).

Mein Rechtsanwalt hat in meinem Rechtsstreit seine Aufgaben wie folgt erfüllt:

- den Klienten in Rechtsfragen ausführlich zu beraten,

1 2 3 4 5 6 0

-, das Interesse des Klienten gegenüber dem Gericht und dem Prozeßgegner durchzusetzen,

1 2 3 4 5 6 0

-, den Klienten über seine Erfolgsaussichten zu informieren,

1 2 3 4 5 6 0

- den Klienten ausführlich über den Stand des Verfahrens zu informieren,

1 2 3 4 5 6 0

- den Klienten auch in allgemeinen Fragen ausführlich zu beraten,

1 2 3 4 5 6 0

- vor Gericht sicher aufzutreten,

1 2 3 4 5 6 0

- den Klienten auf Probleme hinzuweisen, die er als Laie nicht sofort erkannt hat,

1 2 3 4 5 6 0

- sich um eine gütliche außergerichtliche Einigung zu bemühen,

1	2	3	4	5	6	0

- sich um eine gütliche Einigung selbst dann zu bemühen, wenn es schon zum Prozeß gekommen ist,

1	2	3	4	5	6	0

- in der Lage zu sein, sich auch einem Laien gegenüber verständlich auszudrücken,

1	2	3	4	5	6	0

- sich zu jeder Zeit gründlich mit dem Anliegen des Klienten zu befassen

1	2	3	4	5	6	0

- auch bei niedrigem Honorar sich voll einzusetzen.

1	2	3	4	5	6	0

Anlage III

Bitte geben Sie auf diesem Blatt an, für wie wichtig Sie die einzelnen Bedingungen, die in einer Gerichtsverhandlung beachtet werden sollten, halten.
Bitte geben Sie wiederum die Zahlen von 1-6 an, wobei eine 1 bedeutet: die Erfüllung dieser Bedingung ist "sehr wichtig", während eine 6 bedeutet: die Bedingung ist "völlig unwichtig".

-Richter und Anwälte sollten gut vorbereitet sein,

1 2 3 4 5 6

-während der Verhandlung soll der Richter dafür sorgen, daß anwesende Zuschauer sich ruhig verhalten,

1 2 3 4 5 6

-der Richter soll eine entspannte Atmosphäre herstellen,

1 2 3 4 5 6

-der Richter soll freundlich sein,

1 2 3 4 5 6

-alle Beteiligten sollen ausführlich angehört werden,

1 2 3 4 5 6

-alles Wesentliche soll zur Sprache kommen,

1 2 3 4 5 6

-jeder soll verstehen, was in der Verhandlung gesprochen wird,

1 2 3 4 5 6

-der Richter soll ein qualifiziertes Rechtsgespräch führen

1 2 3 4 5 6

-der Richter soll sich um eine gütliche Einigung bemühen,

1 2 3 4 5 6

-die Verhandlung soll schnell und juristisch korrekt durchgeführt werden,

1 2 3 4 5 6

-am Ende der (letzten)Verhandlung soll die Entscheidung mit allen ihren Folgen vorhersehbar sein.

1 2 3 4 5 6

Anlage IV

Bitte geben Sie nun an, wie gut Ihrer Meinung nach die einzelnen Bedingungen in der Verhandlung bzw. in den Verhandlungen, in denen Sie anwesend waren, erfüllt wurden.
Bitte vergeben Sie wiederum Zahlen von 1-6, wobei eine 1 bedeutet: diese Bedingung ist "sehr gut" erfüllt worden, eine 6 hingegen bedeutet: die Bedingung ist "ungenügend" erfüllt worden.
Wenn Sie der Meinung sind, daß eine oder mehrere der angegebenen Bedingungen unwichtig seien, vergeben Sie bitte eine 0 (= entfällt).

In den Gerichtsverhandlungen, in denen ich anwesend war, waren die Bedingungen einer Gerichtsverhandlung wie folgt erfüllt:

- Vorbereitung von Richter und Anwälten.

1 2 3 4 5 6 0

- Ruhe im Zuschauerraum,

1 2 3 4 5 6 0

- Herstellung einer entspannten Atmosphäre,

1 2 3 4 5 6 0

- freundliches Verhalten des Richters,

1 2 3 4 5 6 0

- ausführliche Anhörung aller Beteiligten,

1 2 3 4 5 6 0

- Besprechung aller wesentlichen Dinge,

1 2 3 4 5 6 0

- Verständlichkeit des in der Verhandlung Besprochenen,

1 2 3 4 5 6 0

- Führung eines qualifizierten Rechtsgesprächs,

1 2 3 4 5 6 0

- Bemühung um eine gütliche Einigung,

1	2	3	4	5	6	0

- schnelle und juristisch korrekte Durchführung der Verhandlung,

1	2	3	4	5	6	0

- Vorhersehbarkeit der Entscheidung mit allen ihren Folgen

1	2	3	4	5	6	0

Anlage V

Bitte geben Sie auf diesem Bogen an, für wie wichtig Sie die einzelnen Aufgaben, die die Gerichte neben ihren Aufgaben in der Strafverfolgung haben, halten.
Bitte vergeben Sie wiederum Zahlen von 1-6, wobei eine 1 bedeutet: die Aufgabe ist "sehr wichtig", eine 6 bedeutet: die Aufgabe ist "völlig unwichtig".

Die Gerichte sollen in ihren Entscheidungen wirklich unabhängig sein,

1 2 3 4 5 6

die Gerichte sollen dem Bürger zu seinem Recht verhelfen,

1 2 3 4 5 6

die Gerichte sollen schnell und kostengünstig arbeiten,

1 2 3 4 5 6

die Gerichte sollen ohne Ansehen der Person (arm, reich, vorbestraft) entscheiden,

1 2 3 4 5 6

die Gerichte sollen für einen gerechten Ausgleich aller Interessen sorgen,

1 2 3 4 5 6

die Gerichte sollen durch kluge Entscheidungen künftigem Gesetzesmißbrauch vorbeugen,

1 2 3 4 5 6

die Gerichte sollen Regeln aufstellen für die Fälle, in denen das Gesetz Lücken aufweist,

1 2 3 4 5 6

die Gerichte sollen in Notsituationen für unbürokratische Hilfe sorgen

1 2 3 4 5 6

die Gerichte sollen sich um eine gütliche Einigung von Streitigkeiten bemühen,

1 2 3 4 5 6

die Gerichte sollen auch dann, wenn das Verhältnis zwischen den Beteiligten zerstritten ist, dafür sorgen, daß die Entscheidung mit ihren Folgen für alle erträglich ist

1 2 3 4 5 6

hinter der bürokratischen Fassade muß das menschliche Schicksal erkennbar bleiben

1 2 3 4 5 6

Anlage VI

Bitte geben Sie nun an, wie gut die Gerichte Ihrer persönlichen Meinung nach diesen ihren Aufgaben gerecht werden.
Bitte vergeben Sie wiederum Zahlen von 1 (sehr gut) bis 6 (ungenügend).
Wenn Sie der Meinung sind, eine der folgenden Aufgaben sei nicht durch die Gerichte zu erfüllen, vergeben Sie bitte eine 0 (= entfällt).

Wie gut wahren die Gerichte in ihren Entscheidungen die Unabhängigkeit ?

1 2 3 4 5 6 0

Wie gut verhelfen die Gerichte dem Bürger zu seinem Recht?

1 2 3 4 5 6 0

Wie gut werden die Gerichte der Aufgabe, schnell und kostengünstig zu arbeiten, gerecht?

1 2 3 4 5 6 0

Wie sehr trifft es zu, daß die Gerichte ohne Ansehen der Person (arm, reich, vorbestraft) entscheiden?

1 2 3 4 5 6 0

Wie gut sorgen die Gerichte für einen gerechten Ausgleich aller Interessen?

1 2 3 4 5 6 0

Wie gut sorgen die Gerichte dafür, daß durch kluge Entscheidungen künftigem Gesetzesmißbrauch vorgebeugt wird?

1 2 3 4 5 6 0

Wie gut erfüllen die Gerichte die Aufgabe, in den Fällen, in denen das Gesetz Lücken aufweist, verbindliche Regeln aufzustellen?

1 2 3 4 5 6 0

Trifft es zu, daß die Gerichte in Notsituationen für unbürokratische Hilfe sorgen?

1 2 3 4 5 6 0

Wie gut werden die Gerichte der Aufgabe gerecht, sich erfolgreich um eine gütliche Beilegung von Streitigkeiten zu bemühen?

1 2 3 4 5 6 0

Wie gut sorgen die Gerichte dafür, daß auch dann, wenn
das Verhältnis zwischen den Beteiligten zerstritten ist,
die Entscheidung mit ihren Folgen für alle erträglich ist?

1 2 3 4 5 6

Trifft es zu, daß hinter der bürokratischen Fassade
auch das menschliche Schicksal erkennbar bleibt?

1 2 3 4 5 6 0

Anlage VII (zu Frage 41)

Oft ist ein Prozeß sehr anstrengend und aufregend.
Bitte kreuzen Sie diejenige Aussage an, die Ihre damalige Lage am ehesten umschreibt.

Der Prozeß ...

- hat mich so belastet, daß ich unter körperlichen Beschwerden litt,

- hat meine körperliche Leistung stark eingeschränkt,

- hat mich seelisch so stark belastet, daß ich mich nur schwer auf andere Dinge konzentrieren konnte,

- hat mich an den Rand des Nervenzusammenbruchs gebracht,

- hat bei mir zu Gereiztheit und Nervosität geführt,

- hat meine körperliche Leistungsfähigkeit nur geringfügig beeinträchtigt,

- war nur im ersten Augenblick anstrengend und aufregend,

- je größere Klarheit ich über mein weiteres Vorgehen gewann, desto gelassener wurde ich,

- war weder körperlich noch seelisch eine sonderliche Belastung.

Zum Abschluß bitte ich Sie noch um einige Angaben zu Ihrer Person für statistische Zwecke.
Bitte kreuzen Sie an, was für Sie zutrifft.

1. Sind Sie

   (1) Weiblich ☐

   (2) Männlich ☐

2. Bitte tragen Sie in dieses Kästchen Ihr Alter ein ☐

3. Welchen Familienstand haben Sie?

   (1) Ledig ☐

   (2) verheiratet ☐

   (3) geschieden/getrennt lebend ☐

   (4) verwitwet ☐

4. Wieviele Personen leben ständig in Ihrem Haushalt? ☐

5. Welchen Schulabschluß haben Sie?
   Bitte nennen Sie Ihren letzten Schulabschluß.

   (1) Hauptschule/Volksschule nicht bis zum Ende besucht ☐

   (2) Hauptschule/Volksschule mit Abschluß ☐

   (3) Weiterführende Schule ohne Abschluß ☐

   (4) Mittelschule/Realschule mit Abschluß ☐

   (5) Fachoberschulabschluß ☐

   (6) Gymnasium/Oberschule mit Abitur (Allgem. Hochschulreife) ☐

   (7) Fachhochschulabschluß ☐

   (8) Hochschulstudium mit Abschluß ☐

6. Sind Sie

(1) Berufstätig

(2) Schüler/Student

(3) Hausfrau

(4) Rentner/Pensionär

(5) Arbeitslos/arbeitssuchend?

7. Welche Berufstätigkeit üben Sie heute aus?

(0) Ich übe keine Berufstätigkeit aus

(1) Freiberufliche Tätigkeit

(2) Angestellte(r)

(3) Leitende(r) Angestellte(r)

(4) Beamter/Beamtin

(5) Beamter/Beamtin im höheren Dienst

(6) ungelernte(r) Arbeiter(in)

(7) Angelernte(r) Arbeiter (in)

(8) Facharbeiter(in) mit Lehre

(9) Lehrling/Praktikant

(10) Schüler oder in sonstiger Ausbildung

(9) Sonstiges

8. In welchem Bereich sind Sie tätig?

(0) Entfällt

(1) In welchem Bereich sind Sie tätig?

(2) Handel/Banken/Versicherung

(3) Handwerk

(4) Öffentlicher Dienst

(5) Freier Beruf

(9) Sonstiges

9. Nun noch eine letzte Frage zu statistischen Zwecken:

Wie hoch ist etwa Ihr monatliches Haushaltseinkommen, d.h. das Nettoeinkommen, das Sie alle zusammen nach Abzug von Steuern und Sozialversicherungen haben?

(1) Bis zu DM 500,--

(2) DM 500,-- bis 999,-- DM

(3) DM 1.000,-- bis 1.499,-- DM

(4) DM 1.500,-- bis 1.999,-- DM

(5) DM 2.000,-- bis 2.999,-- DM

(6) DM 3.000,-- bis 3.999,-- DM

(7) DM 4.III,-- und mehr

Ich danke Ihnen für das Gespräche und für Ihre Bereitschaft zur Mitarbeit.

....

<u>Zutreffendes bitte ankreuzen!</u>

1. Unter welcher Rechtsform wird Ihre Firma geführt?

0 öffentliche Hand
0 Einzelunternehmen
0 OHG
0 KG
0 GmbH
0 AG und KGaA
0 Genossenschaft
0 sonstige private Rechtsformen

2. Zu welcher Branche zählt Ihre Firma?

0 Bank
0 Einzelhandel
0 Energiewirtschaft
0 Gastronomie
0 Großhandel
0 Grundstücksverwaltung, Vermietung
0 Handwerk
0 Industrie
0 Verlag
0 Verkehr
0 Versicherungen
0 Vertretungen
0 Sonstiges (bitte spezifizieren)

3. Wie hoch war etwa die Zahl der Beschäftigten per 31.12.1979 in Ihrem Betrieb?

0 0 - 9
0 10 - 19
0 20 - 49
0 50 - 99
0 100 - 499
0 500 - 999
0 1000 und mehr

4. Wie hoch ist etwa der Jahresumsatz Ihrer Firma?

0 unter 0,5 Mio.
0 0,5 - -1 "
0 1 - 10 "
0 50 - 100 "
0 100 - 500 "
0 über 500 Mio.

5. Geben Sie bitte annähernd an, wie oft Ihre Firma während des Jahres 1979 an einem Zivilgerichtsverfahren beteiligt war.

Zahl der beantragten Mahnbescheide ☐

Zahl der geführten Amtsgerichtsprozesse ☐

Zahl der geführten Landgerichtsprozesse ☐

6. Wie oft war Ihre Firma in diesen Prozessen als Kläger bzw. als Beklagter vertreten?

als Kläger vor dem Amtsgericht ☐

als Beklagter vor dem Amtsgericht ☐

als Kläger vor dem Landgericht ☐

als Beklagter vor dem Landgericht ☐

7. Wie oft etwa hat Ihre Firma im Jahre 1979 gegen ungünstige Urteile Rechtsmittel eingelegt? ☐

8 War Ihre Firma darüber hinaus an anderen Prozessen beteiligt?

0 Ja

0 Nein

9. Falls ja, handelte es sich dabei überwiegend um

0 Arbeitsgerichtsprozesse 0 entfällt

0 Sozialgerichtsprozesse

0 Verwaltungsgerichtsverfahren

0 Andere Verfahren ?

10. Wer zählte überwiegend zu Ihren Prozeßgegnern in Zivilprozessen?

0 Privatleute

0 Firmen

0 beide etwa gleich stark vertreten

11. Handelte es sich bei diesen Prozeßgegnern in erster Linie um

0 einmalige Geschäftspartner

0 wiederholte Geschäftspartner

0 beides etwa gleich stark vertreten?

12. Welche Forderungen lagen den Rechtsstreitigkeiten Ihrer Firma überwiegend zugrunde ? (Mehrfachnennungen möglich)

0 Geldforderungen aus Kaufverträgen

0 " aus Darlehensverträgen

0 " aus Mietverträgen

0 " aus Dienst- und Werkverträgen

0 " aus Verkehrsunfallfolgen

0 " aus Sach- und Leistungsmängeln

0 Sonstiges (bitte spezifizieren)

13. Kommt es vor, daß Ihre Firma einen Prozeß führt, um zweifelhafte Rechtsfragen klären zu lassen?

0 Ja

0 Nein

14. Hat Ihre Firma eine eigene Mahnabteilung?

0 Ja

0 Nein

15. Falls ja, läuft in Ihrer Firma das Mahnverfahren automatisch über die Datenverarbeitung ab?

0 Ja

0 Nein

0 entfällt

16. Wieviele Zahlungserinnerungen werden in der Regel geschrieben, bevor Ihre Firma weitere Schritte unternimmt? ☐

17. Wieviel Zeit gibt Ihre Firma dem Gegner, um auf Ihre Forderungen einzugehen?

☐ Wochen

☐ Monate

18. Setzt Ihre Firma normalerweise, trotz gerichtlicher Auseinandersetzungen, ihre Geschäftsbeziehungen mit dem Prozeßgegner fort?

0 immer

0 häufig

0 nur bis zur endgültigen Abwicklung des Streitfalles

0 selten

0 nie

19. Ist es in Ihrer Firma üblich, mit dem Gegner persönlich Kontakt aufzunehmen, um vielleicht so eine außergerichtliche Lösung herbeizuführen?

0 Ja

0 Nein

20. Holt Ihre Firma vor einem Gerichtsverfahren den Rat Ihres Fachverbandes bzw. Ihrer Berufsorganisation ein?

0 Ja

0 Nein

21. Besteht für Ihre Firma eine Rechtsschutzversicherung?

O Ja

O Nein

22. Hat Ihre Firma eine eigene Rechtsabteilung?

O Ja

O Nein

23. Bestehen Dauerbeziehungen zu einem Anwaltsbüro?

O Ja

O Nein

24. Falls ja, besteht die Tätigkeit des Anwalts hauptsächlich in

O Beratung

O Prozeßführung

O beides etwa gleich?

O entfällt

25. Wann schaltet Ihre Firma in Streitfällen einen Rechtsanwalt ein?

O grundsätzlich immer

O bei unklarer Sach- und/oder Rechtslage

O nur in Ausnahmefällen

O nie

26. Läßt Ihre Firma auch solche Fälle gerichtlich klären. deren erfolgreicher Prozeßausgang nicht von vornherein zu erwarten ist?

O grundsätzlich

O häufig

O nur um ein Grundsatzurteil zu erhalten

O nie

27. Wer vertritt Ihre Firma vor Gericht,soweit kein Anwaltszwang besteht?

O Rechtsanwalt

O Vertreter der Rechtsabteilung

O nicht-juristischer Mitarbeiter der Firma

28. Ist der Vertreter Ihrer Firma im allgemeinen ermächtigt, einem gerichtlichen Vergleich zuzustimmen?

O Ja

O Nein

O Nur unter Widerrufsvorbehalt

29. Kommt es öfter vor, daß Ihre Firma unter Widerrufsvorbehalt abgeschlossene Vergleiche meistens widerruft?

O Ja

O Nein

30. War Ihre Firma bisher vor Gericht

O Überwiegend erfolgreich

O weniger erfolgreich ?

31. Wie hoch schätzen Sie die Kosten, die Ihrer Firma während des Jahres 1979 durch Urteil und Vergleiche an Gerichts- und Anwaltskosten entstanden sind?

32. Hat Ihre Firma schon einmal Streitfälle durch ein Schiedsgerichtsverfahren klären lassen?

O Ja

O Nein

33. Wenn nein, würden Sie Streitfälle Ihrer Firma auch von einem Schiedsgericht klären lassen?

O Ja

O Nein

O entfällt

34. Befürworten Sie für Streitigkeiten mit Privatkunden die Einrichtung branchenspezifischer Schlichtungsstellen, wie sie etwa bereits für den Bereich des Kraftfahrzeughandwerks bestehen?

O Ja

O Nein

35. Nun bitten wir Sie abschließend noch um eine Einschätzung der Arbeit der Gerichte. Bitte geben Sie an, wie gut die Gerichte die nachfolgend aufgeführten Prozeßziele erfüllen. Bewerten Sie bitte dabei die Arbeit der Justiz anhand einer Notenskala von 1 (=sehr gut) bis 6 (=ungenügend).

Objektivität der Entscheidung

1 2 3 4 5 6

Vorhersehbarkeit der Entscheidung

1 2 3 4 5 6

Angemessener Zeitaufwand von der Klage bis zum Urteil

1	2	3	4	5	6

Angemessener Kostenaufwand

1	2	3	4	5	6

36. Wie bewerten Sie die folgende Aussage: 'Jedes Problem läßt sich regeln, solange man Anwälte und Gerichte heraushält' ?

0 trifft zu

0 trifft teilweise zu

0 kommt auf den Einzelfall an

0 trifft nicht zu

Wir danken Ihnen für Ihre Mitarbeit.

GPSR Compliance

The European Union's (EU) General Product Safety Regulation (GPSR) is a set of rules that requires consumer products to be safe and our obligations to ensure this.

If you have any concerns about our products, you can contact us on ProductSafety@springernature.com

In case Publisher is established outside the EU, the EU authorized representative is:

Springer Nature Customer Service Center GmbH
Europaplatz 3
69115 Heidelberg, Germany

Batch number: 10809636

Printed by Printforce, the Netherlands